L'INFORMATIQUE EXPLIQUÉE AUX SENIORS

Jean Besson & Jean-Marie Lanquetin

ieuble Regus
er, avenue du Général-Leclerc
100 Boulogne-Billancourt

uteurs : Jean Besson & Jean-Marie Lanquetin

Jean Besson a écrit plusieurs ouvrages de vulgarisation (météo, voile…) depuis qu'il est à la retraite. Il l'a toujours fait en association avec un expert du domaine car, si le sujet le passionnait, ses connaissances étaient limitées, du moins au début.

Et chaque fois l'association d'un expert et d'un passionné a permis l'écriture d'un livre, peut-être non conventionnel, mais dans lequel de nombreux lecteurs ont trouvé les vraies réponses aux questions qu'ils se posaient.

Jean-Marie Lanquetin est un ingénieur informaticien à la retraite. Il a conçu et réalisé des logiciels ainsi que des formations techniques. Il s'est beaucoup impliqué dans les démarches d'amélioration de la qualité.

Depuis 2007, il est président de l'association Le Web Senior où il partage son savoir-faire et ses compétences avec les seniors de tout âge désireux d'apprivoiser les outils informatiques. Il s'efforce de leur rendre compréhensible le fabuleux monde numérique, qui les déroute parfois un peu.

Tables des matières

1.

Avant de vous jeter à l'eau

Ce premier chapitre est là pour vous mettre dans le bain.
Il présente ce que vous allez retirer de la lecture de ce livre, selon votre niveau actuel de connaissances informatiques, du novice complet que vous êtes peut-être à l'initié déjà aguerri que vous serez bientôt.

Vous y découvrirez les parcours de lecture proposés ainsi que l'organisation propice à un apprentissage progressif agrémenté de nombreuses pistes de découverte ou d'approfondissement.

Pour finir, une présentation succincte de chaque chapitre vous donnera une idée plus précise du contenu et du ton général de ce livre.

1.1. Quel débutant êtes-vous ?

Vous entamez la lecture de ce livre parce que votre connaissance de l'ordinateur est encore incomplète, mais vous avez sans doute déjà, une expérience pratique. C'est à partir de votre savoir-faire que nous allons vous aider à déterminer quelle sera, pour vous, la meilleure manière d'utiliser ce livre.

◆ Vous n'avez jamais touché à un ordinateur

Vos connaissances actuelles

Vous ne connaissez rien à l'informatique et ça vous fait même un peu peur. La roulette de la souris est-elle russe ? Serez-vous attaqué par des pirates en naviguant sur Internet ? Les virus informatiques sont-ils contagieux ?

Vous n'avez jamais osé toucher à un ordinateur mais vous avez décidé de vous lancer : pour ne pas être complètement perdu, pour communiquer avec vos petits-enfants, parce qu'on vous en a offert un ou pour toute autre bonne raison.

Vous n'avez jamais touché à un ordinateur

Vous vous reconnaissez ? Ce livre va vous aider à *démarrer en douceur*. En le lisant tranquillement et en pratiquant aussitôt, vous vous familiariserez progressivement avec tout ce qui vous paraît pour le moment très compliqué.

> REMARQUE
>
> **Nous vous expliquerons tout...**
> ... même ce qui paraît le plus évident et dont on ne parle donc jamais !

Votre parcours de lecture recommandé

Ce livre est accessible au novice complet que vous êtes : il vous suffit de *le lire du début à la fin*. Aucune connaissance informatique préalable, pas même de vocabulaire, n'est nécessaire pour démarrer. C'est au fur et à mesure des besoins que tous les éléments vous seront présentés, le plus souvent de manière expérimentale, quelquefois de façon un peu plus théorique quand cela s'avérera utile à une bonne assimilation. Mais nous nous appuierons toujours sur des analogies avec des situations de la vie quotidienne qui vous sont familières : ranger son bureau ou utiliser un ascenseur, par exemple.

Vous apprendrez et vous comprendrez, même si, aujourd'hui, vous n'y connaissez absolument rien et êtes rebuté par un jargon technique compliqué qui masque souvent des notions beaucoup plus simples !

Et quand une première lecture et un peu de pratique auront fait de vous un utilisateur initié, vous pourrez compléter votre expérience par des relectures ponctuelles plus approfondics !

◆ Vous avez déjà un peu pratiqué

Vos connaissances actuelles

Vous avez déjà un ordinateur. Vous savez faire des recherches sur Internet, envoyer des e-mails à vos amies et mettre un peu de désordre dans vos photos. Mais, parfois, vous êtes encore un peu perdue. Ça ne marche pas comme vous vouliez, ou pas comme la dernière fois, ou pas du tout. Vous ne comprenez pas et ne savez pas comment vous en sortir.

Vous avez déjà un peu pratiqué

Vous vous reconnaissez ? Ce livre va vous aider à *consolider vos connaissances*. En consultant directement les sujets que vous maîtrisez mal, vous trouverez des réponses complètes qui vous aideront à y voir plus clair.

> ALLONS PLUS LOIN
>
> **Négligez les détails et retenez l'essentiel**
> Votre lecture d'approfondissement vous fera aller au-delà des simples recettes de cuisine qui ne marchent plus dès que votre environnement informatique change. Et il change souvent ! Vous retiendrez l'essentiel, en négligeant les détails superflus, et saurez ainsi vous adapter aux évolutions.

Votre parcours de lecture recommandé

Les sujets abordés constituent un minimum indispensable pour s'orienter dans ce dédale qu'est l'univers informatique. Plusieurs d'entre eux vous sont déjà connus. Ils sont cependant suffisamment détaillés pour que le lecteur initié que vous êtes y trouve aussi de quoi progresser : notions théoriques qui éclaireront votre pratique actuelle, nouvelles façons de faire plus efficaces et pistes de découverte à explorer. Dans votre cas, c'est l'approche par *thème*, ou à partir de l'*index*, que vous allez privilégier.

Chaque partie aborde en effet un nouveau thème, de façon progressive, à partir des connaissances présentées dans les précédentes et que vous êtes supposé connaître.

À chaque relecture vous enrichirez votre compréhension et accroîtrez votre savoir-faire.

À RETENIR

Deux parcours de lecture
Novice : je lis de A à Z.
Initié : je lis au gré de mes besoins ou curiosités.

1.2. Comment allez-vous progresser ?

Quel que soit votre niveau de connaissances, vous progresserez rapidement en associant l'apprentissage de quelques notions de base et leur mise en pratique dans des situations réelles. Voici comment organiser tout cela.

◆ Votre équipement

L'équipement qui vous est indispensable pour tirer le meilleur profit de votre lecture c'est, évidemment, un ordinateur opérationnel et connecté à Internet.

Les notions qui vous sont exposées sont générales. Néanmoins, elles ne deviennent parlantes que mises en pratique dans un contexte précis et concret : c'est le système *Windows 7* de Microsoft qui est utilisé pour cela. Bien que les bases soient les mêmes dans les autres systèmes, il existe des différences d'apparence ou de comportement. Nous en avons mentionné quelques-unes pour vous montrer les similitudes, au-delà des différences superficielles.

Si vous disposez d'un ordinateur avec une autre version de Windows, vous n'aurez pas de grande difficulté à vous adapter. Avec un autre système, un Mac par exemple, ça vous semblera peut-être un peu déroutant, mais si vous êtes déjà initié, vous devriez pouvoir faire vous-même les ajustements. Ce n'est que si vous êtes un novice complet qu'une aide extérieure vous sera sans doute utile pour les premières manipulations, mais vous pourrez vous appuyer sur les notions fondamentales qui restent les mêmes.

Quant à Internet, si vous disposez déjà d'une connexion, en état de marche, tout est parfait : vous êtes prêt.

Si, par contre, c'est votre tout premier contact avec un ordinateur que vous venez d'acheter, il vaudra mieux faire appel à un professionnel, ou à un ami complaisant et expérimenté, pour l'installer et le connecter à Internet. Réaliser vous-même ces opérations risquerait de vous exposer à des difficultés hors de votre portée, pour le moment. Après tout, quand vous achetez une machine à laver, vous ne faites pas vous-même les travaux de plomberie !

Ainsi, maintenant que vous entamez la lecture de ce livre, votre ordinateur est là, devant vous, en parfait état de marche et connecté à Internet.

◆ Votre grille de lecture

Un texte de fond explicatif

Le texte de fond vous apporte toutes les explications nécessaires à une compréhension générale qui vous évitera des efforts de mémoire inutiles. Ne cherchez pas à retenir tous les détails à la première lecture, mais relisez-le après un peu de pratique.

Des exercices illustrés pour vous entraîner

Les exemples et exercices pratiques sont assez simples, mais complets. Ils mettent l'accent sur l'essentiel en écartant au maximum tous les détails superflus qui pourraient vous perturber ; essayez de les suivre scrupuleusement pour une première approche.

N'hésitez pas à les reprendre ensuite à votre guise en vous écartant un peu du sentier battu pour élargir votre horizon.

Des encarts pour préciser ou approfondir

Des encarts de différents niveaux complètent le texte de fond et l'enrichissent. Ils apportent des précisions ou donnent des pistes de découverte, d'approfondissement ou de distraction.

Remarque

Cet encart donne des détails ou des précisions sur ce qui est raconté dans le texte de base. Il répond à des questions que l'on peut se poser, mais dont l'exposé n'est pas indispensable et alourdirait le texte principal.

À retenir

Cet encart résume des points importants à connaître.

Allons plus loin

Cet encart développe de manière plus approfondie un sujet qui n'a été que brièvement évoqué dans le texte principal. Il s'adresse plutôt au lecteur ayant quelque expérience ou que le sujet intéresse particulièrement.

Vagabondage

Cet encart donne des explications sur des sujets marginaux, ou annexes. Il propose aussi des digressions et pistes d'exploration sur Internet. Il peut enfin apporter quelques notes de fantaisie.

Histoire

Cet encart est spécifique au dernier chapitre. Il raconte une petite anecdote tirée de l'expérience des auteurs et illustrant ou justifiant les conseils qui vous sont donnés.

1.3. Qu'allez-vous découvrir ?

Ce livre *L'informatique expliquée aux seniors* que vous avez devant les yeux est, en fait, le jumeau d'un autre livre intitulé *Internet expliqué aux seniors*. Chacun est à la fois autonome et complémentaire de l'autre.

L'informatique expliquée aux seniors traite essentiellement de l'ordinateur. Sa lecture ne nécessite aucune connaissance informatique préalable et vous permettra d'abord de surnager puis de progresser à votre rythme. Son but est de vous familiariser avec l'ordinateur sous ses deux aspects : le matériel et le logiciel. Il vous donne également les notions minimales pour utiliser Internet et y faire des recherches : vous pourrez ainsi approfondir vos connaissances, bien au-delà des bases que présente ce livre.

Internet expliqué aux seniors est dédié entièrement au monde Internet. Il suppose une maîtrise minimale de l'ordinateur, maîtrise que vous avez pu acquérir en vous aidant de son jumeau *L'informatique expliquée aux seniors*. Au-delà des purs aspects opératoires, il vise à vous faire comprendre comment vous êtes reconnu sur Internet et vous donne un aperçu de toutes les merveilles que vous pouvez y trouver.

◆ L'informatique expliquée aux seniors

Avant de vous jeter à l'eau

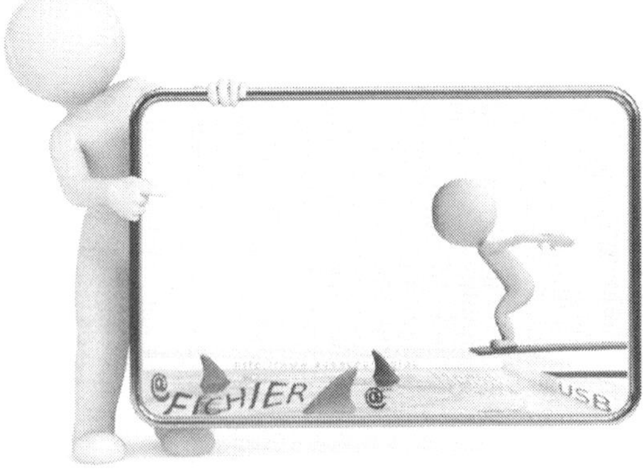

Ce chapitre, vous l'avez déjà compris, vous présente le livre, sa structure et son contenu. Il vous permet, si vous avez déjà quelque expérience, d'aller directement aux chapitres qui vont répondre à vos besoins ou vous aider à combler vos lacunes. Et si vous êtes novice, il vous donnera une petite idée de l'effort que vous allez devoir fournir !

Découvrez votre ordinateur et naviguez sur Internet

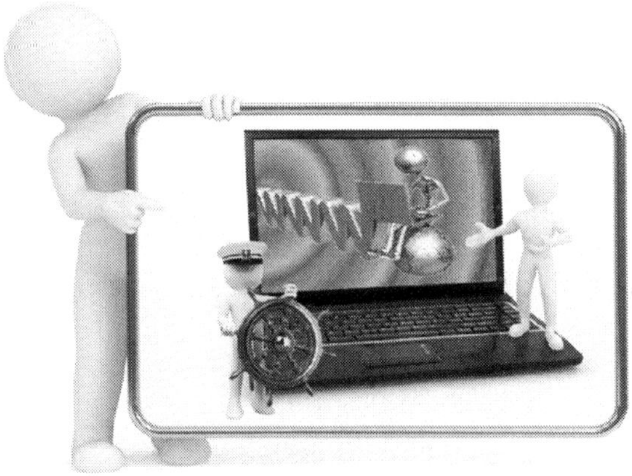

Avant de mettre sous tension votre ordinateur, vous allez découvrir les rudiments de sa structure matérielle. Les connaître facilitera votre apprentissage ultérieur d'opérations d'apparence complexe. Au cours de cette présentation, vous ferez connaissance avec le bon génie *Eugène* qui vous accompagnera dans tout le livre.

Le reste, c'est de la pratique : vous apprendrez à démarrer votre ordinateur, à utiliser la souris et à arrêter proprement. Ensuite vous lancerez un navigateur Internet et commencerez à surfer.

Après seulement la frappe de quelques lettres ainsi que quelques clics, vous pourrez être fier de savoir déjà vous servir d'un ordinateur. Vous avez acquis une première expérience et construit vos premiers repères.

Prenez les commandes

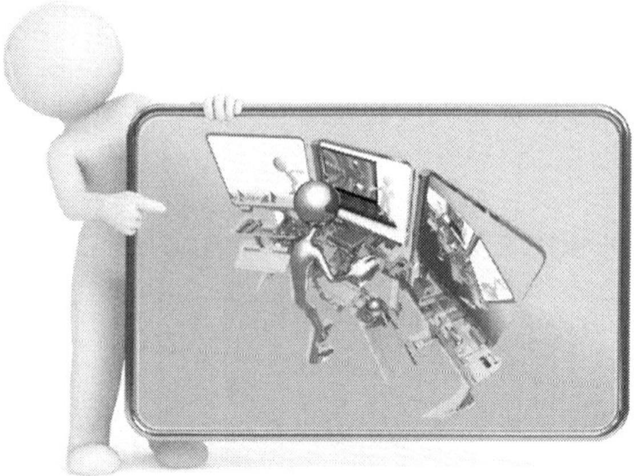

Après une première navigation où l'on vous aura guidé pas à pas, vous ferez le tour de tous les instruments de commande à votre disposition pour piloter vous-même votre ordinateur.

Il s'agit d'instruments bien tangibles que sont la souris et le clavier. Les mouvements, les boutons, les touches : tout vous sera présenté et vous vous exercerez. Le reste (Bureau, boutons, menus et autres) est immatériel et simplement dessiné sur votre écran. Vous découvrirez le rôle de toutes les commandes, apprendrez à les manipuler avec la souris et comprendrez les règles qui régissent leur fonctionnement.

Ainsi, une fois familiarisé avec votre poste de pilotage, vous serez prêt à démarrer de vraies activités.

Démarrez des activités, ouvrez des fenêtres et utilisez des documents

Vous allez, dans ce chapitre, découvrir les composants fondamentaux au cœur de toutes vos activités informatiques. Les applications, ou programmes, en sont le support et Eugène aux multiples visages y joue les rôles les plus divers. Les fenêtres en sont le théâtre : elles s'ouvrent, se ferment et s'entassent à volonté sur votre Bureau. Les documents sont la matière première des applications. Et c'est l'interaction étroite entre ces trois composants qui vous permettra, par exemple, de voir votre film préféré.

En même temps que vous découvrirez ces notions, vous vous exercerez sur des exemples simples en lançant quelques applications et en jouant avec des fenêtres.

Pour consolider tous ces nouveaux acquis, vous allez écrire un petit poème, l'enregistrer, le relire et le modifier. Et vous le conserverez comme base de travail pour l'apprentissage de manipulations pratiques à connaître.

Maîtrisez les manipulations de base

Lors de la présentation de la souris et du clavier, vous avez appris quelques manipulations élémentaires. Ce chapitre vous propose de faire des gammes et, qui sait, de devenir un virtuose du clavier et de la souris, du copier-coller, de la correction des erreurs, etc. Et avec, non pas une, mais deux ou trois manières différentes d'opérer et la possibilité de les combiner, vous disposerez d'une riche palette d'outils pour piloter vos activités.

Vous préparerez d'abord votre cadre de travail en créant un dossier et quelques documents avec lesquels vous allez jouer, comme dans un bac à sable, jusqu'à acquérir la maîtrise que vous souhaitez. Et vous conserverez votre dossier pour la suite où vous découvrirez tout son intérêt.

Vous terminerez par un exercice de manipulation de texte, en modifiant votre poème pour le transformer en un véritable inventaire…

Mettez de l'ordre dans vos dossiers

Dans ce chapitre, vous allez apprendre à mettre de l'ordre dans votre ordinateur pour éviter qu'il ne devienne un fouillis inextricable. À l'occasion d'une visite guidée de la grande bibliothèque d'Eugène, vous découvrirez les fichiers, conteneurs universels de toutes vos informations, et les dossiers, qui s'emboîtent comme des poupées russes en formant de magnifiques arborescences.

Cette prise de contact se fera toujours par de petits exercices simples accompagnés des explications nécessaires. Vous travaillerez sur les dossiers et fichiers que vous avez manipulés précédemment : vous serez ainsi en terrain connu et ce sera plus simple.

Nous vous conduirons à la découverte de l'explorateur de fichiers, l'outil de base de manipulation des fichiers et dossiers, qui vous permettra de vous balader aux fins fonds de vos arborescences.

Adoptez de bonnes attitudes

Arrivé à ce point, vous saurez tout le minimum technique. Mais pour être plus à l'aise, il vous faudra adopter les attitudes adéquates face aux nouveautés ou difficultés que vous rencontrerez. Pensez à demander de l'aide, à vos amis ou à votre ordinateur. Sauvegardez vos données pour ne pas tout perdre le jour où votre ordinateur sera en panne. Acquérez les bons réflexes en cas de problème, et osez expérimenter, appuyer sur des boutons inconnus pour voir ce qui se passe.

◆ Internet expliqué aux seniors

Avant de partir à l'aventure

Ce bref chapitre sera votre guide de navigation dans *Internet expliqué aux seniors*. Vous y retrouverez, à quelques nuances près, le contenu du premier chapitre de *L'informatique expliquée aux seniors* (le chapitre que vous êtes en train de lire). Il vise à donner, à ceux commençant directement par sa lecture, une idée générale du contenu des deux livres.

Comprenez les rouages d'Internet

Ce chapitre vous fournira des bases solides pour comprendre Internet et progresser dans son utilisation. Vous vous familiariserez avec tous les éléments constituant le réseau Internet et les moyens de vous y connecter. Et vous ferez plus ample connaissance avec votre navigateur.

Faites-vous connaître et échangez des messages

Vous apprendrez, en suivant l'exemple d'*Aladin,* à utiliser un compte de messagerie pour communiquer avec vos amis, au moyen d'un serveur Webmail ou d'un logiciel de messagerie.

Profitez à fond d'Internet en toute sécurité

Vous téléchargerez sur votre ordinateur ce que vous allez glaner sur Internet, y compris de nouvelles applications que vous apprendrez à installer. Vous réaliserez progressivement toutes les activités de la vie quotidienne. Enfin vous découvrirez les moyens de vous protéger des dangers, tels les virus, qui vous menacent.

2.

Découvrez votre ordinateur et naviguez sur Internet

Novice complet, ce chapitre est votre première prise de contact avec l'ordinateur. Initié ayant quelque peu pratiqué, vous y trouverez des notions pour vous aider à mieux comprendre.

Vous allez d'abord découvrir les rudiments de la structure matérielle d'un ordinateur : les éléments visibles et ceux, cachés dans la boîte, qui font marcher la machine ! C'est de là que surgira le bon génie Eugène qui vous accompagnera dans tout le livre.

Vous passerez immédiatement à la pratique en apprenant à démarrer votre ordinateur, à déplacer la souris, à faire votre premier clic et à éteindre l'ordinateur.

Vous lancerez ensuite un navigateur Internet et ce sera le début d'une aventure, à la recherche de la recette de l'omelette norvégienne, où nous vous guiderons pas à pas !

Vous consoliderez vos acquis et compléterez votre expérience en consultant un annuaire et en explorant Wikipédia, la fameuse encyclopédie que vous découvrirez.

Il vous aura suffi de quelques lettres tapées sur le clavier et de quelques clics sur la souris pour savoir (un petit peu) naviguer sur Internet. Tout le reste ne sera qu'approfondissement progressif de ces bases.

2.1. Quelques notions élémentaires

Si vous n'avez jamais travaillé avec un ordinateur et ne savez même pas démarrer cet engin mystérieux, prenez le temps de lire tranquillement les quelques lignes qui suivent : elles vous expliquent de façon tout à fait élémentaire ce qu'est un ordinateur et les premières notions qui vous sont présentées vous aideront dans tout votre apprentissage.

Si vous êtes déjà expérimenté, elles vous sembleront sans doute familières mais ne les négligez pas pour autant. Vous risquez d'y découvrir quelque détail qui vous manquait.

Votre ordinateur n'est pas bien gros, surtout si c'est un portable. Et à l'intérieur, c'est plein de puces minuscules : ça vous démange de savoir ce qu'elles font. Vous allez le comprendre en examinant d'abord un ordinateur fixe, comme celui de l'illustration. Il y a bien sûr les mêmes éléments que dans un portable ou une tablette, mais comme ils sont plus gros, vous verrez mieux de quoi il s'agit. Même simplifiée, cette première approche vous présente l'essentiel, pour bien comprendre la suite.

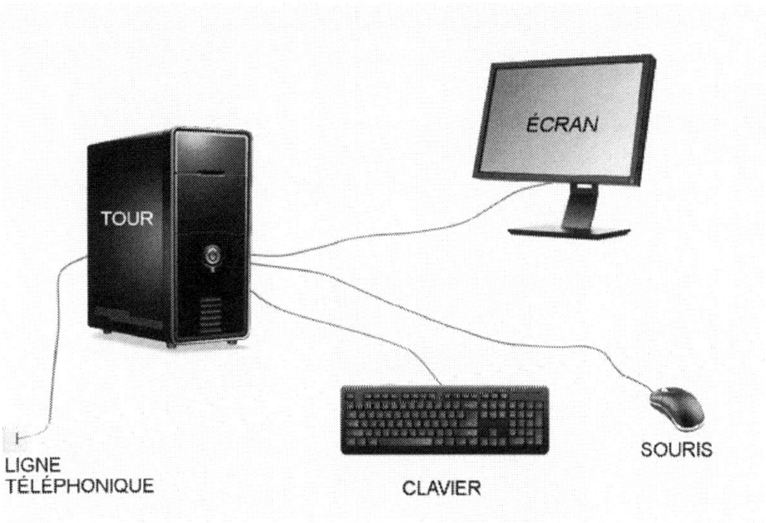

Les composants visibles d'un ordinateur

◆ Le cœur de l'ordinateur

Le processeur

Vous allez utiliser votre ordinateur pour écrire un message. Vous allez aussi chercher une information, réserver un billet de théâtre, toutes choses que, à défaut, vous auriez bien aimé demander à un génie bienveillant qui vous serait tout dévoué et doué de pouvoirs quasi magiques. Eh bien, l'élément actif de votre ordinateur, c'est votre génie : c'est lui qui va réaliser tout ce que vous lui demanderez (sauf faire la lessive !). Comme nous ferons souvent appel à ses services, tout au long de nos explications, nous allons lui donner un nom : ce sera *Eugène*, le génie bienveillant.

Le bon génie Eugène vivait jadis dans une tour spacieuse, la tour de votre ordinateur, mais maintenant, il se contente, le plus souvent, d'un petit espace, sous le clavier de votre ordinateur portable. Il n'en reste pas moins fort serviable. Et comme c'est un génie, il est très très rapide : le temps que vous comptiez jusqu'à 10, et lui il en est déjà au moins à 1 milliard, voire plus. Eugène, c'est ce qu'en termes techniques on appelle le *processeur*, le moteur de votre ordinateur : c'est lui qui fait que ça bouge, que ça calcule, que ça dessine, que ça fait de la musique et du cinéma.

Bien que, de nos jours, les processeurs soient extrêmement miniaturisés, cela ne les empêche pas d'être des millions de fois plus puissants que les lointains ancêtres d'Eugène, comme le Colossus datant de 1941.

Un ancêtre d'Eugène et un processeur moderne

Tout génie qu'il soit, Eugène n'a pas beaucoup de mémoire. Il pallie cette faiblesse en notant tout, dans la mémoire vive ou sur le disque dur.

La mémoire vive

Eugène dispose d'une quantité invraisemblable d'ardoises, comme celles qu'on utilisait autrefois à l'école pour écrire au brouillon, et qu'on pouvait effacer et crayonner à nouveau, quasi indéfiniment. Tout ce qu'il fait, tout ce qu'il doit faire, le génie Eugène l'écrit et le lit sur ses ardoises magiques. Et quand on parle d'une quantité invraisemblable, ce n'est pas de l'exagération : il peut en posséder des millions. Vous avez peut-être déjà deviné que les ardoises magiques d'Eugène, c'est la *mémoire vive* de votre ordinateur. Elle est caractérisée par sa taille, c'est-à-dire le nombre de caractères qu'Eugène peut écrire sur l'ensemble de ses ardoises. Dans le jargon technique, on ne parle pas de caractère, mais d'*octet*. Une taille courante de mémoire est de quelques milliards d'octets, ou gigaoctets (Go).

Une barrette de mémoire

La mémoire vive de l'ordinateur se lit et s'écrit très rapidement, mais son contenu est volatil : quand vous éteignez votre ordinateur, tout s'efface !

ALLONS PLUS LOIN

Octet, byte et bit

À la place du terme d'***octet*** pour désigner la taille de mémoire, vous trouverez aussi le terme de ***byte***. (ça se prononce ***bail-te***). C'est la même chose, mais c'est en anglais. Un ***octet*** s'appelle ainsi car il est composé de 8 bits. Le ***bit*** est la plus petite unité de mémoire manipulée dans un ordinateur. Vous pouvez vous représenter un bit comme une petite pastille avec un côté blanc et l'autre noir. Selon le côté que vous voyez, vous distinguez l'une ou l'autre de deux valeurs. Avec 2 bits, vous pouvez distinguer une valeur parmi 4, et avec un octet de 8 bits, une parmi 256 valeurs.

Eugène écrit son nom dans 6 octets !

ALLONS PLUS LOIN

À la place des trois termes précédents, on utilise le plus souvent leur abréviation, ***o*** pour ***octet***, ***B*** pour ***byte*** et ***b*** pour ***bit***. Ainsi, un gigaoctet ou gigabyte (Go ou GB) vaut 1 milliard d'octets. Un gigabit (Gb), par contre, vaut seulement 1 milliard de bits, soit huit fois moins qu'un gigaoctet ou gigabyte (Go ou GB) !

Le disque dur

L'autre outil indispensable au travail du génie de votre ordinateur, c'est son immense bibliothèque : elle contient des quantités inimaginables de rayonnages où sont empilés des livres, des notices, des photos, des modes d'emploi, et aussi des tas de cahiers vierges sur lesquels il pourra noter tout ce dont il veut se souvenir longtemps. (Eugène n'est pas un éléphant, il n'en a donc pas la mémoire : ce dont il veut se souvenir, il doit le noter !) Dans sa grande bibliothèque, Eugène peut ranger cent fois, mille fois plus de choses que sur ses ardoises magiques. Cette grande bibliothèque, c'est le *disque dur* de votre ordinateur. Comme la mémoire, on le caractérise par sa taille qui va de la centaine de gigaoctets (100 milliards d'octets) jusqu'à quelques milliers de gigaoctets.

Un boîtier de disque dur et son contenu

Le boîtier d'un disque dur est toujours hermétiquement clos car il contient des mécanismes de précision que la moindre poussière microscopique endommage irrémédiablement.

Les informations enregistrées sur le disque dur se lisent et s'écrivent environ mille fois moins vite que celles dans la mémoire vive. Par contre, le contenu du disque dur est durable : quand vous éteignez votre ordinateur, tout est conservé.

ALLONS PLUS LOIN

Kilo, méga, giga, tera, et cetera

Comme les nombres couramment manipulés en informatique sont très grands, plutôt que de parler de millions ou de milliards, on utilise les préfixes standard du système métrique pour les remplacer. Sans être mathématicien, vous savez que 1 kilogramme vaut 1 000 grammes. ***Un kilo-octet vaut donc 1 000 octets***.

Quelques préfixes à connaître

Préfixe	Valeur	Abréviation
kilo	1 000	k
méga	1 000 000	M
giga	1 000 000 000	G
téra	1 000 000 000 000	T

Un disque de 500 Go (gigaoctets) contient donc 500 000 000 000 d'octets.

Et voilà, le cœur de votre ordinateur, ce n'est pas plus compliqué que ça. Eugène, le génie, s'active dans sa tour, avec ses ardoises magiques et son immense bibliothèque. Tout seul, il travaille très vite et beaucoup, mais que fait-il ? Comme c'est un génie discipliné, tant que vous ne lui demandez rien, il ne fait rien. Alors comment lui exprime-t-on ses souhaits et comment nous répond-il ? (Dans les contes, les génies proposent toujours d'exaucer trois souhaits, mais Eugène ne manifeste pas une telle mesquinerie.)

◆ La périphérie

La liaison téléphonique

Tout d'abord, sachez que dans sa tour dont il ne sort jamais, Eugène n'est pas isolé du monde extérieur : il a sur sa table de travail une sorte de supertéléphone qui lui permet d'être en contact avec le monde entier. Quand, tout à l'heure, vous taperez une demande dans la zone de recherche, Eugène, ou un de ses acolytes, finira par téléphoner au génie d'un ordinateur qui est peut-être situé à l'autre bout du monde. Ce génie lointain va se mettre à rechercher dans sa propre bibliothèque les articles qui peuvent vous intéresser et il en enverra la liste à Eugène qui vous la communiquera.

Et ça, au moins, vous ne vous demandez pas comment : vous savez bien qu'il y a un écran, avec plein d'images ou de texte qui s'affichent dessus. Ce qu'Eugène veut vous dire, il l'affiche simplement sur votre écran et vous le lisez ou le regardez.

Mais vous, vous ne pouvez rien afficher directement sur votre écran. Vous pourriez, évidemment écrire dessus avec un gros feutre, mais ça ne serait pas une très bonne idée. Alors, pour exprimer vos souhaits à votre génie, vous allez utiliser d'autres instruments que vous connaissez déjà : la souris (ou le pavé tactile sur les portables) et le clavier.

La souris

La *souris* vous permet de faire seulement deux choses : vous pouvez la déplacer et vous pouvez appuyer sur un de ses boutons, celui de gauche ou celui de droite (on dit que vous *cliquez*). C'est rudimentaire, mais ça permet de faire énormément de choses. Sachez seulement que votre souris est toujours associée à une petite marque sur votre écran (très souvent une petite flèche). Lorsque vous déplacez la souris sur son tapis, Eugène, qui épie tous ses mouvements, déplace de la même façon, mais sur l'écran, la petite marque qu'on appelle le *pointeur*. Quand vous appuyez sur un bouton de la souris, Eugène va exécuter, à votre demande, des actions variées, qui vont dépendre de la position du pointeur sur l'écran.

Le clavier

Le *clavier* augmente, lui, considérablement vos moyens d'expression, puisqu'il met à votre disposition l'alphabet, les chiffres et quelques autres signes cabalistiques. Les signes que vous tapez sur les touches du clavier, c'est Eugène qui les reçoit et, le plus souvent, il les dessine sur l'écran.

Notez cependant qu'il y a deux sortes de touches. Les touches ordinaires représentent des lettres, des chiffres ou des signes qui peuvent s'afficher sur l'écran. Mais, il en est d'autres, plus mystérieuses, [Ctrl], [Alt] par exemple, qui ont des effets variés que vous découvrirez progressivement.

L'écran

Pour terminer ce premier tour du propriétaire, on va reparler brièvement de l'*écran*, dont on ne dira plus grand-chose par la suite. En effet, contrairement aux deux autres instruments qui vous permettent de communiquer avec le génie Eugène, et qui gardent toujours la même apparence simple, la souris avec ses boutons et le clavier avec ses touches, l'écran peut se présenter sous des aspects multiples : un écran de cinéma, une page d'un livre, une machine à calculer, pour n'en citer que quelques-uns. Alors, au lieu de parler de l'écran, qui est un terme trop général, on parlera plutôt des différents dessins ou textes qui s'y affichent.

ALLONS PLUS LOIN

L'écran et les pixels

Votre écran est composé d'un très grand nombre de points qu'Eugène et ses acolytes peuvent allumer ou éteindre très vite. Quand tous les points sont allumés, l'écran est blanc ; quand ils sont éteints, il est tout noir. Eugène peut afficher toutes les nuances de couleur en combinant trois couleurs élémentaires : rouge, vert et bleu.

Chaque point est un pixel, mot forgé par contraction de deux termes anglais ***picture element***, ou élément d'image. C'est en effet en allumant de la couleur adéquate les pixels de votre écran qu'Eugène y affiche des images. Et comme les pixels sont tout petits, de l'ordre de 2 dixièmes de millimètre, vous ne les distinguez pas : vous avez l'impression de voir une image continue.

Un écran de 1 600 pixels de large et de 1 000 pixels de haut contient 1 600 000 pixels.

Tout ce qui est dessiné sur l'écran porte généralement un nom qui en définit précisément la nature. Vous connaissez déjà le pointeur attaché à la souris. Vous découvrirez les *icônes* qui représentent les différentes boîtes à malice qu'Eugène peut ouvrir pour votre plus grande joie. Et comme tous les éléments dessinés sur votre écran semblent parfois s'entasser les uns sur les autres, vous en viendrez vite à penser que le fond de votre écran est une vraie table de travail : ça ne vous surprendra donc pas trop qu'on l'appelle le *Bureau*. Par contre, qu'on ouvre des *fenêtres* sur le Bureau, ça aura pour vous un air moins courant.

REMARQUE

Le terme « objet »

Tout ce qui peut s'entasser sur votre Bureau est très hétéroclite : on emploiera le terme général d'***objet*** pour en parler sans en préciser la nature. De manière générale, on nommera ***objet*** tout objet dont vous ne connaissez encore pratiquement rien.

Et voilà ! Vous avez maintenant une première image de votre ordinateur. Elle va vous permettre de commencer à comprendre de quoi il retourne quand vous allez faire vos premiers pas.

2.2. Démarrez l'ordinateur et naviguez sur Internet

N'avez-vous pas envie de commencer tout de suite par une petite navigation sur Internet ? C'est ce que nous vous proposons ! En effet, contrairement à ce que vous pourriez penser, il est plus facile de surfer sur Internet que d'écrire un texte ou d'enregistrer une photo dans un album.

C'est intéressant et ça vous sera tout de suite utile. Cet exercice ouvre la porte à de nombreuses utilisations de votre ordinateur : trouver un numéro de téléphone, chercher le sens d'un mot dans un dictionnaire, avoir le plan d'une ville, suivre le cours d'une action en bourse, consulter la météo, etc. Et tout cela sans avoir à dérouler un menu, sans avoir besoin de connaître la différence entre un fichier et un dossier, entre une fenêtre et un Bureau, sans avoir à enregistrer quoi que ce soit. Toutes ces notions viendront progressivement et vous saurez les rattacher naturellement à votre première expérience pratique.

Cela suppose, bien sûr, que vous ayez préalablement fait installer et valider votre connexion à Internet par un spécialiste, car ce n'est pas à la portée du novice que vous êtes encore.

◆ Démarrez et arrêtez l'ordinateur

Mettre sous tension

Votre ordinateur est branché, l'accès à Internet est opérationnel et la souris est en place sur la table.

Mettez sous tension avec l'interrupteur marche/arrêt

Vous mettez sous tension avec l'interrupteur *Marche/Arrêt.* Sur un ordinateur portable, il est très souvent sur le dessus, près de la charnière pour replier l'écran (on voit presque toujours sur ce bouton le symbole international : un petit trait vertical entouré d'un cercle ouvert) ; sur un ordinateur de bureau, l'interrupteur est sur la tour, généralement dessus ou devant.

Quelques instants après la mise sous tension, l'écran s'anime : vous allez voir alterner des écrans noirs, quelques animations, une petite musique, un message de bienvenue, jusqu'à ce que la situation se stabilise.

Ne touchez à rien, et repérez simplement, au centre de votre écran, une petite flèche inclinée.

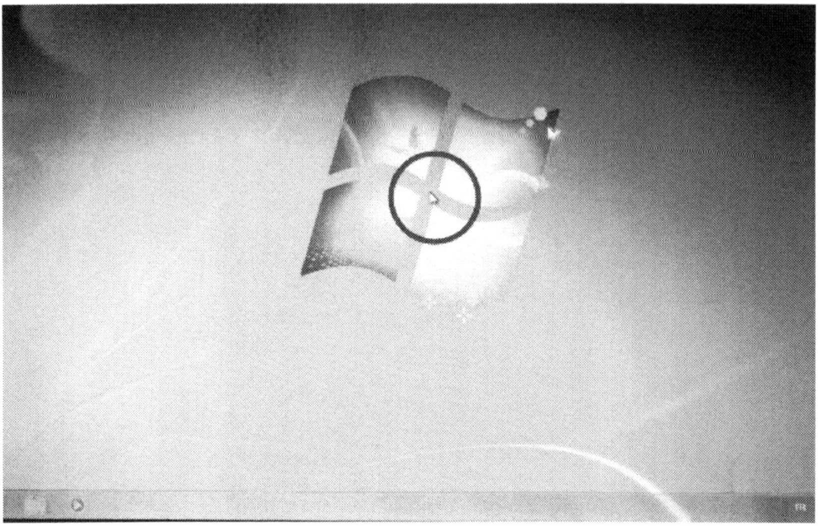

La flèche inclinée au centre de votre écran

Votre écran est sans doute garni de nombreuses petites images. Ne vous en préoccupez pas pour le moment.

Si c'est un ami qui vous a préparé votre ordinateur pour vous faciliter vos premiers pas, il a peut-être jugé bon de vous protéger par un mot de passe. Dans ce cas, peu après la mise sous tension, vous verrez s'afficher un écran semblable à celui-ci.

Invitation à taper le mot de passe

1. Tapez simplement votre mot de passe avec les lettres du clavier (ne faites rien avec la souris).
2. Puis appuyez ensuite sur la touche Entrée (une touche sur la droite du clavier avec une flèche fine qui rebrousse chemin).

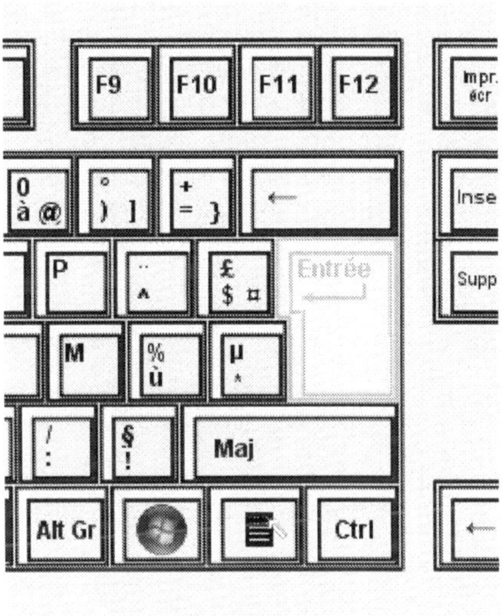

La touche Entrée sur le clavier

Après quelques instants, vous vous trouverez dans la situation décrite précédemment, avec la petite flèche inclinée au centre de l'écran.

REMARQUE

On ne peut pas lire le mot de passe à votre insu !

Quand vous tapez votre mot de passe, les caractères ne sont pas affichés, pour qu'on ne puisse pas les lire par-dessus votre épaule. Il y a seulement un petit point par caractère.

REMARQUE

Un ordinateur pour deux

Avant de vous décider à l'achat de votre propre ordinateur, vous avez peut-être demandé à votre petite-fille de vous faire une place sur le sien pour vous entraîner. Elle vous a alors créé un ***compte*** pour que vous soyez chacune chez vous. Lors du démarrage, vous devrez alors choisir votre compte en déplaçant la petite flèche avec la souris sur l'image de votre compte et en cliquant dessus avec le ***bouton gauche***. Ensuite, tout se déroulera de la même façon que précédemment.

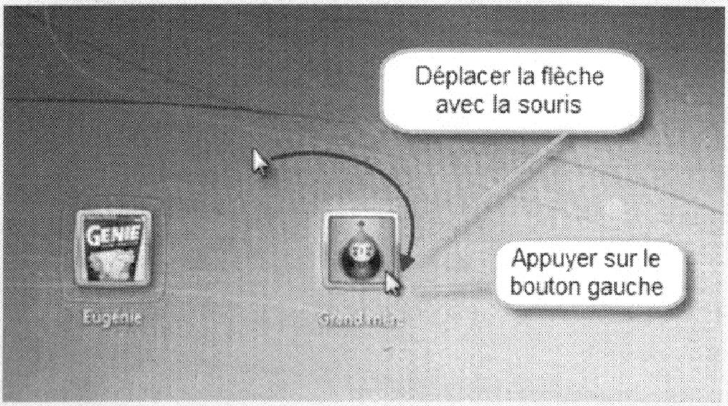

Choisissez votre compte

Ces manipulations sont expliquées en détail ci-après.

Apprivoiser la souris : déplacer le pointeur

Quand vous avez repéré la flèche (le *pointeur*), au centre de l'écran, vérifiez que votre souris est bien installée : elle est branchée, elle est à droite de l'ordinateur (à gauche pour un gaucher). Tout est prêt !

Une souris bien tenue

Maintenant, posez doucement la paume de la main, sans appuyer, sur le dessus de la souris. Le fil de la souris, s'il y en a un, doit sortir vers l'avant de votre main, entre l'index et l'annulaire, de préférence. Si vous utilisez une souris sans fil, ce sont les boutons et la petite roulette qui doivent se trouver à l'avant de votre main, mais la position reste la même.

Déplacez votre main sur la table, sans appuyer sur la souris, dans un petit mouvement circulaire de quelques centimètres. Regardez l'écran, et non la souris : vous voyez la petite flèche se déplacer, décrire un cercle. Vous constatez que ses mouvements suivent les déplacements de la souris : la flèche est télécommandée par la souris.

Ensuite, exercez-vous avec des déplacements dans toutes les directions :

- Faites glisser la souris vers la droite, la flèche se déplace vers la droite.
- Poussez la souris vers l'avant, la flèche se déplace vers le haut.
- Soulevez la souris du bureau, la flèche ne bouge pas.

Faites d'abord des petits déplacements ; ensuite apprenez à viser un point de l'écran, surtout sans appuyer sur la souris (essayez de la tenir simplement entre deux doigts, le pouce et l'annulaire, pour éviter la tentation d'appuyer).

Si la souris arrive en bout de table avant que la flèche n'ait atteint l'emplacement désiré sur l'écran, ou si elle bute sur un obstacle, levez légèrement la main pour la soulever et ramenez-la vers sa position de départ puis reposez-la : elle a de nouveau de l'espace à parcourir (pendant que vous avez déplacé la souris en l'air, la flèche n'a pas bougé car, dès que la souris n'appuie plus sur la table, ses mouvements ne commandent plus rien).

REMARQUE

Vous ne voyez plus la flèche, pas de panique !

Si vous ne voyez plus la flèche, c'est qu'elle est tout au bord de l'écran : il peut n'en rester qu'un seul point qu'il est pratiquement impossible à identifier. Déplacez alors la souris sur la table, toujours sans appuyer, d'une dizaine de centimètres dans n'importe quelle direction, et vous finirez par voir revenir la petite flèche.

Si la surface sur laquelle vous déplacez la souris est lisse ou brillante (du verre par exemple), la télécommande ne marchera pas ; mettez alors une feuille de papier sous la souris, ou mieux un tapis de souris.

Pointer et consulter le menu Démarrer

Sur l'écran vous pouvez remarquer, en bas à gauche, le logo de Windows : un cercle de quatre couleurs, comme un petit drapeau.

1. Déplacez la souris, sans appuyer, pour amener la flèche sur le cercle (on dit que vous *pointez*, comme à la pétanque !). Un petit rectangle blanc, contenant le mot **Démarrer**, apparaît juste à côté.
2. Cliquez sur cette zone que l'on appelle un *bouton* pour indiquer à l'ordinateur que vous avez décidé de démarrer. Ce bouton, en bas à gauche, est le bouton **Démarrer**.

REMARQUE

Sachez cliquer

Pour cliquer, exercez avec l'index une légère pression sur la zone gauche de la souris. Si vous vous êtes appliqué à la tenir entre le pouce et l'annulaire, votre index se place naturellement sur le bouton gauche. (Ne vous trompez pas, ne cliquez pas à droite, ça ferait autre chose, nous y reviendrons plus tard.) Cette pression, exercez-la un bref instant et relâchez immédiatement le bouton.

Le bouton Démarrer

Vous venez de cliquer sur le bouton **Démarrer**. Sa luminosité a légèrement changé, mais surtout apparaît maintenant, sur votre écran, une sorte de petite page avec de petits dessins et des légendes. La petite page s'appelle un *menu* (ici, le menu **Démarrer**) et les petits dessins, des *icônes*. Parmi ces icônes, repérez l'icône *Internet Explorer*, généralement une lettre e de couleur bleutée avec une orbite autour.

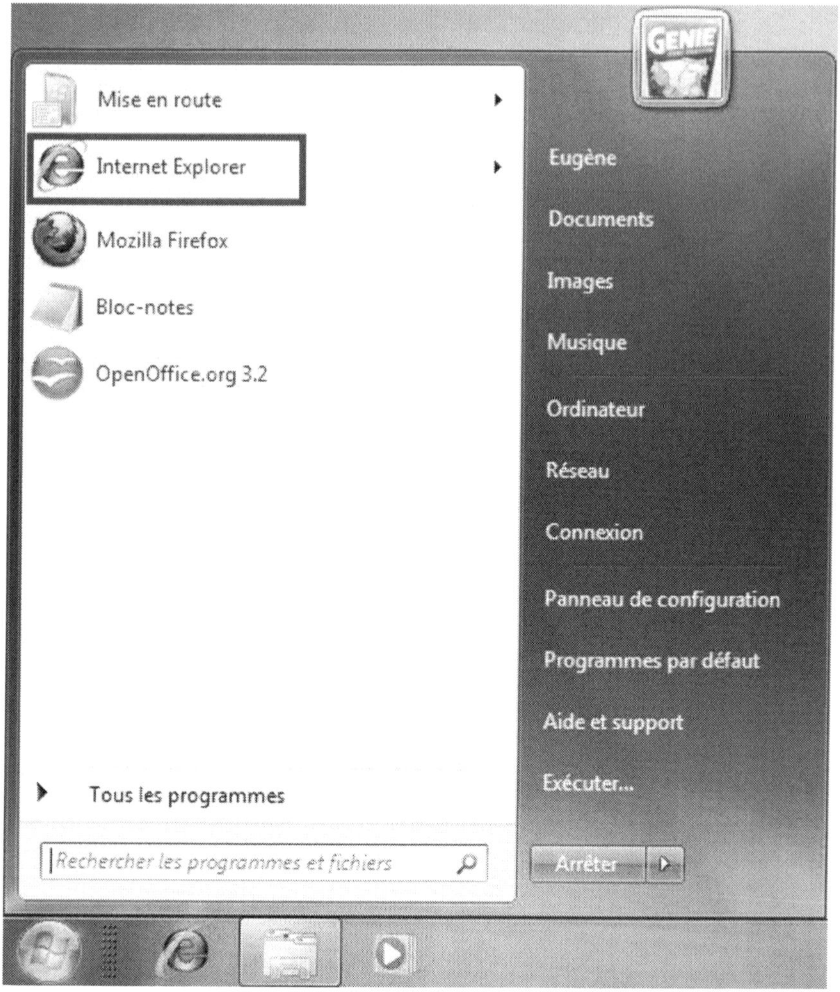

Le menu Démarrer et l'icône Internet Explorer

Les icônes sont des boutons : quand vous cliquez dessus, vous déclenchez dans votre ordinateur une suite d'actions qui y sont enregistrées : une telle suite d'action s'appelle un *programme*. Quand vous cliquez sur un bouton, cela active le programme : on appelle souvent cela *lancer un programme*. Quand vous avez cliqué sur le bouton **Démarrer**, vous avez lancé le programme qui a affiché le menu **Démarrer**.

> **REMARQUE**
>
> **Cliquez seulement pour agir !**
> Faites attention à ne cliquer que lorsque vous avez décidé d'exécuter une opération (par exemple, comme vous venez de le faire, afficher le menu **Démarrer**). Quand vous voulez seulement déplacer la flèche, faites simplement glisser la souris sans appuyer sur aucun bouton, sinon l'ordinateur va croire que vous lui envoyez un ordre et vous risquez de voir apparaître n'importe quoi sur votre écran.

Le point de vue d'Eugène

Et notre génie Eugène, que fait-il dans tout ça ?

C'est tout simple, tant que l'ordinateur n'était pas sous tension, Eugène était en léthargie. Dès que vous avez appuyé sur l'interrupteur, vous l'avez réveillé et il s'est activé pour être prêt à répondre à vos souhaits : il a sorti ses ardoises magiques, et consulté plein de livres de sa grande bibliothèque. Souvent, même, il téléphone à d'autres génies pour mettre à jour quelques livres de sa bibliothèque. Et tout ce qu'il fait en quelques secondes, ce n'est pas rien : à votre rythme, il vous faudrait sans doute des années de labeur !

Quand vous avez cliqué sur le bouton **Démarrer**, Eugène s'est dépêché de rechercher la liste des objets que vous utilisez habituellement. (Eugène maintient cette liste à jour en permanence, c'est ce qui explique que vous n'y voyez pas toujours la même chose : son contenu dépend en partie de votre activité.) Il vous l'a présentée pour que vous y choisissiez ce que vous avez l'intention de faire aujourd'hui.

Parmi ces objets, vous avez repéré *Internet Explorer*.

Arrêter l'ordinateur

Vous avez mis en route votre ordinateur et vous êtes prêt à aller sur Internet. Mais, si vous débutez, il est peut-être bon de faire une pause, d'arrêter l'ordinateur, puis de recommencer toutes les opérations que vous venez de découvrir pour bien les maîtriser.

Pour arrêter l'ordinateur, n'appuyez surtout pas sur l'interrupteur général Marche/Arrêt. Pourquoi ? Tout simplement parce que, à la fermeture, il y a du rangement à faire ; de même qu'au démarrage, il fallait tout installer. Et ce rangement, c'est Eugène qui va le faire et c'est lui qui coupera le courant quand il aura tout fini.

1. Cliquez sur le bouton **Démarrer** pour afficher le menu **Démarrer** et repérez, en bas à droite, un petit bouton avec une flèche à sa droite. Sur le bouton, il est écrit **Arrêter**. Vous ne rêvez pas ! Sur les systèmes Windows, le bouton **Arrêter** se trouve dans le menu **Démarrer**.

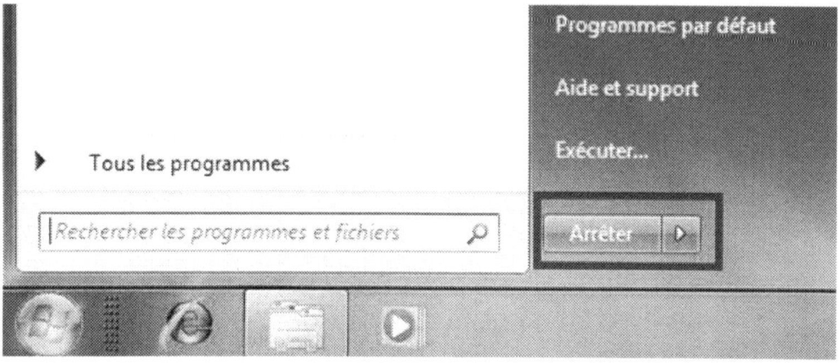

Le bouton Arrêter du menu Démarrer

2. Amenez le pointeur dessus et cliquez avec le bouton gauche de la souris. Des choses bougent sur l'écran, un message d'arrêt s'affiche et la tension se coupe finalement sur l'ensemble de la machine. Ouf ! Vous venez d'arrêter proprement votre ordinateur.

En cours d'arrêt

À RETENIR

Pour arrêter l'ordinateur

Cliquez sur le bouton **Démarrer**, puis cliquez sur le bouton **Arrêter** du menu **Démarrer**.

◆ Lancez un navigateur et utilisez un moteur de recherche

Lancer le navigateur

Pour naviguer sur Internet, il vous faut un programme spécifique qu'on appelle un *navigateur*. *Internet Explorer* est le navigateur installé sur les systèmes Windows. C'est lui que vous allez lancer.

Affichez le menu **Démarrer**, comme vous avez appris à le faire. Le menu s'affiche et vous repérez maintenant facilement l'icône *Internet Explorer*. Cliquez dessus (bouton gauche, avec l'index) et la physionomie de l'écran change radicalement : vous êtes devant un écran plein d'images, de texte et souvent de publicités. C'est la *page d'accueil Internet* de votre navigateur, l'ouverture sur le monde extérieur !

REMARQUE

La page d'accueil

La page d'accueil est souvent celle du fabricant de votre ordinateur, celle de Microsoft ou celle de votre fournisseur d'accès à Internet. Vous apprendrez plus tard comment afficher une autre page d'accueil, ou une page blanche, si vous le souhaitez.

Une page d'accueil Internet

VAGABONDAGE

Vous ne trouvez pas le navigateur dans le menu Démarrer

Comme le contenu du menu **Démarrer** peut évoluer, il se pourrait que vous n'y trouviez pas l'icône du navigateur ***Internet Explorer***. Dans ce cas, il faudra la chercher à un autre endroit.

Regardez d'abord dans la petite bande, la ***barre des tâches***, en bas, à droite du bouton **Démarrer**. Vous y voyez l'icône. Cliquez dessus et ***Internet Explorer*** se lancera tout pareillement.

Lancement d'Internet Explorer depuis la barre des tâches

Si elle n'y est pas, affichez le menu **Démarrer** et cliquez en bas sur le bouton **Tous les programmes**. Vous voyez alors s'afficher la liste de tous les programmes qui sont dans votre ordinateur : l'icône ***Internet Explorer*** s'y trouve et vous pouvez cliquer dessus pour lancer le navigateur.

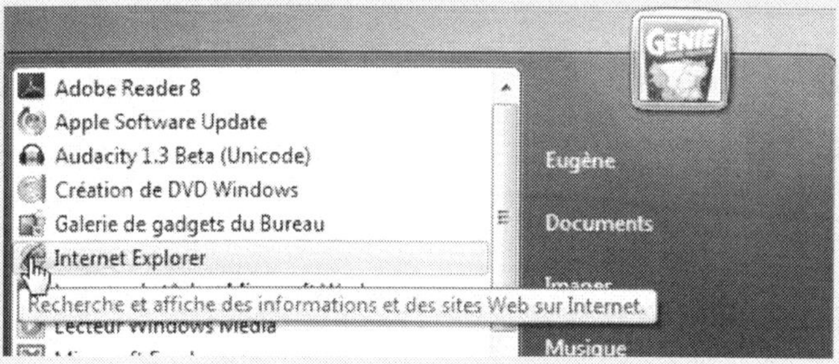

Lancement d'Internet Explorer depuis Tous les programmes

Ce que fait Eugène

En cliquant sur l'icône *Internet Explorer*, vous avez exprimé à votre génie votre souhait de naviguer sur Internet. Il est allé chercher dans sa grande bibliothèque son grand livre de navigation, il a mis sa belle tenue de grand navigateur, et il a affiché sur votre écran le cadre du navigateur *Internet Explorer*. Puis, il a téléphoné à un autre génie, qui habite dans un autre ordinateur, quelque part dans le vaste monde, pour lui demander la page d'accueil à afficher, et il vous a dessiné tout ça sur votre écran. Et maintenant il attend votre prochain souhait.

REMARQUE

Toutes les pages

Toutes les informations qu'Eugène affiche sur votre écran, quand il a revêtu sa tenue de navigateur, lui sont envoyées par d'autres ordinateurs et sont groupées en paquets que l'on appelle des ***pages***.

La page d'accueil est une de ces pages. Eugène l'affiche toujours quand vous démarrez votre navigateur.

Trouver la zone de recherche

Le premier exercice que l'on vous propose, c'est de rechercher une recette de cuisine, la recette de l'omelette norvégienne par exemple. C'est on ne peut plus simple (et c'est très bon !).

Regardez de plus près la page d'accueil, il n'y a pas que des publicités. En haut de la page vous remarquez plusieurs zones horizontales plus claires, ou blanches, avec ou sans inscriptions à l'intérieur. C'est ce qu'on appelle des *zones de saisie*, non pas parce qu'y rôdent des huissiers, mais simplement parce qu'on peut y *saisir* du texte. Nous verrons bientôt comment.

REMARQUE

Saisir du texte

Quand vous tapez du texte, on dit aussi que vous le ***saisissez***. Si l'expression vous paraît saugrenue, mettez-vous à la place d'Eugène, et imaginez qu'il attrape, qu'il saisit chaque caractère que vous tapez sur votre clavier. Vous saisissez ?

Dans la ligne tout en haut, vous voyez deux zones de saisie. La plus longue, à gauche, est la zone d'adresse ; elle fait à peu près les deux tiers de la largeur de l'écran. C'est elle qui contient l'adresse de l'ordinateur qui a fourni les informations affichées. Elle contient le plus souvent quelque chose qui commence par http://www suivi par plein de signes assez peu compréhensibles. À sa droite, il y a une zone de saisie beaucoup plus petite (environ le tiers de la largeur de l'écran) : c'est la zone de recherche rapide : quand vous tapez un nom dans cette zone, il est envoyé à ce qu'on appelle un *moteur de recherche*. C'est cela que nous allons utiliser.

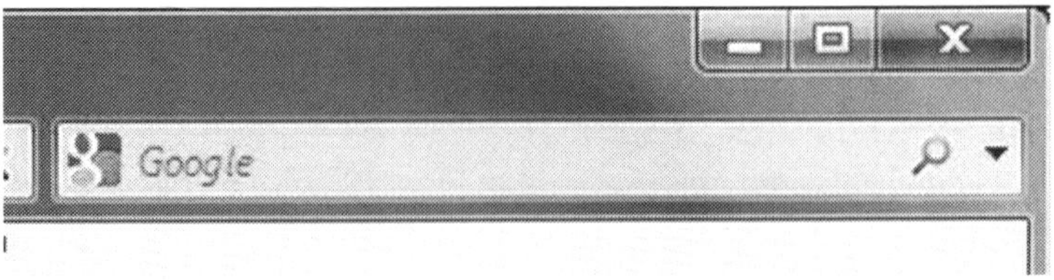

La zone de recherche rapide du navigateur

Un moteur de recherche, c'est un programme qui s'exécute sur de gros ordinateurs où habitent de gros génies. Et tous passent leur temps à téléphoner à tous les ordinateurs du monde, pour leur demander ce qu'ils connaissent. Le moteur de recherche enregistre toutes les réponses et les communique à qui les lui demande.

Google, dont vous avez peut-être déjà entendu parler, est un moteur de recherche. Il y en a d'autres.

REMARQUE

Quel moteur de recherche utiliser ?

Le moteur de recherche qui est utilisé dépend de votre installation et de la configuration de votre navigateur. Vous apprendrez, plus tard, à le choisir. Pour le moment, prenez celui qui est là (tant que vous n'avez rien saisi dans la zone, son nom est inscrit en grisé). Il sera capable, aussi bien qu'un autre, de trouver une recette d'omelette norvégienne !

Écrire la demande dans la zone de recherche

Il vous faut maintenant écrire ce que vous voulez dans la zone de recherche rapide. Vous choisissez d'inscrire « Recette omelette norvégienne » qui décrit bien votre quête. Si vous commencez tout de suite à taper sur les touches de votre clavier, il ne se passe rien. Que se passe-t-il donc ?

Pour le comprendre, pensez à Eugène. Depuis que vous lui avez dit d'endosser son bel habit de grand navigateur et qu'il a affiché votre page d'accueil, il attend, à l'écoute de votre clavier et de votre souris. Quand vous commencez à taper les lettres `recet`, il les reçoit très bien, mais il ne sait qu'en faire : il y a en effet sur votre écran les deux zones de saisie que nous avons mentionnées, et sans doute même quelques autres. Comme vous n'avez pas dit dans quelle zone faire apparaître les caractères que vous tapez, Eugène qui est très soigneux, les jette simplement par-dessus bord. Que faire ?

1. Activer la zone de saisie.

   Avant de taper des caractères, il vous faut donc dire où vous voulez que le texte s'affiche. Pour cela, vous allez *activer* la zone de recherche rapide, au moyen de la souris : en la déplaçant comme vous savez maintenant si bien le faire, amenez le pointeur (la petite flèche) sur la zone de recherche rapide, peu importe l'endroit précis. Que voyez-vous ? La flèche se transforme en une sorte de `I` majuscule, avec une barre horizontale en haut et en bas : c'est le *pointeur de sélection.*

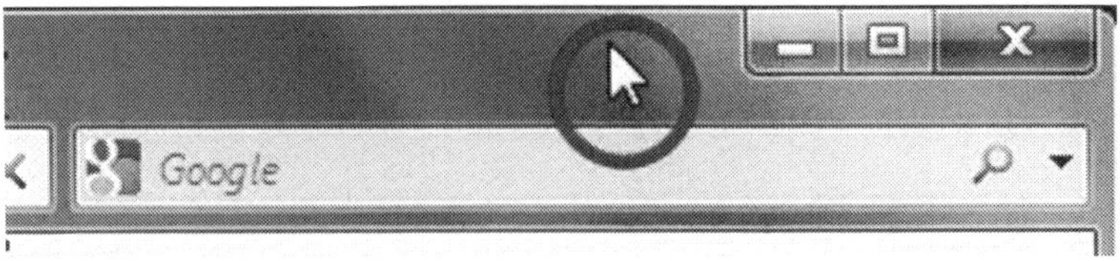

Le pointeur flèche

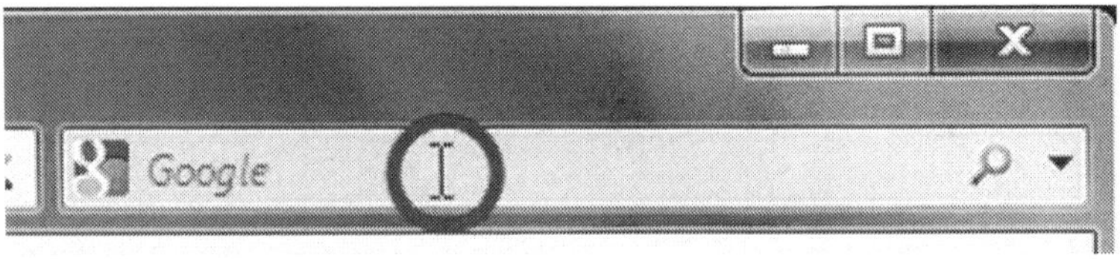

Le pointeur de sélection, sur une zone de saisie

Toutes les fois que le pointeur se transforme ainsi, c'est que vous êtes sur une zone de saisie où vous pourrez taper du texte (ou, plus tard, en sélectionner). Si c'est la première fois que vous voyez cela, amusez-vous un peu : déplacez le pointeur et observez son changement de forme. Vous pouvez aussi vous balader sur tout l'écran pour trouver d'autres zones de saisie.

Vous avez ramené le pointeur sur la zone de recherche rapide, en haut à droite, et le pointeur a pris la forme d'une barre. Si maintenant vous essayez de taper du texte, vous allez être déçu : il ne se passera encore rien. Eugène a pourtant bien vu où vous aviez placé le pointeur ! C'est même lui qui a changé sa forme ! Mais vous ne lui avez pas encore dit clairement « C'est là que je veux afficher le texte que je vais taper ». Cliquez avec le bouton gauche. C'est fait : il a compris. Il vous le fait savoir en affichant, dans la zone de saisie, une petite barre verticale qui clignote joyeusement, toujours comme un I majuscule, mais cette fois sans barre en haut ni en bas : c'est ce qu'on appelle le *point d'insertion*. C'est là que va s'afficher ce que vous taperez.

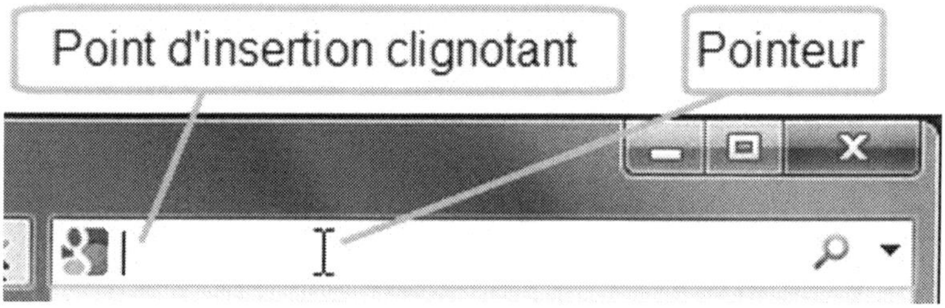

Le point d'insertion et le pointeur de sélection

REMARQUE

Ne confondez pas pointeur et point d'insertion

Faites bien la différence entre le pointeur, qui s'affiche comme un I majuscule quand il est sur une zone de saisie, et le point d'insertion qui est l'endroit où s'affichera ce que vous tapez au clavier. Pour bien vous en convaincre, déplacez la souris sur l'écran : le pointeur se déplace et change de forme comme précédemment. Le point d'insertion, lui, ne bouge pas.

Notez aussi que sur votre écran, il y a un seul et unique point d'insertion. Vous ne voudriez quand même pas rendre fol Eugène en lui indiquant plus d'un endroit où afficher le texte que vous tapez. Si vous activez un autre point d'insertion, Eugène effacera automatiquement le précédent.

2. Taper du texte dans la zone de saisie.

   Maintenant que le point d'insertion clignote à gauche de la zone de recherche rapide, vous pouvez taper votre texte : `recette omelette norvegienne`. Il va s'y afficher. (Cela n'a pas d'importance que vous tapiez en majuscules ou en minuscules, ni même que vous mettiez des accents ou non : le moteur de recherche n'y prête pas attention.)

Découvrir le clavier

Si, jamais de votre vie, vous n'avez utilisé de machine à écrire ou de clavier, vous allez encore devoir faire un petit effort pour apprendre le minimum indispensable et plus tard vous compléterez votre connaissance. Si, par contre, vous êtes déjà familier de la chose, vous pouvez sauter les explications suivantes.

Examinons ensemble le clavier.

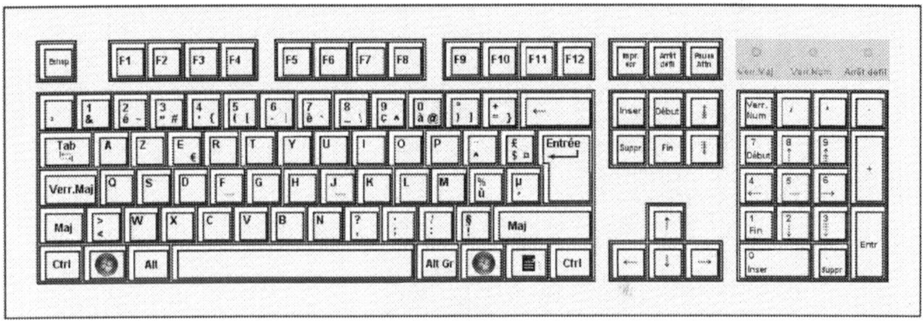

Le clavier

Il y a beaucoup de touches, plus d'une centaine, 106 sur les claviers courants, un peu moins sur un portable, pour prendre moins de place. Pour écrire votre texte, vous allez utiliser les touches alphabétiques. C'est l'ensemble des touches au milieu du clavier sur lesquelles est dessinée une lettre en majuscule. Pour écrire `recette omelette norvegienne`, tapez brièvement sur les touches [R], [E], [C], etc. Dans la zone de recherche rapide, vous voyez s'afficher `recette omelette norvegienne`, tout en minuscules. (Pour écrire le blanc entre les mots, appuyez sur la barre au milieu, en bas, sous les touches [C], [V], [B], [N].)

La demande est écrite

Remarquez que, chaque fois que vous tapez une lettre, elle s'affiche juste à gauche du point d'insertion. À la fin, il se trouve donc après le `e` final de `norvegienne`, et il clignote toujours.

Corriger une erreur de frappe

Ça y est : vous avez tout tapé, mais catastrophe, vous voyez inscrit dans la zone de saisie `recette omelette norvegiznne`. Vous avez tapé un `z` au lieu d'un `e`. Comment corriger cela ? C'est très simple : vous allez utiliser une touche d'effacement qui se trouve en haut et à droite des lettres, avec une fine flèche vers la gauche [←], ou parfois une croix [X]. Cette touche d'effacement est la terrible mangeuse de caractères à gauche.

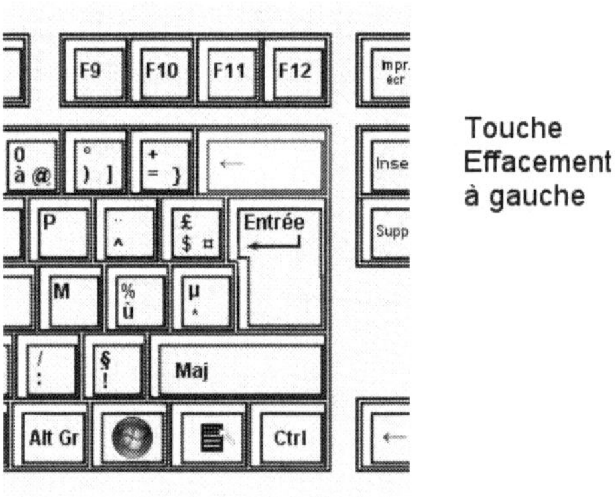

La touche mangeuse de caractères à gauche

Nous avions dans la zone de saisie `norvegiznne|` et le point d'insertion juste après le dernier `e`. Appuyez brièvement un coup sur la mangeuse de caractères à gauche, il reste `norvegiznn|` et le point d'insertion est maintenant juste après le `n` final. Encore trois fois : `norvegizn|`, `norvegiz|` et finalement `norvegi|` : le `z` erroné a disparu et vous pouvez taper correctement la fin du mot.

REMARQUE

Effacement express

Si vous appuyez sur la touche d'effacement et la laissez enfoncée, le point d'insertion se déplace vers la gauche en mangeant tous les caractères qu'il rencontre. Il ne s'arrête que quand il bute sur le côté gauche de la zone de saisie, quand il n'y a plus rien à effacer.

Quand vous tapez des caractères ou en effacez, le point de repère est toujours le point d'insertion. La position du pointeur n'a pas d'importance.

Il existe aussi une touche d'effacement, mangeuse de caractères à droite. On peut y lire ***Suppr*** ou ***Del***. La seule différence avec la mangeuse de caractères à gauche, c'est qu'elle efface tous les caractères à droite du point d'insertion.

ALLONS PLUS LOIN

Ne les confondez pas !

Allons plus loin Une autre manière de faire la correction

Pour faire la correction, vous auriez pu aussi, avec la souris, déplacer le point d'insertion juste après le `z` et une seule frappe sur la touche mangeuse de caractères à gauche l'aurait effacé : `norvegi|nne`. Vous auriez alors tapé le `e` au bon endroit : `norvegie|nne`.

Vous préférerez sans doute cette méthode quand vous serez un peu entraîné, mais elle peut vous paraître plus délicate si vous maîtrisez mal les déplacements de la souris.

Obtenir les résultats : afficher la recette

Le texte `recette omelette norvegienne` est maintenant inscrit dans la zone de recherche rapide. Il vous reste à dire à Eugène de lancer la recherche.

Appuyez sur la touche [Entrée] et c'est fait.

La touche [Entrée] se trouve sur la droite des lettres. Dessus, il est écrit *Entrée* ou il est dessiné une fine flèche horizontale qui rebrousse chemin ↵.

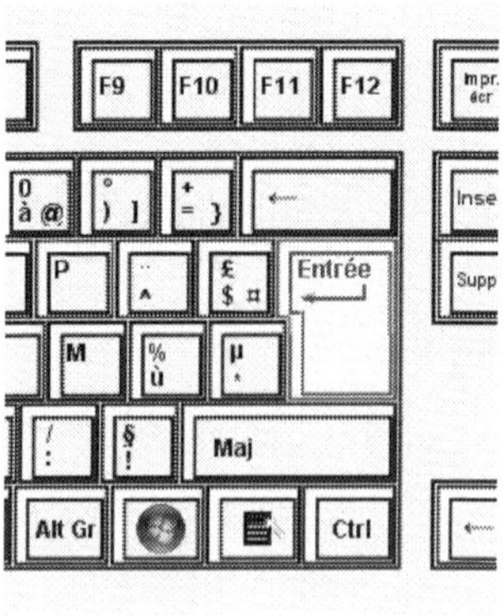

Touche Entrée

La touche Entrée

Vous venez de lancer la recherche en appuyant sur la touche [Entrée]. Vous voyez des choses bouger sur l'écran et, après quelques secondes, à la place de la page d'accueil s'en affiche une nouvelle qui contient une liste de recettes d'omelette norvégienne : ce sont de petits résumés du contenu des pages que votre moteur de recherche vous propose et qui, selon lui, pourraient répondre à votre demande. Il vous propose, bien sûr, en premier, celles qu'il estime être les plus pertinentes. Voici les résultats proposés par Bing et Google. (Enfin, c'étaient les résultats au moment de la rédaction de ce livre. Ils ont vraisemblablement changé, au moins dans leur présentation, maintenant que vous le lisez !)

Les recettes d'omelette norvégienne proposées par Bing

Si la liste est trop longue et ne tient pas toute sur l'écran, il faut la faire défiler. Il suffit pour cela de faire tourner la petite mollette sur le dos de la souris. Et comme la roulette ne peut tourner que dans un sens ou dans l'autre, vous trouverez très vite le bon ! Entraînez-vous un petit peu.

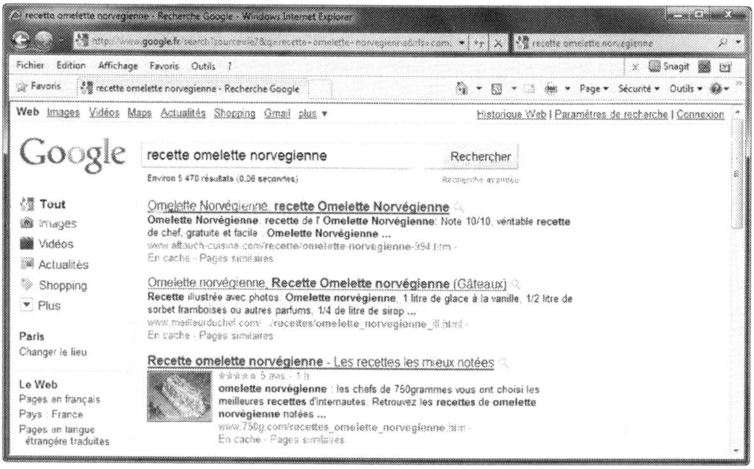

Les recettes d'omelette norvégienne proposées par Google

REMARQUE

La roulette ruse

Pour faire tourner la roulette, il faut juste l'effleurer avec l'index. Si vous appuyez un peu trop fort, vous allez déclencher un clic particulier et le comportement de votre souris va changer au point que vous croirez qu'elle est devenue folle. Ce n'est qu'une de ses ruses : il s'agit en réalité d'une possibilité d'utilisation de la souris dont vous n'avez aucun besoin, mais que vous risquez de mettre en œuvre inopinément si vous ne maîtrisez pas bien votre force ! Ne paniquez pas si ça vous arrive : faites simplement un clic sur le bouton gauche de la souris et elle redeviendra raisonnable, mais votre page aura peut-être défilé sur l'écran de façon bizarre.

VAGABONDAGE

Tourner la page

L'ensemble des informations qui s'affiche sur votre écran s'appelle une ***page***. Cela vous évoque sans doute une page d'un livre et c'est à juste titre car il y a effectivement des ressemblances.

VAGABONDAGE

Mais il y a aussi une différence de taille : toutes les pages d'un livre sont de même dimension, par exemple 11 cm × 18 cm pour un format de poche. Et quand une page est remplie, de texte ou d'images, on tourne la page et on passe à la suivante.

Par contre, les pages que vous affichez sur votre écran n'ont pas de taille bien définie. Ce qui les caractérise, c'est leur contenu, et non pas le cadre où elles s'affichent. Ainsi, la description des ingrédients nécessaires à la réalisation d'une omelette norvégienne et les explications détaillées, en vingt étapes, de la manière de parvenir au résultat constituent une seule page. Pour la voir tout entière et la lire, il vous faudrait sans doute un écran de près de 1 mètre de haut ! Or le vôtre a une taille plus modeste et bien définie qui ne vous permet pas souvent d'afficher la totalité de la page. Pour lire la suite, vous ne tournez pas la page, mais vous devez la faire défiler, un peu comme si vous déplaciez une loupe sur un document.

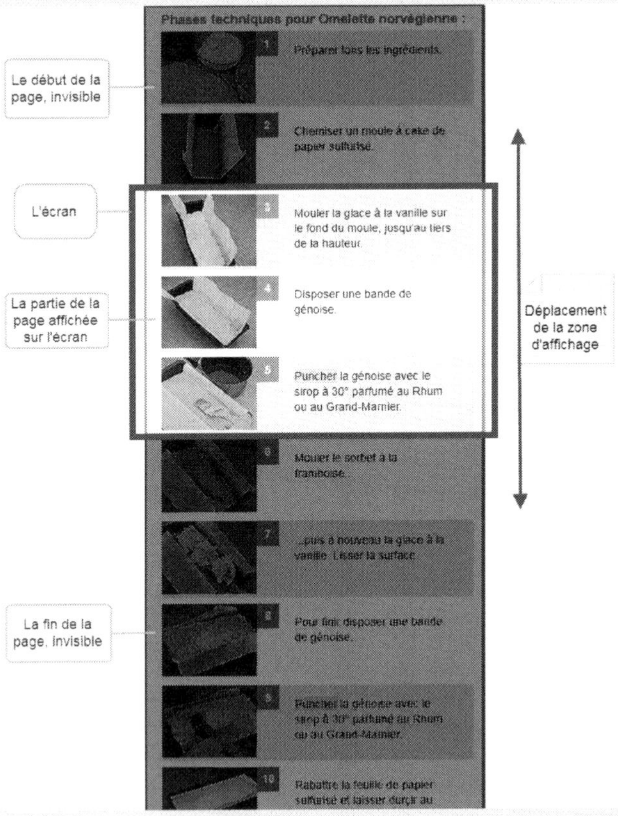

La page et l'écran

Le résultat de la recherche est maintenant à votre disposition : la liste de recettes présente, pour chacune, un petit résumé de quatre ou cinq lignes. Selon le moteur de recherche que vous avez utilisé, les résultats, ou leur ordre d'affichage, peuvent être légèrement différents.

La première ligne est généralement écrite en bleu et soulignée et donne le titre de la page trouvée. Les suivantes, généralement écrites en noir, donnent un petit extrait du texte de la page qui contient le texte recherché. Les mots que vous avez tapés dans la zone de recherche rapide sont écrits en gras dans le résumé affiché. La dernière ligne, généralement écrite en vert, indique l'adresse de l'ordinateur qui contient la page et que l'on appelle un *site*.

Le premier site de recettes d'omelette norvégienne proposé par Bing

Vous êtes maintenant presque au terme de votre quête : il ne vous reste plus qu'à demander à voir la page qui vous intéresse. Promenez votre souris de façon à déplacer le pointeur sur les lignes de résumé et vous voyez apparaître, sur la ligne bleue soulignée, une main avec l'index pointé (appelée *pointeur index*).

Le pointeur index pour suivre un lien

Cliquez (attention : la main doit être bien visible au moment où vous cliquez).

L'écran s'anime et vous voyez s'afficher la page contenant la recette attendue. Et vous allez, bien sûr, faire défiler cette page avec la roulette de la souris pour lire la recette jusqu'au bout.

À vos fourneaux

REMARQUE

Des liens entre les pages

Le texte souligné et écrit en bleu, et sur lequel le pointeur se transforme en main avec l'index pointé, s'appelle un ***lien***, et plus précisément un ***lien hypertexte***. Ça veut tout simplement dire qu'il vous permet d'aller facilement d'un endroit d'un texte à un autre : il relie le texte souligné en bleu à la page qui s'affiche quand vous cliquez sur la main avec l'index pointé.

Avant de terminer cette première navigation, regardez bien la ligne tout en haut de votre navigateur : vous voyez, sur la gauche, deux boutons ronds avec des flèches à gauche pour celui de gauche et à droite pour celui de droite. Celui de gauche est allumé en bleu. Celui de droite est éteint. Cliquez sur celui de gauche (clic gauche avec l'index, toujours) : vous voyez réapparaître la dernière page que vous avez visitée. Dans le même temps, le bouton avec la flèche vers la droite s'est allumé : si vous cliquez dessus, vous allez sur la page suivante. Pensez à utiliser ces deux flèches pour vous promener dans les pages que vous avez déjà visitées : c'est très pratique. Vous pouvez ainsi aller voir une recette détaillée en cliquant dessus (pointeur index), revenir à la page de résumés avec le bouton de retour à la page précédente, aller voir une autre recette, et ainsi de suite.

Naviguez dans les pages déjà vues

Fermer le navigateur et arrêter

L'exercice est terminé : vous vous êtes familiarisé avec la souris, le clavier et l'écran, c'était le but. Bien sûr, ce n'est qu'un premier pas, mais quand même, c'était déjà un petit surf sur Internet. Vous avez bien mérité un peu de repos et décidez d'arrêter votre ordinateur.

Vous avez déjà appris à le faire, mais maintenant, c'est un peu différent, car votre navigateur est toujours présent sur votre écran et il cache peut-être le bouton **Démarrer** qui vous permettrait d'afficher le menu où se trouve le bouton **Arrêter**. (Vous vous rappelez, bien sûr, que l'on n'arrête pas son ordinateur en appuyant sur l'interrupteur Marche/Arrêt.) Si le bouton **Démarrer** est resté visible, vous pouvez l'utiliser et arrêter comme vous savez le faire. Eugène, qui est un génie soigneux, sait qu'il n'a pas encore rangé sa belle tenue de navigateur, et il va le faire avant d'éteindre votre ordinateur : tout se passera bien.

Mais pour terminer cet exercice, nous allons d'abord fermer le navigateur. Et comme cette opération sera la même quel que soit le programme que vous avez lancé, vous vous en resservirez.

La page où vous avez affiché la recette d'omelette norvégienne est entourée d'un cadre qui délimite ce qu'on appelle une fenêtre. En haut et à droite, vous voyez trois petits boutons. Pour le moment, on va utiliser seulement celui qui est le plus à droite : il est rouge et un petit **X** y est dessiné. Amenez le pointeur dessus en déplaçant la souris et cliquez (bouton gauche de la souris).

Fermez la fenêtre

Vous voyez des choses bouger sur votre écran, des images et du texte disparaître, et finalement il ne reste plus rien de votre navigateur. Vous avez fermé le navigateur. Vous retrouvez alors l'écran tel qu'il était quand vous avez démarré l'ordinateur. Au fait, vous vous rappelez qu'on l'appelle le Bureau ?

Vous pouvez maintenant arrêter votre ordinateur, comme vous savez le faire : clic sur le bouton **Démarrer** qui affiche le menu **Démarrer** et clic sur le bouton **Arrêter**.

Du côté de chez Eugène

Quand vous avez fermé la fenêtre du navigateur, Eugène a effacé toutes les ardoises magiques sur lesquelles il avait pris ses notes de travail, et il a rangé tous ses livres et cahiers dans sa grande bibliothèque. Et puis, il a rangé soigneusement son bel habit de navigateur et a repris sa tenue de génie à tout faire, en attendant votre prochain souhait.

Vous pouvez donc comprendre que, si vous relancez votre navigateur, il ne se rappellera plus toutes les pages que vous avez affichées. Les petites flèches pour aller à la page précédente ou suivante seront donc éteintes : vous commencerez une nouvelle navigation : Eugène aura tout oublié (ou presque) de la précédente.

Et vous, vous savez maintenant vous servir d'un ordinateur et naviguer sur Internet. Bravo !

◆ Faites face aux premiers imprévus

Si vous avez suivi scrupuleusement toutes nos indications, tout s'est sans doute très bien passé. Mais, les génies étant parfois facétieux, il se peut que tout ne se passe pas comme on le souhaite : nos explications peuvent être insuffisantes, vous pouvez être étourdi, et même, il arrive que l'ordinateur fasse des choses erronées ! Que faire alors ?

Voici quelques suggestions qui devraient vous permettre de retomber sur vos pieds, dans bien des cas, en commençant par les situations les moins dramatiques. Quand vous maîtriserez mieux votre ordinateur, vous pourrez essayer des méthodes plus fines, mais celles-ci gardent leur efficacité en dernier recours.

- Vous avez fait une erreur dans une zone de saisie.

  Déplacez le pointeur à l'extrémité droite de la zone et cliquez pour y mettre le point d'insertion, puis effacez à gauche jusqu'au début de la zone de saisie. Quand tout est propre, recommencez lentement à taper.

- Il se passe des choses bizarres dans la fenêtre d'un programme.

  Si vous avez l'impression de ne plus rien comprendre à ce qui se passe, ayez recours à la croix rouge. Cliquez sur le bouton de fermeture (le rouge avec un **X**, en haut à droite de la fenêtre). Votre programme va normalement s'arrêter. Relancez-le : il se comportera alors le plus souvent correctement.

- Il se passe des choses bizarres sur votre Bureau.

  Il se peut que les anomalies envahissent tout votre Bureau et votre ordinateur. Par exemple, votre programme ne se ferme pas, même quand vous cliquez sur la croix rouge. C'est peut-être un problème du programme, mais c'est peut-être aussi une fausse manœuvre que vous avez faite sans vous en apercevoir : quoi qu'il en soit, vous ne savez pas comment faire. La mesure corrective sera, dans ce cas, plus brutale : arrêtez l'ordinateur (bouton **Démarrer, etc.**) et redémarrez-le.

- Il ne se passe plus rien sur votre Bureau.

  Là, c'est le drame ! Plus rien ne marche. Vous déplacez frénétiquement la souris sur votre table, mais le pointeur ne réagit pas, ou bien la procédure d'arrêt précédente est inopérante. Alors, employez la manière forte : appuyez sur l'interrupteur Marche/Arrêt et maintenez-le enfoncé pendant plusieurs secondes, jusqu'à ce que l'ordinateur s'éteigne. Vous pouvez alors le rallumer normalement. Rappelez-vous cependant que cette méthode de brute ne doit être employée que de façon tout à fait exceptionnelle.

2.3. Navigation sur Internet... vers le large

Votre première navigation vous a permis de vous familiariser avec Internet et quelques-unes de ses règles de navigation. Pour cette seconde navigation, préparez-vous à partir vers le large avec des exercices plus terre à terre, et peut-être plus proches de vos préoccupations quotidiennes : il s'agit d'abord de trouver un numéro de téléphone dans l'annuaire. Et si vous avez l'esprit aventureux, pourquoi n'iriez-vous pas vous plonger dans une encyclopédie ?

◆ Profitez de l'annuaire téléphonique sur Internet

Jusqu'à présent, vous avez toujours feuilleté votre annuaire papier. Maintenant, vous pourrez rechercher un numéro en restant assis devant votre ordinateur à tapoter sur votre clavier et à caresser votre souris. C'est bien plus moderne, même si ça vous semble encore compliqué et guère plus rapide ! Notez cependant que chez vous, vous n'avez certainement que l'annuaire papier de votre département. Par le biais d'Internet, vous aurez accès à ceux de toute la France.

Pour commencer, lancez votre navigateur comme vous savez maintenant le faire. (Vous pouvez même relire le chapitre précédent si vous hésitez encore un peu !)

Il vous faut ensuite trouver l'annuaire. Là encore, vous savez faire : vous allez simplement utiliser la zone de recherche rapide. Vous souhaitez consulter un annuaire : le plus simple est donc de taper `annuaire` dans la zone de saisie, et d'appuyer sur la touche [Entrée].

(Vous pouvez aussi cliquer sur le bouton à droite de la zone de saisie, avec une petite loupe dessus : ça fait exactement la même chose.)

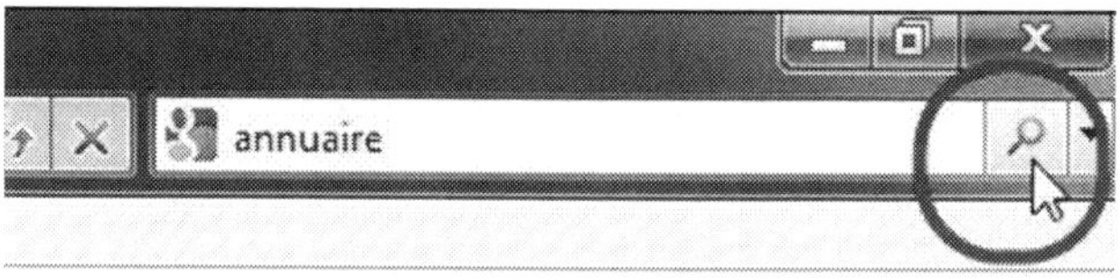

Cliquez sur la loupe pour lancer la recherche

C'est maintenant sans crainte ni surprise que vous voyez s'afficher la page de résultats de votre recherche : elle vous présente une liste de sites en rapport avec des annuaires. Elle ne contient pas uniquement des annuaires téléphoniques, mais ceux-ci y figurent en bonne place. Parmi les tout premiers, il y a *Pages Jaunes* : c'est celui que vous allez utiliser dans cet exercice.

Vous remarquez qu'il y a deux résumés Pages Jaunes. Comme vous voulez chercher le numéro d'une personne, choisissez plutôt le deuxième : *Annuaire des particuliers*.

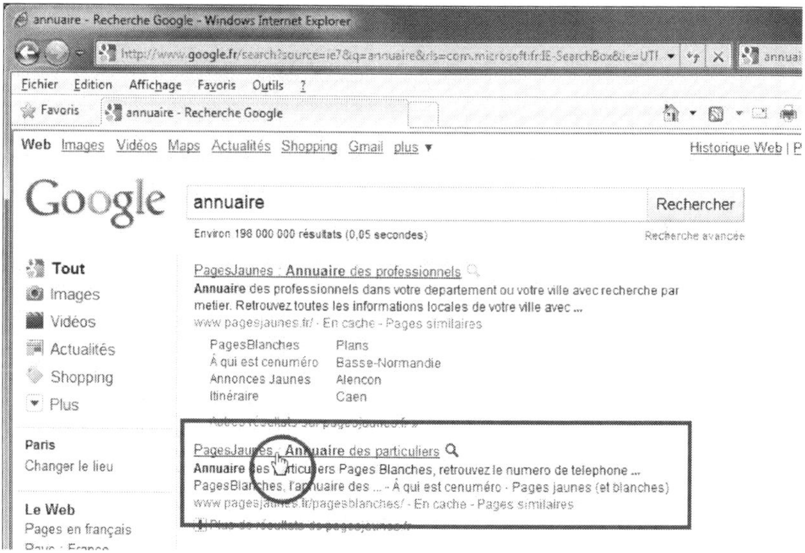

Amenez le pointeur sur **Pages jaunes : Annuaire des particuliers**, plus précisément sur la première ligne écrite en bleu et soulignée. Une main apparaît, c'est bon signe : elle vous invite à continuer.

Cliquez et une nouvelle page s'affiche : la page d'accueil de l'annuaire Pages Jaunes.

> **REMARQUE**
>
> Attention à bien cliquer quand la main est apparente : si vous cliquez quand le pointeur se présente comme une flèche, il ne se passe rien.

◆ Trouvez un numéro de téléphone dans l'annuaire

Vous êtes dans l'annuaire. Parfait ! Ne vous précipitez pas cependant, pour remplir les zones de saisie **Qui** et **Où** qui vous sont présentées ; observez d'abord attentivement la page où vous êtes.

Remarquez qu'en bas de la page vous avez des panneaux d'affichage d'information ou de publicité. Faites attention à ne pas tomber dedans : si vous promenez le pointeur dessus, il se transforme en main vous invitant à aller voir. Si vous cédiez à la tentation, vous ouvririez une nouvelle page, celle de l'annonceur, et vous seriez peut-être un peu dérouté. Passez donc votre chemin pour le moment, mais si vous cliquez par inadvertance, le mieux est d'utiliser la flèche bleue de retour à la page précédente. Au pire, vous pouvez arrêter votre navigateur et recommencer toute l'opération : ça n'est pas dangereux.

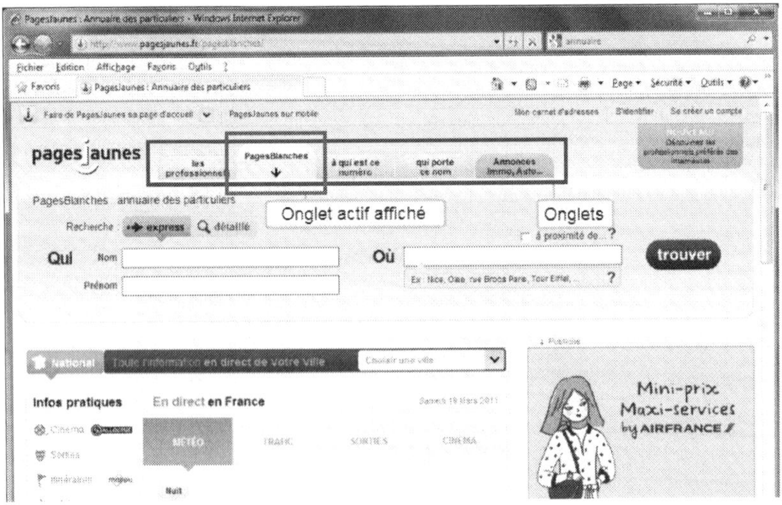

Une page avec des onglets

Revenons maintenant aux choses sérieuses. Vous voyez, au-dessus des zones de saisie des sortes de petites niches avec les mentions **les professionnels**, **Pages Blanches**, **Annonces** et autres. Ce sont des *onglets*. Ils jouent exactement le même rôle que les onglets des dossiers cartonnés que l'on range dans des armoires ou des tiroirs : ils permettent de savoir ce que contient le dossier sans avoir besoin de le sortir. Les onglets sont d'un usage très répandu dès qu'il s'agit de faire tenir beaucoup d'informations dans une fenêtre.

Parmi tous les onglets présentés, un seul est actif : celui dont le contenu est affiché dans la fenêtre. Ici, c'est l'onglet **Pages Blanches**. Il est un peu plus grand que les autres et une flèche vers le bas suggère que c'est son contenu qui est visible.

Observez maintenant ce qui se passe quand, sans cliquer, vous baladez la flèche sur un onglet : l'onglet s'agrandit et une main apparaît, qui vous indique la possibilité d'aller voir ce qui se cache derrière. Comme c'est l'onglet **Pages Blanches** qui est actif et que vous voulez justement chercher le numéro de téléphone d'une personne, tout va bien : vous n'avez rien à faire.

VAGABONDAGE

Changer l'onglet actif

Si vous avez l'esprit aventureux, vous pouvez vous amuser à vous balader entre les différents onglets. C'est très simple : il vous suffit de mettre le pointeur sur un onglet et de faire un clic gauche dessus. C'est comme un lien. L'onglet sélectionné s'affiche aussitôt.

Activez à nouveau l'onglet **Pages Blanches** quand vous avez fini !

Maintenant vous pouvez inscrire le nom de la personne dont vous recherchez le numéro de téléphone. Cliquez ensuite sur le bouton **trouver** (ou appuyez sur la touche [Entrée]) et vous voyez cette fois s'afficher, en réponse à votre demande, une nouvelle page avec le résultat trouvé et bien sûr de nouveaux panneaux publicitaires.

Le résultat de la recherche

REMARQUE

Quels champs remplir pour une recherche efficace ?

Quand vous faites une recherche où l'on vous propose de renseigner plusieurs champs, vous n'êtes pas obligé de tous les remplir. Sachez seulement que plus votre demande est précise, moins il y aura de résultats. Au contraire, si elle est très vague, vous aurez beaucoup trop de réponses et on vous proposera alors de préciser certains éléments. Si vous ne remplissez rien et que vous cliquez sur **trouver**, la page va s'afficher à nouveau avec des messages en rouge vous demandant de remplir au moins le nom et le lieu. Vous pouvez essayer, ce n'est pas dangereux.

Sauf si vous avez fait une recherche très précise, en spécifiant les nom, prénom et adresse complète, votre page de résultats contient plusieurs réponses, et sur votre écran, il ne s'en affiche que trois ou quatre. Vous devez alors faire défiler la page. Vous savez déjà le faire avec la roulette de la souris. Vous allez maintenant apprendre à le faire d'une autre façon. Il ne vous restera plus qu'à choisir celle qui vous convient le mieux, ou que vous trouvez la plus simple.

Pour faire défiler la page sur l'écran, vous pouvez utiliser la grande barre verticale blanche qui est à droite de votre écran : l'*ascenseur*. La grande barre verticale, c'est la cage de l'ascenseur. La partie plus ou moins longue qui est dessinée comme en relief, c'est la cabine, et les deux petites flèches en haut et en bas, ce sont les boutons de commande : celui d'en haut avec la flèche vers le haut pour monter et celui du bas avec la flèche vers le bas pour descendre.

La cage de l'ascenseur représente toute la page qui est à votre disposition. La cabine représente la partie qui en est visible sur votre écran. La taille de la cabine dans la cage est proportionnelle à la partie de la page visible sur l'écran. Si la cabine est toute petite, c'est que la page est grande et vous n'en voyez donc qu'une petite partie sur l'écran. Inversement, si la cabine est grande, c'est que la page est petite et que vous la voyez presque tout entière.

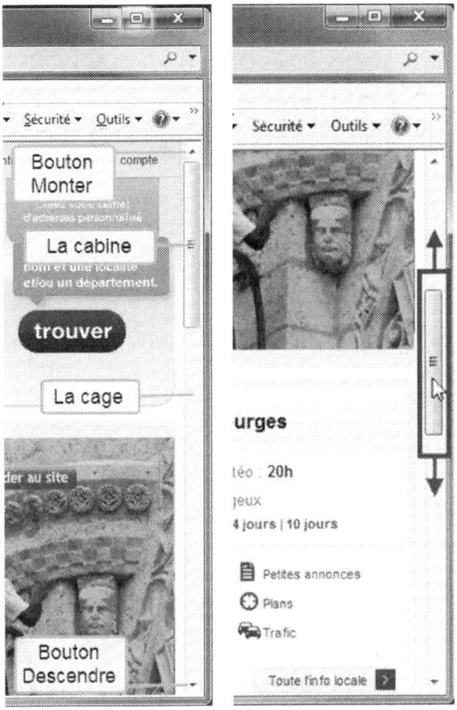

L'ascenseur et sa manœuvre

Quand la cabine est en haut de la cage, vous voyez le haut de la page ; quand elle est en bas, vous voyez le bas. Pour déplacer la cabine et donc faire défiler la page, cliquez simplement sur le bouton Monter – flèche vers le haut – ou sur le bouton Descendre – flèche vers le bas (amenez le pointeur de la souris sur le bouton de l'ascenseur et appuyez sur le bouton gauche de la souris). À chaque clic, la cabine se déplace un peu dans le sens souhaité. Vous pouvez aussi maintenir le bouton de la souris enfoncé et vous verrez la cabine se déplacer de façon continue.

Quand vous commencerez à devenir virtuose du maniement de la souris, vous pourrez déplacer directement la cabine de l'ascenseur pour contrôler bien plus précisément et rapidement le défilement de la page sur l'écran : amenez le pointeur sur la cabine et appuyez sur le bouton de gauche en le maintenant enfoncé. Le pointeur est maintenant comme collé à la cabine : quand vous déplacez la souris, le pointeur et donc la cabine se déplacent de la même manière et la page défile. Quand vous relâchez la pression sur le bouton de la souris, le pointeur et la cabine se séparent et les mouvements de la souris ne contrôlent plus que ceux du pointeur, comme à l'habitude.

Notez que lorsque vous faites défiler une page avec la roulette de la souris, la cabine de l'ascenseur se déplace en conséquence.

Si tout cela est entièrement nouveau pour vous, entraînez-vous un peu : ça doit devenir évident.

REMARQUE

Quand les réponses s'étalent sur plusieurs pages

Les réponses sont généralement affichées à raison d'une dizaine par page. Pour les consulter, faites défiler la page au moyen de la molette de la souris, ou de l'ascenseur à droite de la fenêtre.

Si tous les résultats ne tiennent pas sur une page, vous verrez, en haut et en bas de la liste de réponses, une liste de numéros avec une flèche de part et d'autre. Quand vous déplacez le pointeur dessus, vous voyez apparaître la petite main familière. Selon que vous cliquez sur un numéro ou une flèche, vous affichez la page correspondant au numéro en question, la page suivante ou la page précédente.

Le numéro de la page affichée est en gras ou de couleur différente et quand vous déplacez le pointeur dessus, la petite main ne s'affiche pas : c'est naturel puisque vous êtes déjà sur cette page.

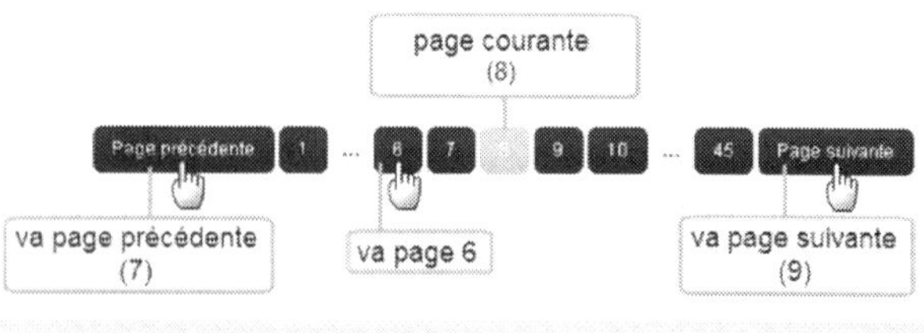

Quand les résultats s'affichent sur plusieurs pages

Vous savez maintenant trouver un numéro de téléphone dans l'annuaire électronique. Vous pouvez chercher le numéro d'un ami et lui téléphoner la bonne nouvelle. Après quoi, vous pourrez arrêter votre navigateur et même arrêter votre ordinateur comme vous savez maintenant très bien le faire.

◆ Feuilletez une encyclopédie

Après être revenu sain et sauf de cette seconde navigation à travers l'annuaire, vous devriez êtes prêt à partir tout seul à la découverte de l'inconnu. Vous avez vu que ça n'était ni trop difficile, ni dangereux, alors, pourquoi ne pas vous lancer. Et rappelez-vous que si vous vous croyez complètement perdu, vous pouvez toujours arrêter votre navigateur en cliquant sur la petite croix en haut, à droite de la fenêtre… et recommencer !

Pourquoi ne visiteriez-vous pas une encyclopédie sur Internet ? Mais pour rendre l'exercice plus motivant, cette fois, nous vous donnerons seulement les grandes lignes : vous devrez vous rappeler, ou retrouver tout seul les détails que l'on a déjà vus, il n'y a rien à faire de nouveau.

Commencez donc par lancer votre navigateur et tapez `encyclopédie` dans la zone de recherche rapide. Dans la liste des résultats, vous allez trouver les références de plusieurs encyclopédies. La liste peut varier selon le moteur de recherche utilisé. De toute façon, vous allez en trouver une, parmi les premières où est écrit **Wikipédia**. C'est cette encyclopédie que nous vous proposons de visiter. Cliquez sur le lien et vous y êtes. Si vous êtes arrivé sur une page de Wikipédia dans une autre langue que le français, l'anglais par exemple, ce n'est pas grave. Dans la partie gauche, en faisant un peu défiler la page, vous trouvez une liste de langues : cliquez sur **Français** et vous y êtes.

Maintenant, il ne vous reste plus qu'à lire et à suivre des liens (texte bleu souligné, petite main quand le pointeur passe dessus et clic pour y aller), au gré de votre fantaisie et de vos intérêts. Comme on est parti du mot `encyclopédie` pour faire la recherche, on tombe sur un article sur l'encyclopédie, bien évidemment.

Vous pouvez aussi taper le nom d'un sujet qui vous intéresse dans la zone **Rechercher**. Tout se passe de la même manière que lorsque vous avez tapé un nom dans la zone de recherche rapide de votre navigateur, mais ici, la recherche se fait seulement parmi les articles de Wikipédia. Tapez par exemple `Wikipédia` pour obtenir un article vous disant tout sur Wikipédia.

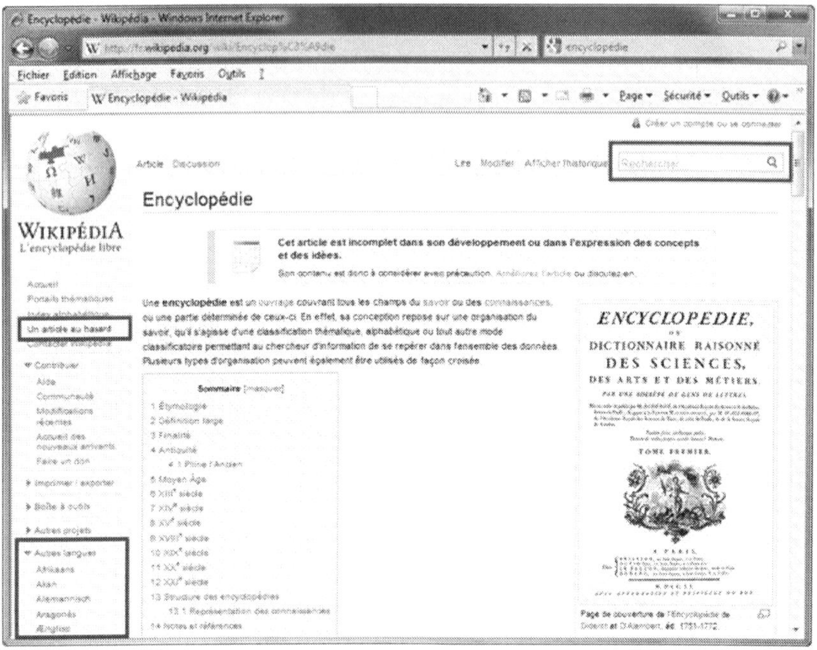

Un article de l'encyclopédie Wikipédia

Si vous n'avez pas d'idée, vous pouvez cliquer sur **Un article au hasard**. C'est alors Wikipédia qui choisit pour vous.

Et maintenant, bon vent ! Vous êtes capable de naviguer tout seul ! Quand vous serez fatigué du voyage, il vous suffira de fermer le navigateur en cliquant sur la petite croix, en haut, à droite.

Et si vous avez l'esprit encore plus aventureux, rien ne vous empêche de taper d'autres mots dans la zone de recherche rapide du navigateur, d'aller sur les sites qui vous seront proposés et de les découvrir tout seul.

3.

Prenez les commandes

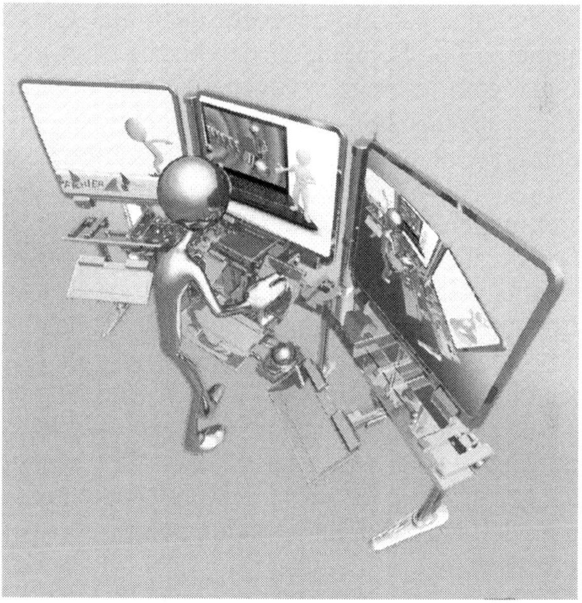

Après votre première prise de contact, vous allez, dans ce chapitre, vous mettre vraiment aux commandes.

Vous allez apprendre le maniement de la souris pour déplacer le pointeur sur l'écran, désigner des objets, déclencher des actions et afficher des menus contextuels.

Vous allez apprivoiser le clavier, les lettres, les chiffres et toutes les autres touches dont vous découvrirez l'usage. Même la fameuse arobase @ des adresses Internet n'aura bientôt plus de secret pour vous.

Vous allez vous familiariser avec votre environnement de travail : le Bureau dessiné sur votre écran, le pointeur, les outils et les documents dont vous apprendrez progressivement à vous servir.

Et pour terminer ce chapitre, vous ferez un tour d'horizon des différents instruments de commande mis à votre disposition pour réaliser vos tâches : *boutons*, *menus*, *liens*, *zones de saisie de données* et *icônes*.

3.1. La souris

Vous êtes revenus sans encombre de votre première navigation, en en ramenant un fabuleux butin : la recette de l'omelette norvégienne, quelques numéros de téléphone et des bribes d'encyclopédie. Et si, pour vous, c'était le premier voyage dans un monde virtuel, la pêche est encore plus riche : vous avez acquis une expérience qui va vous aider à prendre les commandes de votre ordinateur.

Votre premier moyen de commande, bien réel, c'est la souris. Vous avez déjà commencé à apprivoiser ce petit rongeur : vous avez vu qu'un déplacement de la souris sur la table entraîne un déplacement analogue du pointeur sur l'écran. Et vous vous rappelez que, si elle bute sur un obstacle matériel sur la table, il suffit de la soulever et de la reposer à l'endroit où elle est libre de ses mouvements : quand elle est en vol, elle n'a plus aucune influence sur le mouvement du pointeur. Vous avez aussi appris à utiliser la roulette pour faire défiler des pages et à cliquer sur le bouton gauche pour suivre des liens à l'invite de la petite main à l'index pointé.

En résumé, la souris vous est apparue comme la télécommande du pointeur : une télécommande qui agit par l'intermédiaire du génie Eugène. Ce dernier épie en permanence ce que vous faites avec la souris et dessine le résultat correspondant sur l'écran.

Ceci est une souris verte

◆ Anatomie et usage

Les organes de la souris

Du point de vue anatomique, une souris moderne se compose de quatre éléments :

- Le corps.
  C'est le corps que vous manipulez et qui contient le dispositif qui communique à Eugène les mouvements que vous lui imprimez quand elle est au sol.
- La roulette.
  Comme vous le savez déjà, la roulette sert à faire défiler les pages, vers le haut ou le bas, suivant le sens dans lequel vous la faites tourner.
- Le bouton gauche.
  C'est en quelque sorte l'oreille de votre souris. Vous voulez agir : vous lui pressez légèrement l'oreille, elle répond par un petit cri joyeux – clic – et elle transmet la nouvelle à Eugène qui met aussitôt tout en branle. Ce que votre clic déclenchera dépend de la forme du pointeur, de l'endroit où il se trouve et parfois d'autres choses encore.
- Le bouton droit.
  C'est l'autre oreille de votre souris. Il vous sert aussi à agir, mais vous l'utiliserez de préférence quand vous hésitez sur ce que vous voulez faire et que vous avez besoin d'assistance.

L'usage de la souris

Que votre souris ait un fil ou qu'elle n'en ait pas n'a aucune importance pour vous : l'usage est exactement le même.

Votre souris vous permettra de faire bien des choses que l'on peut classer en trois grandes catégories :

- Désigner.
  Il s'agit de désigner, de montrer, de pointer quelque chose, un objet, sur l'écran.
- Sélectionner.
  Il s'agit de sélectionner, de choisir un objet sur l'écran. C'est sur cet objet que porteront les éventuelles actions ultérieures.
- Agir.
  Il s'agit de faire quelque chose sur un objet, que l'on a désigné ou sélectionné au préalable.

◆ Désignez un objet

Vous savez déjà désigner un objet sur l'écran. C'est très simple : il n'y a rien d'autre à faire qu'amener le pointeur sur cet objet en déplaçant la souris sur la table. Et quand vous désignez un objet, que se passe-t-il ? Très peu de chose en apparence. La plupart du temps, c'est un petit changement dans l'aspect de l'objet désigné. Il s'y ajoute souvent l'affichage éphémère d'un petit message explicatif et, dans des cas très précis, cela s'accompagne d'une modification de la forme du pointeur.

REMARQUE

Les info-bulles

Quand vous laissez le pointeur immobile quelques secondes sur une icône ou sur un des boutons qui s'affichent en bas du Bureau, vous voyez apparaître un petit texte encadré qui vous donne quelques informations sur l'objet sélectionné. On appelle ce petit texte une ***info-bulle***. C'est très utile pour vous rappeler ou vous faire découvrir l'usage des icônes ou des boutons en question.

Lorsque vous démarrez votre ordinateur, vous vous rappelez que le pointeur se présente sous la forme d'une petite flèche en diagonale, orientée vers le coin supérieur gauche. C'est la forme de base du pointeur : on l'appellera le *pointeur flèche* quand on voudra éviter toute ambiguïté.

Pour vous familiariser avec ces notions, le mieux est que vous fassiez quelques essais sur le Bureau (l'écran qui s'affiche au démarrage de votre ordinateur) et dans le navigateur Internet que vous savez lancer.

Dans la page du navigateur Internet, les éléments que vous désignez dans la barre en haut de l'écran changent d'aspect : ils peuvent s'afficher comme des boutons en relief, ou être dessinés avec des couleurs plus vives. Si vous laissez le pointeur immobile quelques instants, vous obtenez aussi, dans bien des cas, l'apparition d'une info-bulle.

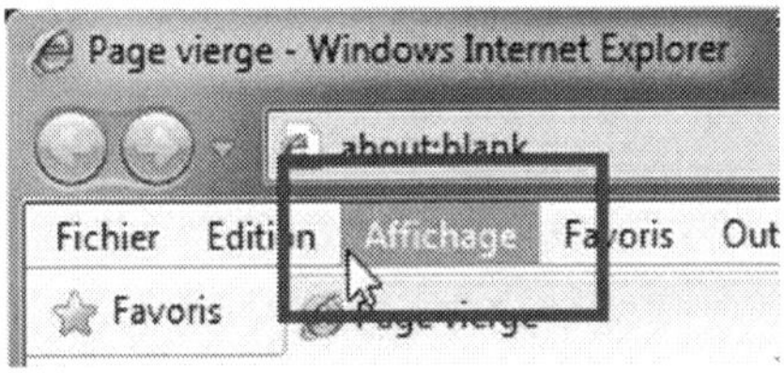

Un bouton désigné change d'aspect

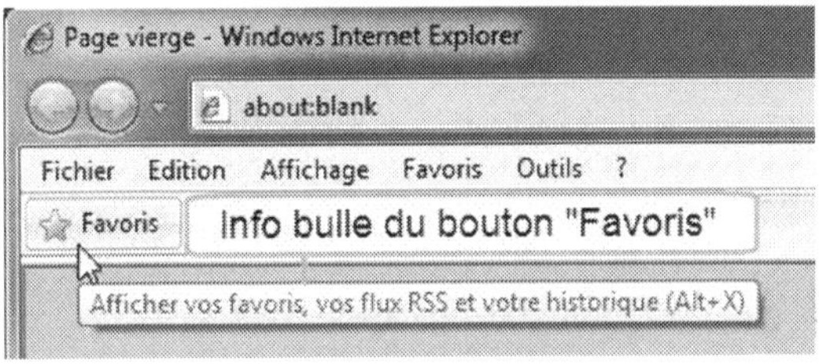

Une info-bulle s'affiche

Si vous désignez un texte, celui-ci peut parfois être souligné ou mis en surbrillance (il est affiché en blanc sur fond bleu, par exemple, comme un négatif de photo). Si vous désignez une image, les effets peuvent être encore plus variés.

Quoi qu'il en soit, quand vous désignez un objet, vous n'exercez aucune action sur lui. Dès que vous déplacez le pointeur hors de sa portée, tout redevient comme avant. Les changements d'apparence que vous avez observés, c'est Eugène qui les réalise, avec ses acolytes, en fonction des instructions qui figurent dans ses grands livres, mais ils ne vous engagent à rien. C'est seulement une information qui vous est fournie sur l'objet désigné.

Les formes que peut prendre le pointeur en fonction du contexte sont multiples. Vous les découvrirez progressivement. Voici les plus courantes :

- Le pointeur flèche.

C'est la forme normale, quand il n'y a rien de particulier.

Il en existe une variante : le pointeur traitement en cours. Quand Eugène affiche cette forme de pointeur, il vous informe qu'il est déjà occupé à faire quelque chose pour vous et que vous devrez peut-être attendre un peu. Mais vous pouvez toujours utiliser ce pointeur comme le pointeur flèche normal qu'Eugène affichera à nouveau quand il aura fini, sans que vous n'ayez rien à faire.

Par exemple, quand vous lancez le navigateur Internet, Eugène affiche ce pointeur de traitement en cours pendant les quelques instants qui lui sont nécessaires pour endosser sa tenue, mettre en place ses ardoises magiques et ouvrir ses grands livres.

- Le pointeur index.

C'est la petite main avec l'index pointé que vous avez déjà utilisée pour naviguer en suivant des liens. Le pointeur prend cette forme quand vous désignez un lien. Simultanément, l'apparence du nom du lien peut être modifiée (il peut être souligné, mis en surbrillance, avoir changé de couleur…).

- Le pointeur de sélection.

C'est l'espèce de `I` majuscule avec une barre en haut et en bas, qui apparaît quand on désigne une zone de texte, ou quand on travaille dans un document de texte. Il sert à définir ou à modifier l'emplacement du point d'insertion.

- Le pointeur occupé.

C'est le sablier, ou tout autre symbole suggérant l'écoulement du temps. Quand Eugène affiche le pointeur sous cette forme, c'est qu'il est très occupé à accomplir quelque tâche que vous lui avez commandée précédemment. Il n'a vraiment plus le temps de faire autre chose, si ce n'est de déplacer le pointeur occupé au rythme des mouvements de la souris. Inutile donc de cliquer ou de tourner la roulette : il n'écoute pas et ne fera rien. Il vous faut juste un peu de patience.

Pour le moment, ces formes du pointeur vous suffisent. Les autres, vous les découvrirez quand nous aborderons les domaines où elles vous seront utiles. Et si d'aventure, vous les rencontrez par hasard au cours de vos essais, amusez-vous à deviner ce qui les fait apparaître, ce qu'elles peuvent signifier et à quoi elles peuvent servir.

◆ Sélectionnez un objet : clic gauche

Sélectionner un objet, c'est en premier lieu le désigner. Mais c'est un peu plus que cela. C'est dire à Eugène : « Voici l'objet qui m'intéresse. C'est celui sur lequel il faudra exercer la prochaine action que je demanderai. »

Entraînez-vous tout de suite !

- Pour sélectionner une icône sur votre Bureau, désignez-la avec le pointeur, comme on vient de le voir, et faites un clic gauche dessus. C'est tout.

La sélection d'un objet a un caractère durable. L'objet que vous avez choisi reste sélectionné, même après que vous en avez éloigné le pointeur.

> REMARQUE
>
> **Clic gauche et clic droit**
>
> Vous savez déjà cliquer. Cliquer, c'est appuyer sur un bouton de la souris (ça fait un petit bruit : « clic ») et le relâcher immédiatement (ça fait un autre petit bruit : « cloc », le plus souvent confondu avec le clic quand on va vite). Et comme la souris a deux boutons, un à gauche et un à droite, on parle volontiers de ***clic gauche*** et de ***clic droit***.

REMARQUE

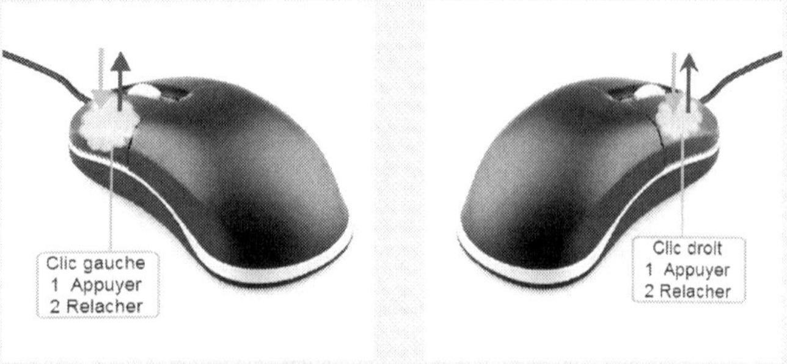

Pour faire un clic gauche, on utilise toujours l'index. C'est vraiment le plus facile : l'index se place naturellement sur le bouton gauche quand on tient la souris.

Vous remarquez que l'icône que vous avez sélectionnée a changé de couleur, le texte en dessous s'est mis en surbrillance et l'icône elle-même s'est peut-être entourée d'une sorte de halo coloré. De toute façon, vous verrez la différence. Maintenant, éloignez le pointeur. Rien ne change : l'icône reste sélectionnée. Vous pouvez même désigner une autre icône : vous voyez alors l'icône sélectionnée et celle désignée sous le pointeur.

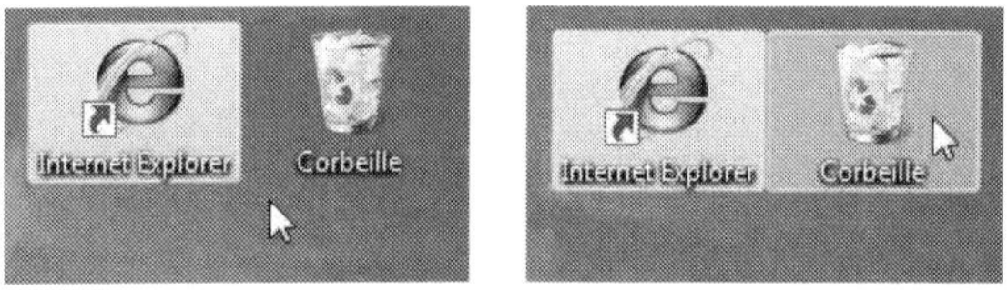

La sélection est permanente mais la désignation est éphémère

La sélection d'un objet persiste même si on éloigne la souris. Par contre, si vous sélectionnez un nouvel objet, l'objet précédemment choisi cesse de l'être. Et pour supprimer toute sélection, comment faire ? C'est très simple, il vous suffit de faire un clic gauche dans une zone neutre, c'est-à-dire un endroit où il n'y a rien à sélectionner. Sur le Bureau, par exemple, pour n'avoir plus d'icône sélectionnée, faites un clic gauche à un endroit où il n'y a pas d'icône.

À RETENIR

Clic gauche

D'un coup bref avec l'index sur le bouton gauche de la souris, vous sélectionnez un objet.

◆ Sélectionnez plusieurs objets : encerclement par cliquer-glisser

Il y a une autre manière de sélectionner des objets qui peut vous paraître un peu compliquée, mais qui a l'avantage de vous permettre de sélectionner plusieurs objets à la fois, ce qui s'avère parfois très utile. Et puis surtout, vous risquez de la mettre en œuvre par inadvertance, en croyant faire autre chose : la connaître vous permettra alors de comprendre ce qui s'est passé. Si vous le préférez, vous pouvez même l'utiliser pour ne sélectionner qu'un seul objet.

Sélectionner des objets en les encerclant, c'est exactement ce que vous pouvez faire quand, par exemple, vous préparez une commande dans un catalogue de vente. Vous entourez de rouge les éléments que vous voulez commander.

Sur votre Bureau, vous allez faire la même chose avec votre souris pour sélectionner des icônes. Pour cela, vous allez devoir vous entraîner à une nouvelle manipulation avec la souris : le *cliquer-glisser*.

Choisissez pour commencer une zone du Bureau où il n'y a pas d'icônes. Voici la recette du cliquer-glisser élémentaire, en trois mouvements :

1. Placez le pointeur flèche à l'endroit où vous voulez commencer le cliquer-glisser et appuyez sur le bouton gauche de la souris, comme si vous vouliez faire un clic gauche normal, mais arrêtez-vous en chemin, n'en faites que la moitié : appuyez sur le bouton, mais *maintenez-le enfoncé* ; surtout, ne le relâchez pas. (Vous entendez le « clic » du début, mais pas le « cloc » de fin.)
2. En maintenant le bouton enfoncé, déplacez la souris dans le sens que vous voulez, par exemple, vers le bas à droite. Que voyez-vous ? Il se dessine un rectangle en très légers pointillés, qui va du point de départ, en haut à gauche, jusqu'au point où se trouve maintenant le pointeur, en bas à droite.

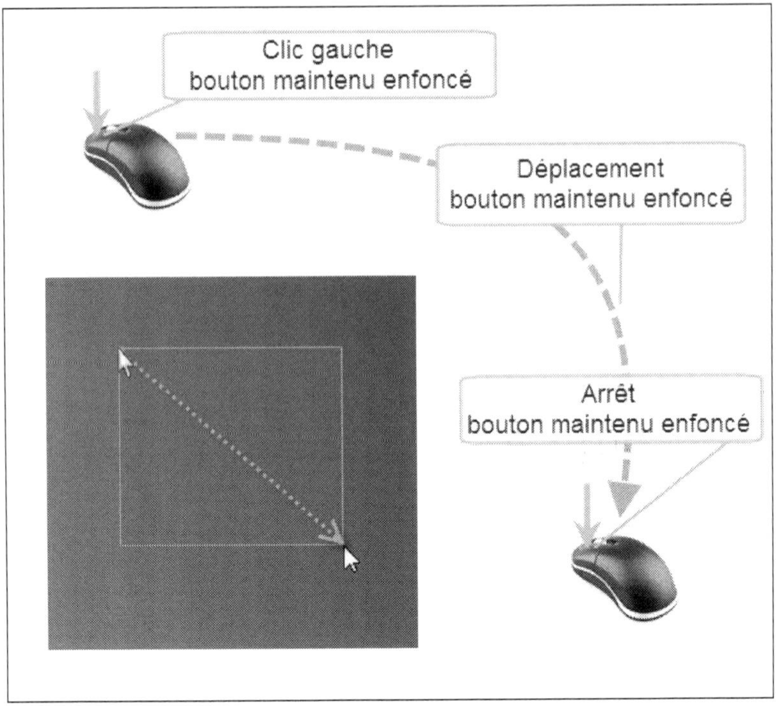

La recette du cliquer-glisser

3. Pour terminer, il ne vous reste plus qu'à relâcher le bouton de la souris (vous entendez le petit « cloc » de fin). Et c'est fini : vous avez réussi votre premier cliquer-glisser, et le petit rectangle que vous aviez vu apparaître s'est effacé !

Vous êtes sans doute un peu déçu. Tout cet effort pour qu'il n'en reste rien ! Vous venez pourtant d'apprendre un geste élémentaire qui vous servira souvent. Mais chaque chose en son temps.

Vous pouvez même recommencer l'essai, mais en déplaçant la souris tout autour du point de départ, sans jamais relâcher la pression sur le bouton de gauche, bien sûr. Vous voyez toujours un rectangle dont un des sommets est votre point de départ et le sommet opposé celui où se trouve le pointeur. Quand vous déplacez le pointeur, le rectangle change de proportions, mais les deux sommets constituent toujours une de ses diagonales.

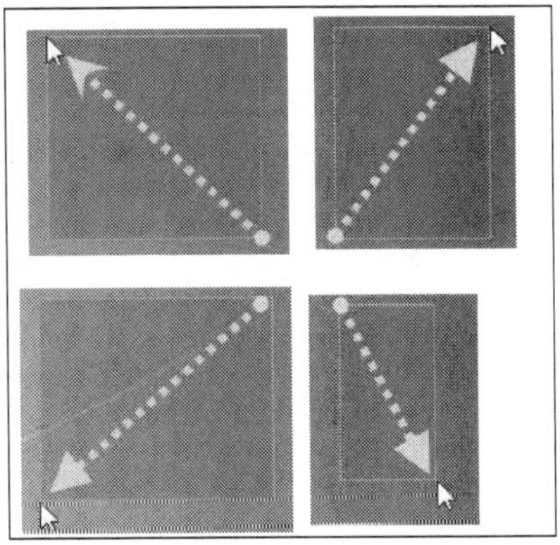

Cliquer-glisser dans tous les sens

Et maintenant que vous êtes passé maître dans l'art subtil du cliquer-glisser, vous pouvez l'utiliser pour sélectionner des icônes. Imaginez-vous le rectangle que vous savez tracer comme une feuille de papier attrape-mouche. Toute icône qui se trouvera, même partiellement, touchée par le rectangle attrape-mouche sera sélectionnée : vous la verrez changer de couleur. Et quand vous relâcherez le bouton gauche de la souris, le rectangle disparaîtra, comme d'habitude, mais la sélection, elle, restera. Tout votre effort n'aura donc pas été inutile.

Cliquez, glissez...

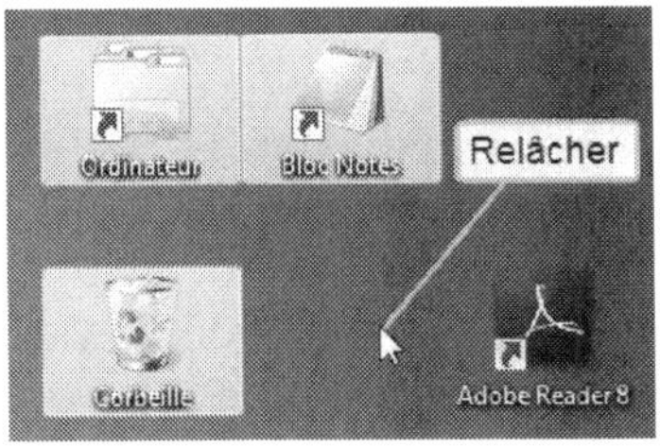

... et relâchez

REMARQUE

Si vous encerclez une seule icône, elle est sélectionnée. Si vous en encerclez plusieurs, toutes celles touchées sont sélectionnées. On dit qu'on a fait une ***sélection multiple***. Toute nouvelle sélection par clic gauche ou encerclement annule et remplace la précédente.

À RETENIR

Cliquer-glisser

Maintenez l'index appuyé sur le bouton gauche et ***en même temps*** déplacez la souris.

◆ Agissez sur un objet

On va maintenant arrêter de tourner autour de l'icône et entreprendre de véritables actions, tout simplement en appuyant sur un bouton de la souris : le droit ou le gauche.

Appuyer sur un bouton : clic gauche

Comme avec la plupart des objets modernes, votre radio, votre mixer, ou votre machine à laver, vous agissez sur les objets qui peuplent votre ordinateur par le biais de boutons. La seule différence, c'est que dans le merveilleux monde informatique, les boutons ne sont pas réels, mais seulement dessinés sur votre écran. Ce sont le plus souvent de petits rectangles ou carrés aux angles arrondis. Généralement, il y a dessus un texte ou une icône qui suggère leur rôle et ils sont dessinés sur l'écran en donnant une impression de relief : on a vraiment l'impression qu'ils dépassent, et on n'a qu'une envie, c'est d'appuyer dessus.

Mais comment allez-vous faire pour appuyer sur un bouton dessiné sur l'écran ? Si vous possédez une tablette avec un écran tactile, il suffit de poser le doigt dessus. Cependant, si vous n'avez à votre disposition que votre souris, cela suffit ! Commencez par désigner le bouton avec le pointeur puis faites un clic gauche dessus et c'est tout. Le résultat de votre appui sur le bouton dépend, bien sûr, du bouton, de la forme du pointeur, de son environnement. Vous découvrirez progressivement les immenses possibilités d'action de tous ces boutons.

REMARQUE

Le geste pour appuyer sur un bouton est le même que celui pour sélectionner un objet. C'est le résultat qui diffère : l'appui sur ledit bouton déclenche une action spécifique puis le bouton retrouve son état initial.

À RETENIR

Appuyer sur un bouton

Désignez avec le pointeur le bouton dessiné sur l'écran ; cliquez avec le bouton gauche de la souris.

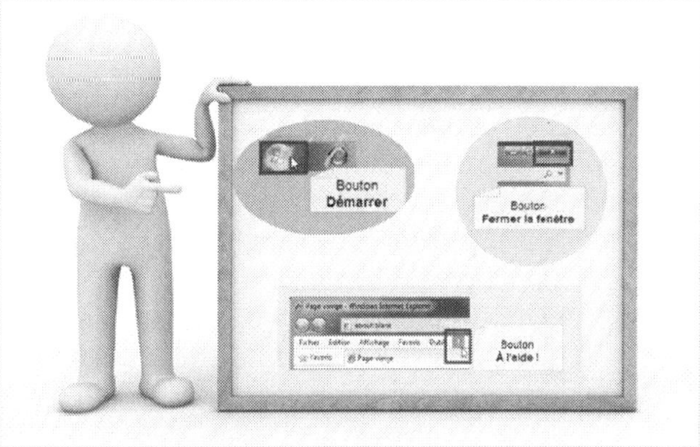

La vitrine d'une mercerie avec quelques échantillons de boutons

REMARQUE

Il est un type de bouton un peu particulier que vous connaissez déjà : c'est le lien sur lequel vous appuyez avec la petite main à l'index pointé.

Consulter le menu : clic droit

Appuyer sur un bouton, c'est très bien quand on sait ce qu'on veut faire. Souvent, cependant, vous ne saurez pas très bien sur quel bouton appuyer, ni où se trouve celui que vous cherchez. Dans tous ces cas, vous pouvez commencer par demander un peu d'aide à votre bon génie et il n'y a rien de plus facile : appuyez un bref instant sur le bouton droit de la souris, avec le majeur (c'est le doigt que l'on pose naturellement sur ce bouton, mais vous pouvez aussi utiliser votre index si ça vous est plus facile) pour signifier « Que me proposes-tu ? ».

Quand vous cliquez avec le bouton droit, vite, Eugène enfile son tablier de maître d'hôtel et affiche un petit menu juste à l'endroit où se trouvait votre pointeur. Dedans, vous voyez une liste de commandes, identifiées par un texte auquel s'ajoute éventuellement une petite icône. Chacune de ces lignes de commande est en fait un vrai bouton, mais dessiné sans impression de relief.

Ces petits menus, que vous pouvez faire apparaître à peu près n'importe où, sont appelés *menus contextuels*, car la liste de boutons de commande qu'ils affichent dépend du contexte, c'est-à-dire de là où se trouvait le pointeur quand vous avez fait le clic droit.

Quand un menu contextuel est affiché, il le reste, même après que vous avez relâché le bouton droit de la souris. Vous pouvez donc promener votre pointeur dessus et désigner chacun des boutons de commande, qui se met alors généralement en surbrillance ou change de couleur. Un clic gauche sur le bouton désigné et la commande décrite s'exécute ; ce qui se passe alors est très variable, selon la commande. On en verra un peu plus loin quelques exemples.

Dès que vous avez exécuté une commande d'un menu contextuel, Eugène, toujours très méticuleux, le retire : vous n'en avez plus besoin. Mais tant que vous n'avez pas choisi, le menu reste affiché. Vous pouvez bien sûr demander un autre menu en faisant un clic droit à un autre endroit de l'écran : si vous le faites dans une zone où vos possibilités d'action sont les mêmes, Eugène vous présentera évidemment le même menu, mais toujours affiché là où se trouvait le pointeur. Par contre si vous faites le clic droit dans une zone où vos possibilités d'action sont différentes, vous verrez que le menu est tout autre.

Et si vous voulez simplement dire à Eugène que rien ne vous convient et que vous ne commandez rien ? Faites simplement un clic gauche dans une zone neutre, en dehors du menu. (Il y a un autre moyen, encore plus simple, à partir du clavier, comme vous le découvrirez plus loin.)

Retenez que le clic droit est très utile pour découvrir ce que vous pouvez faire avec un objet. Vous pouvez toujours l'essayer sans risque. Ça ne vous engage pas plus que de lire le menu à la vitrine d'un restaurant.

VAGABONDAGE

Un peu de doigté

Pour faire un clic droit, le meilleur doigt à utiliser va dépendre de votre agilité. Il est relativement facile de placer en permanence l'index sur le bouton gauche et le majeur sur le bouton droit : dans ce cas, vous utiliserez le majeur pour le clic droit. À défaut, vous pouvez utiliser l'index, mais ça vous oblige à le déplacer d'un bouton à l'autre, ce qui peut entraîner un déplacement intempestif de votre souris. Enfin, si vous êtes vraiment virtuose, vous pouvez tenir votre souris entre le pouce et l'auriculaire, laisser l'index sur le bouton gauche, le majeur sur la roulette et l'annulaire sur le bouton droit : c'est très efficace si vous arrivez à tout bien maîtriser.

REMARQUE

Un clic droit sur une commande sélectionnée dans un menu contextuel a exactement le même effet qu'un clic gauche : il déclenche l'exécution de la commande. Vous ne pouvez évidemment pas afficher un menu contextuel à l'intérieur d'un menu contextuel !

Voici deux exemples pour vous entraîner :

- Clic droit sur le fond du Bureau.

  Faites un clic droit sur le fond de votre Bureau, à un endroit où il n'y a pas d'icône et vous obtenez un menu contextuel.

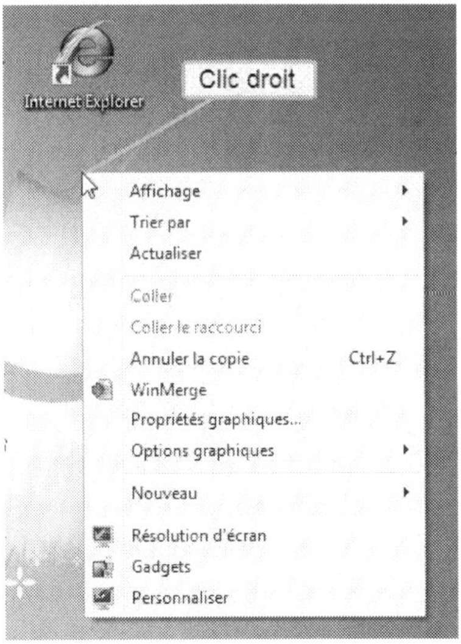

Un menu contextuel associé au Bureau

Les boutons qui s'affichent dans ce menu contextuel sont tous en rapport avec des actions que vous pouvez faire sur le Bureau. Par exemple, le premier, en haut de la liste, **Affichage,** vous permet de changer la manière dont les différents éléments s'affichent sur le Bureau.

- Clic droit sur une icône.

  Faites un clic droit sur une icône de votre Bureau. C'est un autre menu contextuel qui s'affiche. Vous voyez que son contenu n'est plus le même.

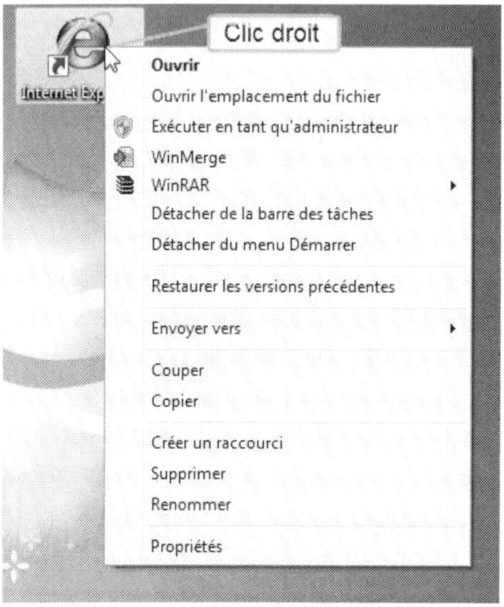

Un menu contextuel associé à une icône

Remarquez que l'action qui est proposée tout en haut du menu est écrite en caractères gras ; c'est en quelque sorte, le plat principal du menu. C'est pratiquement toujours l'action **Ouvrir** qui vous est ainsi proposée.

Vous voulez essayer ? Choisissez, par exemple, l'icône *Internet Explorer*. Faites le clic droit dessus et ensuite le clic gauche sur la ligne **Ouvrir**, tout en haut du menu. Ça y est ! Eugène a compris et il lance votre navigateur Internet. (Vous pouvez le refermer tout de suite en cliquant sur la petite croix en haut à droite qui vous est familière.)

Service express : double clic

Dès que vous aurez un peu de pratique, vous vous rendrez vite compte qu'il y a des actions que vous répétez très souvent, comme lancer (ou ouvrir, c'est la même chose) votre navigateur Internet. Vous savez le faire en deux clics : le droit sur l'icône représentant l'outil (on dit aussi l'*application*) puis le gauche sur le plat principal du menu contextuel. C'est un peu fastidieux. Eugène propose donc à ses habitués le service express par double clic : cliquez deux fois de suite, très vite, et avec le même doigt sur le bouton gauche de la souris et l'objet sélectionné s'ouvre, sans que vous ayez à consulter le menu. C'est le « Sésame, ouvre-toi ! » de toutes les icônes.

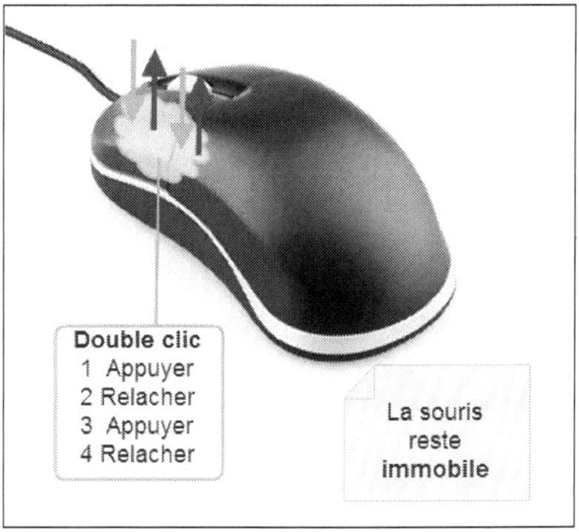

Le double clic

Si vous n'êtes pas familier avec le double clic, vous pouvez vous entraîner sur des icônes du Bureau, par exemple celle du navigateur Internet ou celle de la *Corbeille*. Quand vous avez réussi à ouvrir l'application, vous pouvez la refermer tout de suite avec la petite croix rouge, en haut à droite.

REMARQUE

Quand on a acquis la dextérité suffisante, le double clic est effectivement bien pratique, mais si vous n'êtes pas très agile de vos doigts, vous pouvez fort bien vous en passer et utiliser le clic droit. Le double clic gauche n'est en effet qu'un moyen rapide de demander à Eugène d'exécuter l'action correspondant au plat principal du menu contextuel associé.

REMARQUE

Le double clic sur une icône ouvre généralement l'objet sélectionné. On peut aussi faire un double clic sur d'autres objets, par exemple du texte : le résultat est alors tout autre (nous vous en parlerons plus loin). Attention à ne pas vous laisser surprendre !

VAGABONDAGE

Le double clic raté

Au début, vous aurez peut-être des difficultés à exécuter le double clic, si, de façon involontaire, vous déplacez un peu la souris pendant son exécution.

Dès lors que le pointeur n'est plus sur l'icône, mais sur le Bureau au moment du second clic, Eugène, à qui rien n'échappe, considère qu'il s'agit alors d'un nouveau simple clic sur le Bureau et fait ce qu'il a à faire dans un pareil cas, c'est-à-dire rien !

SI vous déplacez la souris, même imperceptiblement, ***pendant*** le premier clic, c'est-à-dire avant de relâcher le bouton, Eugène interprétera les signaux qu'il reçoit comme une demande de cliquer-glisser et ne fera pas, non plus, ce que vous souhaitez !

Déplacer un objet : cliquer-glisser

En général, un déplacement de la souris sur son tapis correspond à un déplacement du pointeur sur l'écran. Il arrive souvent, cependant, que ce ne soit pas seulement le pointeur que l'on voudrait déplacer, mais un objet tel qu'une icône. Supposons, par exemple, que la Corbeille soit au milieu de votre écran et que vous vouliez la faire descendre, en bas à droite. Vous pouvez le faire très simplement en utilisant le cliquer-glisser.

Commencez par repérer la Corbeille et désignez-la avec le pointeur. (Si vous ne trouvez pas la Corbeille, vous pouvez très bien déplacer une autre icône, c'est sans danger.) Commencez alors le cliquer-glisser, comme vous l'avez fait pour la sélection par encerclement, en pressant le bouton gauche de la souris et en le maintenant enfoncé. L'icône se colle alors au pointeur et tout déplacement du pointeur entraîne l'icône dans son mouvement. Quand le pointeur et l'icône sont arrivés à destination, terminez en relâchant la pression sur le bouton de la souris : l'icône n'est plus collée et vous pouvez déplacer le pointeur tout à fait normalement. C'est aussi simple que cela !

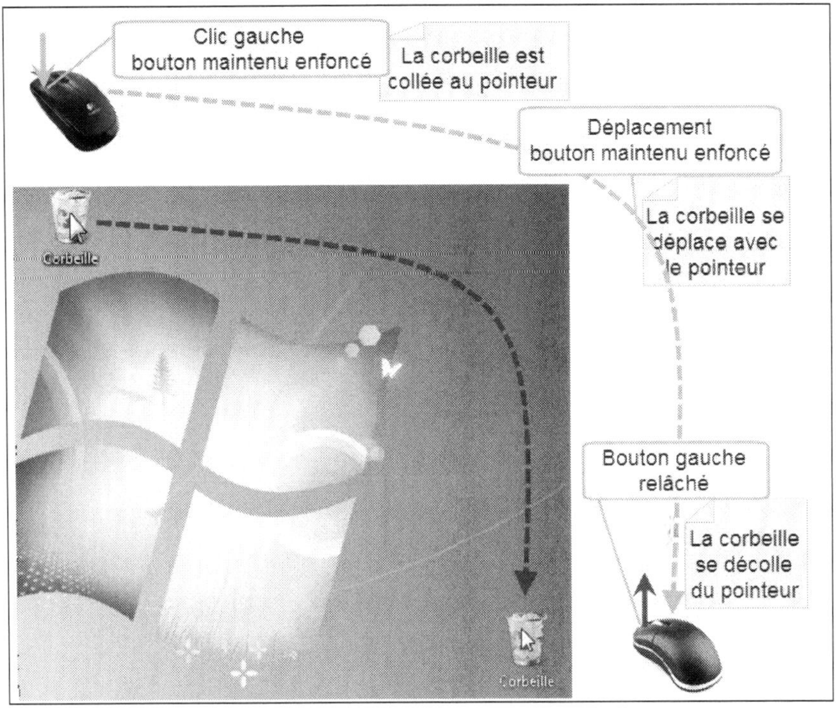

Déplacement d'un objet par cliquer-glisser

REMARQUE

Après le cliquer-glisser, l'objet déplacé reste sélectionné : en effet, indépendamment du déplacement, ce que vous avez fait sur l'icône, c'est un clic simple, c'est-à-dire une demande de sélection.
Le déplacement d'un objet par cliquer-glisser est un geste de base qui vous sera très utile dans de multiples situations. Il vous permettra, en particulier, d'exécuter facilement le fameux ***copier-coller*** dont nous parlerons en détail plus loin.

À RETENIR

Déplacer par cliquer-glisser

Désignez l'objet en amenant le pointeur sur l'objet.
Collez-le au pointeur en appuyant sur le bouton gauche de la souris.
Déplacez le pointeur et l'objet en déplaçant la souris avec le bouton gauche maintenu enfoncé.
Décollez le pointeur en relâchant le bouton gauche.

◆ En savoir plus

Vous connaissez maintenant suffisamment bien votre souris pour l'utiliser dans la plupart des situations. Certains usages seront exactement ceux que l'on vient de voir. D'autres présenteront de petites différences, selon le contexte dans lequel vous serez, mais ce sera toujours une légère adaptation de ces mécanismes de base : vous n'aurez donc aucune difficulté à les reconnaître, à les comprendre et à les utiliser.

Et puis, si vous souhaitez avoir encore plus de détails ou d'explications, rien ne vous empêche d'aller directement sur Internet chercher ce qui vous intéresse. Dès maintenant, avec votre navigateur et votre souris, vous en êtes capable. Il vous suffit de taper des mots comme `souris`, `pointeur`, `cliquer` dans votre moteur de recherche et de faire votre choix parmi les réponses proposées.

À RETENIR

Clic

Le clic gauche, pour décider et agir.
Le clic droit, pour consulter le menu et réfléchir.
Le double clic (le service express), pour foncer et ouvrir.

3.2. Le clavier

Comme vous l'avez déjà vu lors de votre première navigation, le clavier est le complément indispensable de la souris pour transmettre vos desiderata à Eugène. Vous avez déjà appris le minimum indispensable pour faire vos premiers pas. Vous allez, dans ce chapitre, faire une révision et examiner plus systématiquement la plupart des touches du clavier. Vous allez ainsi découvrir ce qui se passe quand vous appuyez sur telle touche ou tel ensemble de touches : parfois, en effet, on appuie sur deux touches à la fois, voire trois !

REMARQUE

Comment vous entraîner ?

Il ne vous sera pas encore très facile de bien vous exercer avec le clavier, pour la raison que nous avons déjà vue : ce que vous tapez n'est affiché sur l'écran que dans des conditions et à des endroits très spécifiques. Toutefois, vous pouvez lancer votre navigateur Internet et vous entraîner dans la zone de recherche, comme on l'a fait pour chercher la recette de l'omelette norvégienne. Le seul inconvénient, c'est qu'il n'y a pas beaucoup de place.

Le mieux serait d'utiliser un outil de traitement de texte dans lequel Eugène vous présente votre écran comme une feuille de papier sur laquelle vous pouvez écrire. Si vous savez déjà le faire, c'est parfait. Sinon, vous pourrez revenir à ce chapitre quand vous aurez appris à lancer l'application Bloc-notes.

Si vous êtes amené à utiliser un autre ordinateur que le vôtre, vous remarquerez vite que tous les claviers ne sont pas identiques : les touches n'ont pas la même forme, certaines ne sont pas toujours à la même place et il n'y en a pas toujours le même nombre. Tout cela dépend du constructeur, du type de clavier, du pays et de l'espace disponible (un portable a en général un clavier plus petit qu'un ordinateur fixe avec clavier indépendant).

ALLONS PLUS LOIN

Tout savoir sur les différents claviers

Si vous voulez plein de détails sur les claviers, pourquoi ne pas aller faire un petit tour sur Internet. Tapez simplement `clavier` dans la zone de recherche de votre navigateur et laissez-vous guider par votre curiosité.

Heureusement, il existe un ensemble de base, un « tronc commun » que l'on retrouvera sur tous les claviers : c'est cela que nous décrirons. Nous parlerons ensuite de certaines touches supplémentaires qui se trouvent sur des claviers plus spacieux !

VAGABONDAGE

AZERTY ou QWERTY

Si vous voulez connaître la différence entre un clavier français et un anglais, tapez dans la zone de recherche de votre navigateur `azerty` ou `qwerty`.

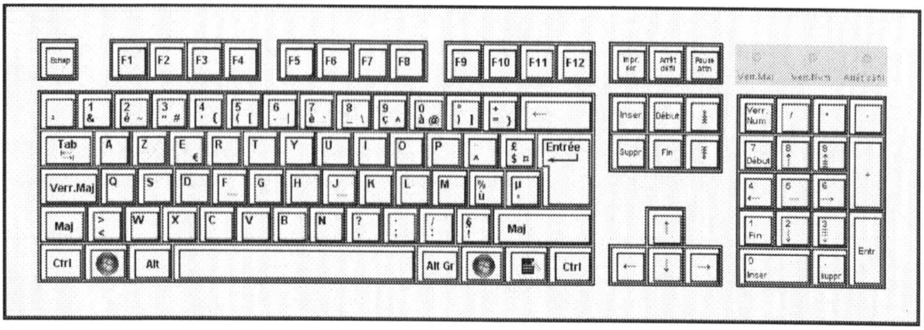

Un clavier français avec toutes ses touches

◆ Les chiffres et les lettres et les touches associées

C'est la base du clavier que l'on appelle le *pavé alphanumérique*. On y trouve les touches permettant d'écrire, comme on le faisait autrefois avec une machine à écrire.

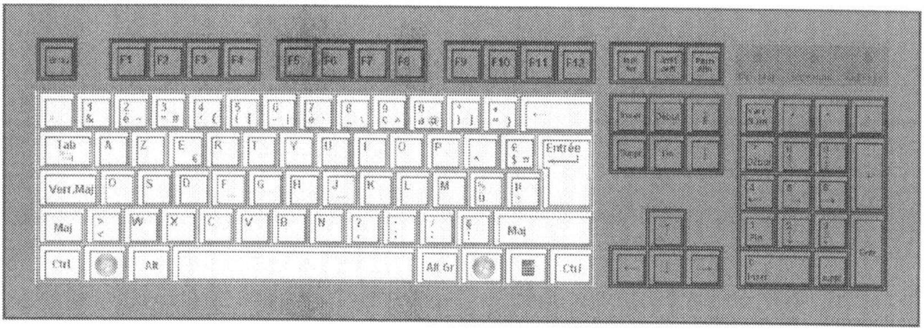

Le pavé alphanumérique

Les lettres de l'alphabet

Les lettres sont au centre du clavier.

Sur les touches *lettre*, il y a un seul signe : une lettre de l'alphabet en majuscule. Quand vous tapez une de ces touches, c'est la minuscule correspondante qui s'affiche.

Cet ensemble de touches contient uniquement les lettres de l'alphabet, sans les accents.

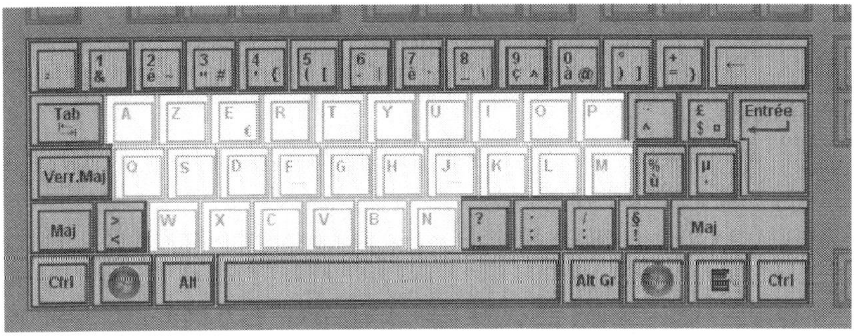

Les lettres de l'alphabet

Encore du doigté

Regardez attentivement la ligne du milieu de votre clavier et plus précisément les touches [F] et [J].

Elles ne sont pas tout à fait identiques aux autres : il peut y avoir une petite barre en relief, ou elles peuvent être un peu plus arrondies. Cela n'a aucune incidence sur la lettre correspondante : c'est juste un repère tactile pour ceux qui tapent sans regarder le clavier. Ça leur permet de bien placer leurs index sur les touches [F] et [J] et ensuite de savoir sur quelle touche ils tapent avec leurs autres doigts, sans rien regarder.

La touche Majuscule

La touche *Majuscule* est reconnaissable par l'inscription qu'elle porte : les lettres *Maj*, ou une flèche double ou épaisse pointant vers le haut. Nous parlerons désormais de la touche [Maj] pour la désigner. En fait, il y a sur votre clavier deux touches [Maj], une à gauche et une à droite de la ligne de lettres la plus basse. Elles ont exactement le même rôle et sont surtout utiles à ceux qui tapent avec les deux mains et tous les doigts !

Les touches Majuscule

Comme son nom l'indique, la touche [Maj] sert à écrire les lettres en majuscules. C'est la première de ce qu'on appelle les touches *modificatrices*. Vous allez comprendre pourquoi : cette touche ne fait rien toute seule. Si vous appuyez sur cette touche et la relâchez, il ne se passe rien du tout. Elle n'agit que lorsque vous la maintenez enfoncée et que vous tapez simultanément (avec un autre doigt, évidemment !) sur une autre touche. Si, par exemple, vous maintenez enfoncée la touche [Maj] avec l'auriculaire de la main gauche et que vous tapez sur la touche [M] avec l'auriculaire de la main droite, vous obtenez un `M` majuscule. (Vous pouvez utiliser l'index si ça vous semble plus facile, mais dans la frappe à dix doigts, c'est l'auriculaire qu'on utilise normalement pour ces touches !) La touche [Maj] a modifié le résultat de la frappe sur une touche lettre. En fait, c'est Eugène qui fait l'essentiel du travail : rappelez-vous qu'il est toujours à l'écoute de votre clavier et de votre souris. Quand il vous « entend » enfoncer la touche [Maj], il en prend bonne note, et sait que tout ce que vous taperez ensuite, il devra l'afficher en majuscules. Ce n'est que lorsqu'il vous « entendra » relâcher la touche [Maj] qu'il reviendra à son mode d'affichage normal, en minuscules.

REMARQUE

L'appui simultané sur les touches [Maj] et [M] est généralement noté [Maj]+[M].

Les chiffres

Les chiffres sont sur une ligne, au-dessus des lettres.

Ces dix touches servent évidemment à taper les chiffres. Mais vous voyez que sur chacune d'elles, il y a, en plus d'un chiffre, un ou deux autres symboles (lettre accentuée, signe de ponctuation, accent ou autre). Et, bien sûr, si vous tapez, par exemple, sur la touche 1, ce n'est pas le chiffre 1 que vous obtiendrez, mais le symbole & appelé *et commercial* ou plus joliment *esperluette*.

Les chiffres

VAGABONDAGE

Esperluette

Si vous êtes curieux de connaître l'origine de ce terme, vous savez comment faire : tapez `esperluette` dans la zone de recherche de votre navigateur et partez à la découverte !

Vous avez remarqué que le signe *&* est justement inscrit en bas de la touche 1. Maintenant, si vous maintenez enfoncée la touche Maj avant de taper sur la touche 1, c'est bien le chiffre 1 qui s'affichera.

La règle est toute simple : quand il y a deux symboles dessinés sur une touche, vous obtenez normalement celui du bas. Si vous appuyez sur la touche Maj, alors vous obtenez celui du haut. Et quand il y a trois symboles, la même règle s'applique pour les deux symboles de gauche. Par exemple, si vous tapez la touche 5, vous afficherez une parenthèse ouvrante (et si vous appuyez sur Maj puis tapez sur la touche 5, vous afficherez le chiffre 5. Pour obtenir le symbole [(crochet ouvrant), il vous faudra utiliser une autre touche de modification.

La touche Verrouillage majuscules

La touche *Verrouillage majuscules* est située juste au-dessus de la touche Maj de gauche, juste à côté de la touche Q. Elle peut être repérée de différentes manières : *VerrMaj*, *Verr.Maj*, *Caps Lock*, *Shift Lock* (ça veut tout simplement dire la même chose en anglais), le dessin d'un petit verrou, un petit A majuscule dans un carré sont les plus courantes. Nous l'appellerons la touche VerrMaj.

La touche Verrouillage majuscules

La touche VerrMaj vous évite d'appuyer en permanence sur la touche Maj quand vous avez beaucoup de lettres majuscules ou de chiffres à taper : appuyez une fois dessus et relâchez-la. Rien ne s'affiche sur l'écran, bien évidemment, mais une petite lumière, généralement repérée par le même symbole que celui de la touche VerrMaj s'allume quelque part sur votre clavier. Maintenant, vous pouvez taper normalement et ce sont les lettres majuscules ou les symboles en haut, à gauche des touches multiples, qui s'afficheront.

Pour revenir au mode normal, il vous suffit d'appuyer à nouveau sur la touche VerrMaj. La petite lumière témoin s'éteint et ce sont à nouveau les minuscules ou les symboles en bas, à gauche qui s'afficheront.

VAGABONDAGE

La touche Verrouillage majuscules à l'ancienne

Dans les anciennes machines à écrire mécaniques, quand vous appuyiez sur la touche ***Verrouillage majuscules***, un petit mécanisme enfonçait effectivement la touche ***Majuscule***, située juste en dessous et les bloquait toutes deux. Ça se voyait sans témoin lumineux ! Une nouvelle pression débloquait l'ensemble.

Quand la touche VerrMaj est enclenchée, il vous est toujours possible d'utiliser la touche Maj. Mais vous êtes déjà en majuscules, direz-vous. Dans ce cas, la touche Maj annule simplement l'effet de la touche VerrMaj.

Vous voulez, par exemple, écrire le nombre pi : 3,14. Vous pouvez vous mettre en verrouillage majuscules et taper [3], [,], [1] et [4]. Vous verrez s'afficher : `3?14`. Si maintenant, avant de taper [,], vous enfoncez [Maj], c'est bien la virgule et non le point d'interrogation qui s'affichera ! Relâchez ensuite la touche [Maj] pour finir de taper les chiffres.

> VAGABONDAGE
>
> **Des trucs pour vous faciliter l'apprentissage du clavier**
>
> Si vous avez du mal à vous y retrouver, vous pouvez faire une photo de votre clavier, l'imprimer en grand et y noter l'usage des touches.
>
> Si vous n'arrivez pas à le faire, vous pouvez demander à quelqu'un « qui sait »de le faire pour vous. Sinon, vous pouvez toujours le dessiner à la main, sur du papier quadrillé. Ça ne sera peut-être pas plus long et ça vous rendra le même service.
>
> Vous pouvez aussi, comme le font beaucoup, coller des petites pastilles à côté des touches les plus « méchantes », et y noter vos propres repères.

La Barre d'espace et la touche Tabulation

Et le blanc, l'espace entre deux mots ? C'est la plus grande touche, tout en bas, au milieu : on l'appelle *Barre d'espace* notée [Barre d'espace]. Il n'y a rien d'écrit dessus, puisque quand on tape dessus, ça affiche juste un petit espace blanc et on voit le point d'insertion se déplacer vers la droite.

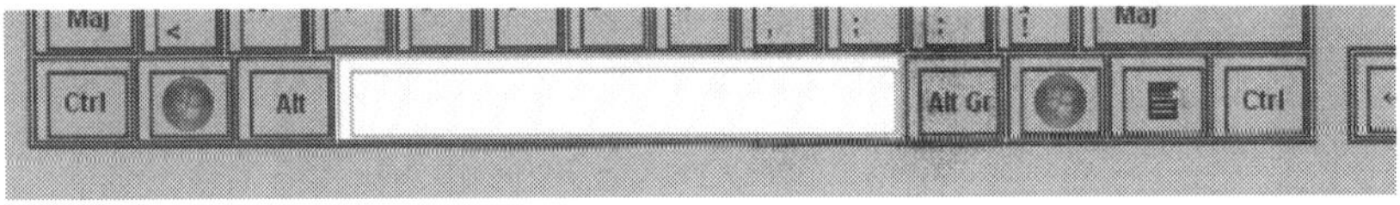

La Barre d'espace

Il existe une autre touche qui permet d'obtenir des espaces : la touche *Tabulation* (notée [Tab]). Elle est située juste au-dessus de la touche [VerrMaj], à gauche du [A], et dessus il y a écrit *Tab* ou deux flèches horizontales superposées. Son utilité première est d'insérer des espaces dans du texte, jusqu'à une marque de tabulation préalablement définie. Elle peut également avoir d'autres usages plus spécifiques.

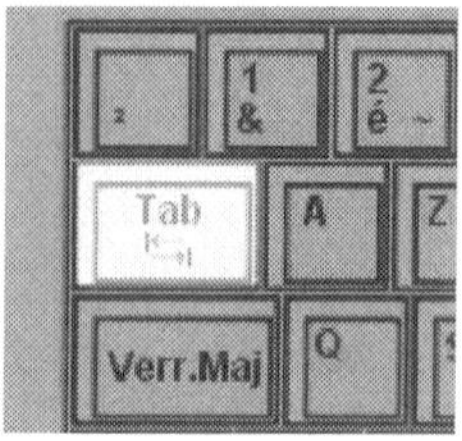

La touche Tabulation

Les lettres accentuées, les signes de ponctuation et autres symboles

En plus des vingt-six lettres de l'alphabet français, des dix chiffres du système de numération décimal et de la [Barre d'espace], il y a sur votre clavier d'autres symboles d'usage courant : des lettres accentuées, des signes de ponctuation, quelques symboles mathématiques qui ne nécessitent pas d'explication particulière. Ces symboles s'affichent par une frappe normale s'ils sont représentés en bas, seuls, ou en bas à gauche, et avec la touche [Maj] s'ils sont représentés en haut de la touche.

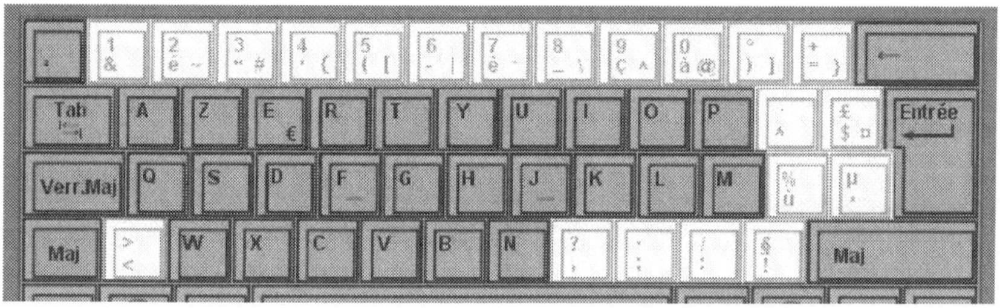

Les symboles particuliers

Les lettres accentuées directement accessibles sont : à, é, è et ù. Vous les trouverez facilement. Par contre, ne cherchez pas de lettres avec accent circonflexe : ô rage, ô désespoir, il n'y en a pas ! Vous croyez encore au père Noël ! Dommage, il n'y a pas, non plus, de lettre avec tréma. Et le c cédille ? Ah ça ! Il y est (sur la touche [9]).

Les signes de ponctuation sont tous là, cherchez-les ! Guillemets, apostrophe, parenthèses, tiret, virgule, point-virgule, deux-points, point d'exclamation, point d'interrogation et point. Point !

Les symboles mathématiques élémentaires disponibles sont : =, +, - (touche 6), *, /, <, > et %.

REMARQUE

Ne confondez pas le tiret - (touche 6) et le caractère souligné _ appelé aussi underscore par les franglicistes (touche 8).
C'est l'astérisque * qui est généralement utilisé comme symbole de la multiplication.
Il y a encore quelques autres symboles, à savoir $, £, μ, §, dont vous aurez sans doute rarement l'usage.

La touche Alt Gr

Cette touche Alt Gr est située juste à droite de la Barre d'espace. Dessus sont gravés les signes mystérieux *Alt Gr*. (Ça ne veut pas dire « arrêtez ou je mords ! » (Halte ! Grrrr !) !), mais c'est l'abréviation de l'expression anglaise « alternate graphics ». Ça vient de la nuit des temps de l'informatique, où cette touche servait à afficher des symboles dits « graphiques », comme des bordures de tableaux.)

La touche Alt Gr

Cette touche est une touche modificatrice, comme la touche Maj. Elle fonctionne exactement de la même manière : quand vous la maintenez enfoncée, Eugène en prend bonne note et, lorsque vous tapez une autre touche, il affiche le symbole dessiné dessus, en bas à droite. Ça n'est pas plus compliqué que cela. C'est donc ainsi que vous pouvez afficher la fameuse arobase @ (Alt Gr+0), ou l'accolade ouvrante { (Alt Gr+4), ou le symbole monétaire européen € (Alt Gr+E).

À RETENIR

Les différents caractères d'une touche

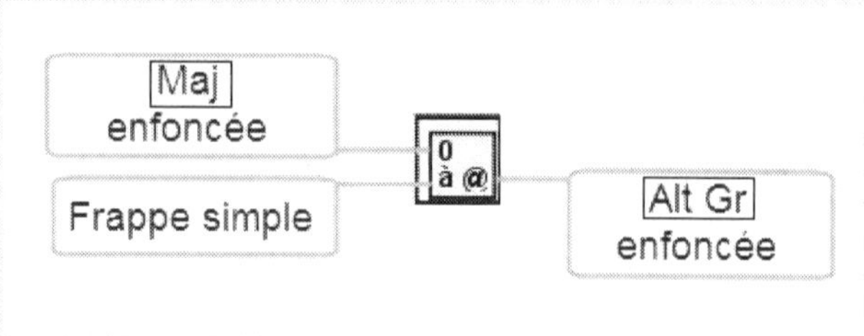

VAGABONDAGE

Sur la piste de la mystérieuse arrobe

Ce caractère @ qui figure dans toutes les adresses e-mail est l'arrobe ou arobase.

Il est défini au Journal officiel de la République française du 8 décembre 2002. Vous y apprendrez qu'il est à l'origine le symbole de l'arroba (de l'arabe ***ar-roub***, « le quart »), ancienne unité de capacité et de poids espagnole et portugaise. L'arrobe valait 12 à 15 kg ou 10 à 16 litres.

L'arobase a été utilisée en informatique dans une adresse courriel pour la première fois, en 1972, par l'inventeur du courrier électronique, Ray Tomlinson.

Selon d'autres sources, l'arobase ou arobas serait la déformation de ***a rond bas*** (***bas*** pour « bas de casse », terme typographique pour désigner les minuscules), entouré d'un rond.

Il en est d'autres qui affirment que ce symbole ancien serait le ***a niché***, et que l'on pouvait ***nicher*** d'autres lettres de l'alphabet. Le symbole de protection contre la copie © serait ainsi le ***c niché***.

Maintenant, si vous voulez dénicher d'autres explications sur l'arobase, vous savez comment faire : tapez `arobase` dans la zone de recherche de votre navigateur et partez à la découverte.

Si vous voulez vérifier la définition donnée au Journal officiel du 8 décembre 2002, tapez `journal officiel arrobe` dans la zone de recherche.

Les accents

Vous avez toujours en tête qu'il n'y a pas de touche pour afficher directement des lettres avec un accent circonflexe ou un tréma. Par contre, vous avez sans doute remarqué la touche [^], juste à droite du [P]. Mais si vous avez eu l'audace de la frapper, ça n'a rien affiché, et ce qui s'est passé après vous a sans doute laissé sans voix ! Cette touche est ce qu'on appelle une *touche muette*, justement parce que, quand on la frappe une fois, il ne se passe rien.

La touche muette ^

En fait, elle fonctionne un peu à la manière des touches modificatrices ; c'est le coup d'après qu'il se passe quelque chose. La seule différence, c'est qu'il ne faut pas la maintenir enfoncée, mais la taper comme une touche normale. Et c'est la touche que vous tapez juste après qui sera modifiée.

Un exemple va tout éclairer :

1. Tapez [^], il ne se passe rien.
2. Tapez ensuite [E] …
3. … et, miracle, c'est un ê qui s'affiche.

ALLONS PLUS LOIN

Écrivez au père Noël !

Pour afficher une lettre avec un tréma, c'est la même chose, mais le tréma étant écrit en haut de la touche, il faut utiliser la touche [Maj].

Voici comment ça se passe : vous enfoncez la touche [Maj]. Il ne se passe rien, mais Eugène en prend note. Vous frappez [^]. Eugène sait que c'est une majuscule que vous voulez, c'est-à-dire le caractère supérieur de la touche, donc le signe ¨, mais il ne l'affiche pas. Vous relâchez maintenant la touche [Maj]. Il ne se passe toujours rien, mais Eugène prend note que maintenant, ce sont des minuscules que vous tapez. Vous frappez alors [E] et, finalement, un magnifique ë s'affiche. Notez que si vous aviez laissé enfoncée la touche [Maj], vous auriez obtenu un E tréma majuscule Ë.

Est-ce que vous sauriez faire un E accent circonflexe majuscule Ê ?

VAGABONDAGE

Autres touches muettes, autres accents

Si la touche que vous tapez en second correspond à un caractère qui n'a pas de variante avec un accent circonflexe, l'accent sera affiché seul, suivi du caractère. En français, il n'existe pas, par exemple, de « y accent circonflexe ». Si donc, vous tapez [^] suivi de [Y], vous verrez s'afficher ^y. Si vous voulez taper un accent circonflexe seul, tapez [^] suivi d'un blanc ([Barre d'espace]). Et si vous tapez deux fois de suite sur la touche [^], que se passera-t-il ? Essayez, vous verrez si vous avez deviné juste !

Il y a d'autres touches muettes qui fonctionnent exactement de la même manière. On peut mentionner le tilde ~ ([Alt Gr]+[2]), et l'accent grave ` ([Alt Gr]+[7]).

D'autres touches muettes

Sur la touche [9], en bas, à droite, il y a un caractère ^, mais ce n'est pas un caractère muet. Si vous tapez [Alt Gr]+[9], ça affiche tout de suite ^ et ça ne permet pas de mettre un accent circonflexe sur une voyelle.

◆ Les touches de commande

Les touches de commande sont des touches qui envoient des ordres à Eugène, qui n'affichent généralement pas de signes sur l'écran, mais qui conditionnent ce qui se passe ensuite.

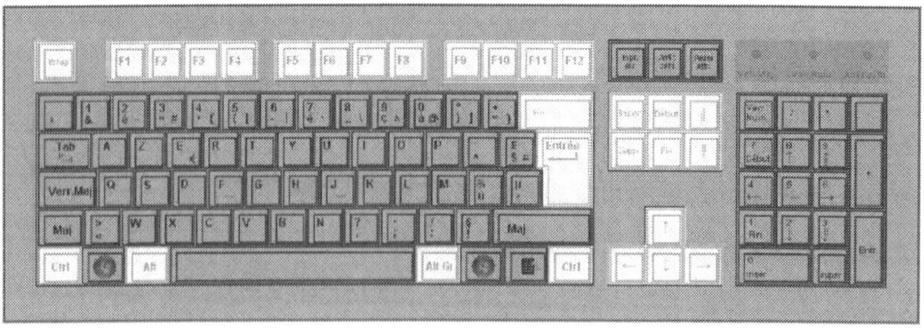

Les touches de déplacement et d'effacement

Vous vous rappelez votre première navigation et votre première recherche. Nous avons vu que les caractères que vous tapiez étaient affichés à un endroit bien précis qui s'appelle le point d'insertion. On en parlera davantage plus loin, mais il va nous servir de repère pour les commandes de déplacement et d'effacement dont l'action est relative à ce point.

Les touches de déplacement

Il s'agit d'abord de quatre touches, généralement situées à droite du pavé alphanumérique. Elles peuvent former un petit pavé indépendant appelé *pavé directionnel*, ou être plus imbriquées avec les autres touches sur les claviers de taille réduite. Sur chacune de ces touches, il y a une flèche orientée vers le haut, la droite, le bas et la gauche.

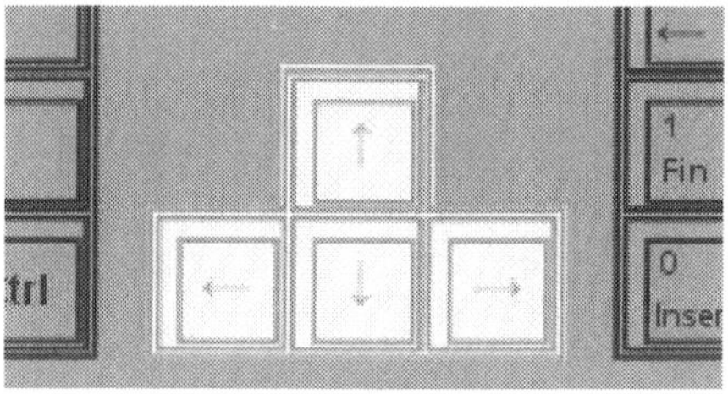

Les touches de déplacement élémentaire

Quand vous frappez une de ces touches, le point d'insertion se déplace d'un « cran » dans le sens indiqué.

REMARQUE

Un cran, c'est un symbole affiché (lettre, chiffre, ponctuation, espace, etc.) pour les déplacements latéraux dans une ligne. Un cran, c'est une ligne pour les déplacements verticaux dans un texte qui en contient plusieurs.

Dans le pavé directionnel, ou dans le voisinage des quatre touches précédentes (il n'y a pas vraiment de règle précise), vous trouvez quatre autres touches de déplacement complémentaires.

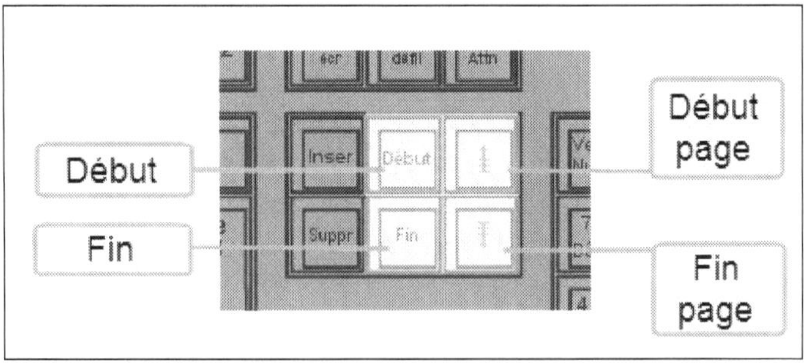

Les touches de déplacement global

Les touches Début et Fin sont repérables soit par ces mots écrits dessus, soit par des flèches à gauche et à droite terminées par une petite barre verticale, soit encore par des flèches obliques vers le haut (début) ou le bas (fin). La touche Début déplace le point d'insertion à gauche jusqu'au début de la ligne. La touche Fin le déplace à droite jusqu'à la fin de la ligne.

Les touches Début page et Fin page, sont repérables par ces mots écrits dessus, parfois en anglais (*Page up* et *Page down*), ou par des flèches vers le haut et le bas, avec plusieurs petits traits horizontaux, ou des variantes de tout cela. La touche Début page déplace le point d'insertion vers le haut, jusqu'au début de la page. La touche Fin page le déplace vers le bas, jusqu'en bas de la page. Ce qu'est précisément une page dépend de l'outil que vous utilisez.

REMARQUE

Les touches de déplacement servent à déplacer le point d'insertion dans du texte. Elles servent aussi, dans des contextes différents, à déplacer d'autres objets. Dans tous les cas, les quatre flèches simples déplacent l'objet d'une quantité minimale tandis que les touches de type Début et Fin le déplacent d'une quantité plus grande et plus globale.

Les touches d'effacement

La touche *Effacement arrière* est située sur la ligne des chiffres, le plus à droite. Elle est, identifiée par une flèche vers la gauche ←, ou une croix, comme un X. C'est la terrible mangeuse de caractères à gauche, notée [←]) que nous avons déjà utilisée lors de notre première navigation. Chaque frappe efface un caractère, à gauche du point d'insertion.

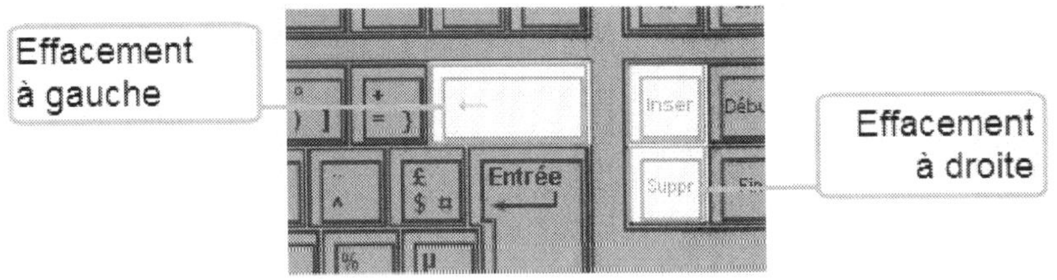

La touche *Suppression*, notée [Suppr], est située le plus souvent dans le pavé directionnel. Elle peut aussi se trouver dans le voisinage de la touche [←]. Elle est repérable par l'inscription *Suppr* qu'elle porte, ou parfois *Del* (C'est l'abréviation de l'anglais « delete », qui veut dire « supprimer »). Elle aussi, la terrible mangeuse de caractères à droite, on l'a rencontrée lors de notre première navigation. Chaque frappe efface un caractère, à droite du point d'insertion.

REMARQUE

Ces deux touches d'effacement dont nous avons vu l'usage en relation avec la frappe de texte servent aussi plus généralement sur d'autres objets. Leur rôle est toujours d'effacer ou de supprimer quelque chose. Dans bien des cas, elles sont équivalentes, mais dans les situations où les notions de gauche et de droite ont un sens, la touche [←] agit vers la gauche tandis que la touche [Suppr] agit vers la droite.

La touche *Insertion*, notée [Ins] est aussi, d'une certaine manière, une touche d'effacement. Cela peut vous surprendre, mais vous allez vite comprendre pourquoi !, Elle est toujours voisine de la touche [Suppr]. Elle est identifiée par *Inser* ou simplement *Ins* (c'est toujours un de ces termes que vous verrez, abréviations aussi bien de « insertion » ou « insérer » en français que de « insert » en anglais).

Normalement, vous ne devriez pas avoir à vous servir de cette touche. Vous pouvez donc l'ignorer. Toutefois, si d'aventure vous constatez que, lorsque vous tapez des caractères, les choses se passent bizarrement et que le texte existant est comme rongé, ce n'est pas Eugène qui est devenu fou ! C'est peut-être que vous avez appuyé par inadvertance sur cette touche Inser. Pour revenir à la normale, c'est très simple, il suffit d'appuyer de nouveau une fois dessus comme sur un bouton poussoir : vous appuyez un coup et ça allume ; vous appuyez encore un coup et ça éteint.

VAGABONDAGE

Les mystères de la touche Inser

Normalement, lorsque vous tapez des caractères dans une zone de texte, ils sont ajoutés aux caractères existants, à gauche du point d'insertion : on dit que l'on est en mode ***insertion***. Prenez, par exemple, un texte quelconque, échappé de son contexte, avec le point d'insertion placé à son début : `|texte`. Vous pouvez remédier à bon compte à cela : si vous tapez les lettres `c`, puis `o`, puis `n`, vous obtiendrez successivement : `c|texte`, `co|texte` et finirez par retrouver le `con|texte` cherché.

Recommencez maintenant la même opération, avec le point d'insertion placé au même endroit : `|texte`, mais cette fois, appuyez d'abord sur la touche Inser. Vous ne voyez généralement rien changer, mais Eugène à qui rien n'échappe a noté que vous êtes passé en mode ***remplacement***. Quand vous tapez à nouveau les lettres `c`, `o` et `n`, vous obtenez successivement : `c|exte`, `co|xte` et vous voilà finalement au beau milieu d'un `con|te` à dormir debout. Dans le mode remplacement, Eugène, avant d'afficher, à gauche du point d'insertion, le caractère que vous avez tapé, efface d'abord celui situé à sa droite. C'est comme si, avant de taper chaque lettre, vous appuyiez une fois sur la touche Suppr.

Vous voyez donc que l'appui erroné sur la touche Inser a des conséquences surprenantes. Un simple appui sur cette même touche, intentionnel cette fois, ramène au mode insertion, sans toutefois effacer les conséquences de votre erreur qu'il vous faudra corriger par ailleurs.

La touche Entrée

C'est la grosse touche, à droite du pavé alphanumérique, occupant la hauteur de deux lignes de lettres. Dessus, il peut y avoir marqué *Entrée*, *RC* ou *CR* ou une flèche qui descend et va vers la gauche, avec ou sans texte. Nous la noterons la touche Entrée. (RC est l'abréviation de *Retour Chariot* (CR pour l'anglais *Carriage Return*). Cette touche correspond à la grosse manette qui servait à ramener le chariot à gauche sur les anciennes machines à écrire mécaniques.)

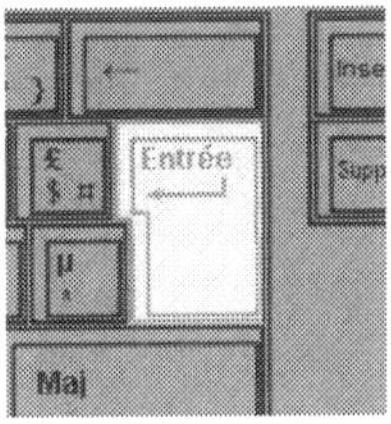

L'appui sur cette touche indique à Eugène que l'on a fini quelque chose et qu'il doit travailler :

- C'est bon, j'ai fait ce que j'avais à faire. Maintenant, vas-y, Génie, fais ton métier !

Ce que vous avez à faire et le métier que va exercer Eugène, ça peut être très varié, suivant les contextes. Dans tous les cas, c'est un ordre de marche en bonne et due forme.

La touche Échappement

La touche *Échappement*, notée [Échap], est toujours située tout en haut à gauche du clavier. Elle porte une inscription *Échap* ou *Esc*. (Esc est l'abréviation de « escape » qui veut dire « échapper » en anglais.) On parle aussi souvent la touche Échap ou la touche Escape.

La touche [Échap] est un peu l'opposé de la touche [Entrée]. C'est un antidote aux actions mal engagées. Quand vous êtes lancé dans une opération que vous ne maîtrisez pas bien, que vous vous êtes trompé ou que les choses commencent à vous échapper, appuyez sur la touche [Échap]. Eugène abandonne alors les opérations en cours et cela suffit généralement à vous ramener à un état plus stable. Mais la touche [Échap] ne permet pas d'annuler une action qui a déjà été accomplie !

REMARQUE

Quand vous avez affiché un menu contextuel (clic droit), appuyez sur la touche [Échap] pour le faire disparaître.

Les touches Control et Alt

Ces deux touches sont, comme la touche [Maj], des touches modificatrices, c'est-à-dire qu'elles ne produisent aucun effet lorsqu'on les enfonce, mais qu'elles changent ce qui se passe quand on frappe d'autres touches pendant qu'elles sont enfoncées. Elles sont situées en bas, à gauche du clavier. La touche [Alt] est toujours juste à gauche de la [Barre d'espace]. La touche *Control*, notée [Ctrl] à côté, ou un peu plus loin, à gauche. Sur la touche [Ctrl], est écrit *Ctrl* ou parfois *Ctl*. Sur la touche [Alt], est écrit *Alt*. (Alt est l'abréviation de *alternate* en anglais, ou *alternative* en français, mais on parle généralement de la touche [Alt].)

REMARQUE

Attention à ne pas confondre les touches [Alt] et [Alt Gr]. [Alt] est à gauche de la [Barre d'espace]; à sa droite est [Alt Gr]. [Alt] et [Alt Gr] sont deux touches différentes, alors que les touches [Maj] et [Ctrl], qui existent en double exemplaire, à gauche et à droite de la [Barre d'espace], ont exactement le même rôle.

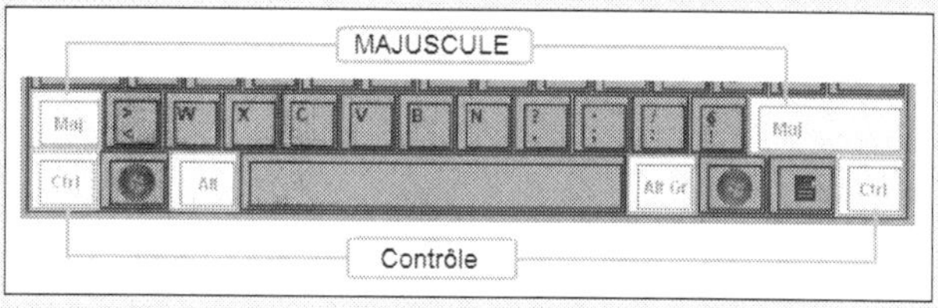

L'effet de ces touches dépend, comme vous pouviez vous y attendre, du contexte. D'une manière générale, cependant, elles transforment une lettre du clavier en un ordre qu'Eugène peut comprendre et exécuter. Elles sont le plus souvent utilisées dans ce qu'on appelle un *raccourci clavier*.

Voici un raccourci clavier qui pourra vous tirer d'embarras dans bien des situations : [Ctrl]+[Z]. Il vous permet d'annuler la dernière action que vous avez effectuée. En voici un exemple très simple :

1. Lancez votre navigateur Internet.
2. Tapez `eugène` dans la zone de recherche rapide.

3. Changez d'avis et décidez de faire une autre recherche

4. Tapez Ctrl+Z.

La zone de recherche rapide est effacée sans que vous ayez eu besoin d'utiliser la touche ←. Votre dernière action, à savoir « Tapez `eugène` dans la zone de recherche rapide » a été annulée. C'est comme si vous ne l'aviez jamais faite.

À RETENIR

Un raccourci de clavier utile : Ctrl+Z

Vous avez fait une mauvaise action et la regrettez. Appuyez sans la relâcher sur la touche Ctrl et tapez Z. Votre dernière action a été annulée !

Les touches de fonction

Ce sont les touches qui sont sur la ligne, tout en haut du clavier. Dessus, il y a écrit *F1*, *F2*, jusqu'à *F12*.

Les touches de fonction permettent, elles aussi, d'envoyer des ordres à Eugène ou de modifier certains réglages. La touche F1, par exemple, permet de demander de l'aide. Quand une telle aide est disponible, lorsque vous appuyez sur F1, vous voyez s'afficher une fenêtre qui vous propose de l'aide sur ce que vous étiez en train de faire. (Vous pouvez essayer ; vous refermerez ensuite la fenêtre en cliquant sur la petite croix, en haut, à droite.) Certaines touches de fonction portent un symbole qui suggère leur rôle, par exemple un haut-parleur pour le réglage du niveau sonore. Le rôle de toutes ces touches dépend le plus souvent du type de matériel.

◆ Le pavé numérique

Ce qu'on appelle le *pavé numérique*, c'est cet ensemble d'une vingtaine de touches, qui forme un bloc sur la droite des claviers les plus spacieux. Il n'y en a pas toujours sur les portables, faute de place. Ce pavé numérique n'apporte pas de nouveautés par rapport à ce qu'on a déjà vu. Il offre par contre davantage de confort, en particulier si on doit taper du texte et des chiffres dans un même document : en effet, le pavé numérique permet de taper les chiffres et les symboles opératoires mathématiques de base, sans utiliser la touche [Maj].

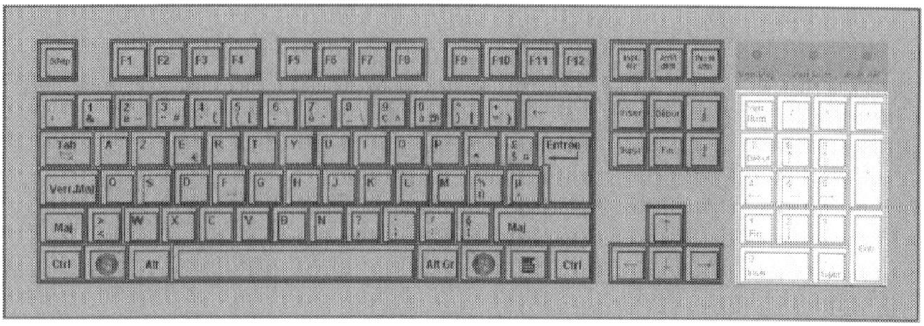

Le pavé numérique

Le pavé numérique comporte les dix chiffres, mais vous remarquerez que sur ces touches, les chiffres sont écrits en haut de la touche. En bas, par contre, il y a les signes que l'on a trouvés sur le pavé directionnel, ainsi que sur les touches [Inser] et [Suppr]. Ça laisserait penser que, lorsqu'on veut taper des chiffres, on doit se mettre en majuscule, et que lorsqu'on reste en minuscule, on va actionner les touches de direction. Eh bien, d'une certaine manière, c'est vrai : les touches du pavé numérique sont, tout comme celles du pavé alphanumérique, soumises à l'influence d'une touche *Majuscule*, mais qui leur est spécifique.

Regardez en haut, à gauche du pavé numérique : vous y trouvez la touche *Verrouillage numérique*. Cette touche porte souvent l'inscription *Verr Num*, *Verr.Num*, ou *Num Lock* (Comme vous pouvez l'imaginer c'est l'abréviation de la forme anglaise de « verrouillage numérique »), ou un chiffre 1 dans un petit carré. Cette touche joue le même rôle que la touche [VerrMaj], mais son effet est limité au pavé numérique. Si donc, la touche [VerrNum] est activée, quand vous tapez sur les chiffres du pavé numérique, vous affichez bien les chiffres et le tour est joué. Dans le cas contraire, vous agissez sur des touches de déplacement !

La touche en bas à droite est un double de la touche [Entrée] du pavé alphanumérique. Vous pouvez utiliser indifféremment l'une ou l'autre.

REMARQUE

La touche [VerrNum] agit sur les touches du pavé numérique, mais pas sur les touches ***chiffre*** du pavé alphanumérique. Si vous tapez, par exemple, sur le [2] du pavé alphanumérique, vous obtiendrez toujours l'affichage de é.

Comme l'usage le plus intéressant du pavé numérique est de taper directement des chiffres, quand vous démarrez votre ordinateur, Eugène, d'autorité, vous met en mode *verrouillage numérique*. Vous vous en rendez compte, car, de même qu'il y a un témoin lumineux pour le verrouillage majuscules, il y en a aussi un pour le verrouillage numérique ; et au démarrage de votre ordinateur, il s'allume.

VAGABONDAGE

Une erreur boule de neige

Imaginez que vous tapez des chiffres sur le pavé numérique. Maladroitement et sans vous en rendre compte, vous appuyez sur la touche [VerrNum] en même temps que sur la touche [7]. ***Vous avez désactivé le verrouillage numérique***. Maintenant, quand vous croyez taper des chiffres, vous baladez votre point d'insertion un peu au hasard. Ça ne fait déjà pas grand-chose de bon. Mais si c'est votre jour de malchance et que vous voulez taper un zéro, vous appuyez en réalité sur la touche [Inser] et passez en mode remplacement. Si maintenant, vous tapez des lettres, elles vont se substituer à l'ancien texte, à l'endroit où se trouve le point d'insertion, en plein milieu du mot « cauchemar ».

Faites donc bien attention. Et si cela vous arrive malgré tout, pensez à utiliser le raccourci [Crtl]+[Z] !

◆ Les autres touches

Il y a encore sur votre clavier quelques touches que nous n'avons pas mentionnées : *Impression écran*, *Pause*, et *Arrêt défilement*. Vous découvrirez, plus loin, un usage de [Imp écran]. Quant aux autres, ignorez-les simplement.

Selon le type de votre clavier et sa marque, vous trouverez aussi des touches spéciales, par exemple pour vous permettre de lancer directement votre navigateur Internet. Ces touches sont très spécifiques, et si vous voulez les utiliser, il faudra regarder la documentation fournie avec votre matériel. Mais comme elles ne sont que des moyens plus rapides de lancer des actions que vous pouvez toujours faire exécuter à Eugène de façon plus classique, vous pouvez très bien vous en passer.

3.3. Le Bureau

C'est par le truchement de votre écran qu'Eugène, le génie de votre ordinateur, vous *parle*, c'est-à-dire vous affiche des textes et vous dessine toutes ces choses qu'on dit virtuelles. L'écran est votre dernier contact avec le monde réel : quand vous le regardez, vous vous trouvez plongé dans le merveilleux monde virtuel qu'Eugène redessine en permanence pour vous, selon les désirs que vous lui exprimez, grâce aux instruments bien réels que sont la souris et le clavier.

◆ Un plan de travail virtuel

Le premier des objets virtuels que vous rencontrez est bien prosaïque : c'est le Bureau. C'est lui qu'Eugène dessine sur votre écran, quand vous allumez votre ordinateur : rappelez-vous, vous avez mis l'ordinateur sous tension, il y a eu un peu d'agitation, puis tout s'est stabilisé et vous avez pu cliquer sur le bouton **Démarrer** pour commencer la navigation sur Internet. On appelle *Bureau* cette image qui est dessinée sur votre écran parce qu'on l'utilise comme on le ferait d'un vrai bureau derrière lequel on est assis.

Si vous êtes un peu bricoleur, vous pouvez imaginer que c'est votre établi sur lequel vous trouvez vos outils et les divers objets sur lesquels vous travaillez. Si vous êtes un fin cordon-bleu, vous le verrez comme votre plan de travail, où vous avez vos récipients, vos casseroles, vos cuillères, vos ingrédients et vos recettes, dont celle de l'omelette norvégienne, bien sûr. Dans tous les cas, votre Bureau est votre lieu de travail, le point de départ de toute activité. Il sera aussi votre position de repli : si par exemple vous avez laissé brûler quelque succulente préparation, vous nettoyez tout et vous recommencez.

Un Bureau bien rempli

Le Bureau affiché sur votre écran ne disparaîtra jamais, tant que votre ordinateur restera allumé. Comme un vrai bureau, vous pouvez l'encombrer à plaisir en déposant dessus toutes sortes d'objets, ou le garder toujours soigneusement propre et bien rangé. C'est vous qui choisissez votre manière de travailler.

Un Bureau vide

Mais comment déposer des objets sur un Bureau qui n'est qu'un dessin sur un écran ? C'est naturellement votre génie à tout faire, Eugène, qui s'occupe de tout. Rappelez-vous, quand vous avez lancé le navigateur, l'image de votre Bureau a été remplacée par celle de la fenêtre Internet. Et quand vous avez cliqué sur la petite croix, en haut à droite, pour la fermer, l'image de votre Bureau est réapparue. Par magie ? Non, tout simplement parce qu'Eugène avait noté sur ses ardoises magiques que « sous » la fenêtre Internet, il y avait le Bureau. Et quand vous avez fermé la fenêtre, il a pu redessiner le Bureau sur votre écran. Comme Eugène est très rapide et dispose de beaucoup d'ardoises magiques, il peut se rappeler tout ce que vous avez ouvert et dans quel ordre et ainsi vous donner l'illusion que les objets « s'entassent » sur votre Bureau.

Et si, d'aventure, après avoir ouvert plusieurs fenêtres, tout ne se passe pas comme vous l'aviez imaginé et que vous vous trouvez un peu désorienté, il vous suffira de fermer toutes les fenêtres en cliquant sur la petite croix qui s'affiche, en haut, à droite de chacune d'elles. Quand elles seront toutes fermées, Eugène vous redessinera le Bureau. Le plan de travail sera nettoyé.

◆ Sur le Bureau : documents, outils et pointeur

Et qu'y a-t-il sur un Bureau ? Pour en avoir une idée, pensez à ce que vous pouvez trouver sur un vrai bureau : un dossier contenant des factures, des lettres, des photos, un stylo, une gomme, des trombones, un calendrier, une calculette, un livre pour informaticiens débutants, etc. Et puis, vous y mettez aussi la main, quand vous voulez utiliser un de ces objets. En résumé, vous trouvez des documents (lettres, photos, livre, factures…), des outils (stylo, gomme, trombones, calculette…) et votre main.

Sur le Bureau dessiné sur votre écran, c'est un peu la même chose : vous trouvez des *documents*, des *outils* et le *pointeur*.

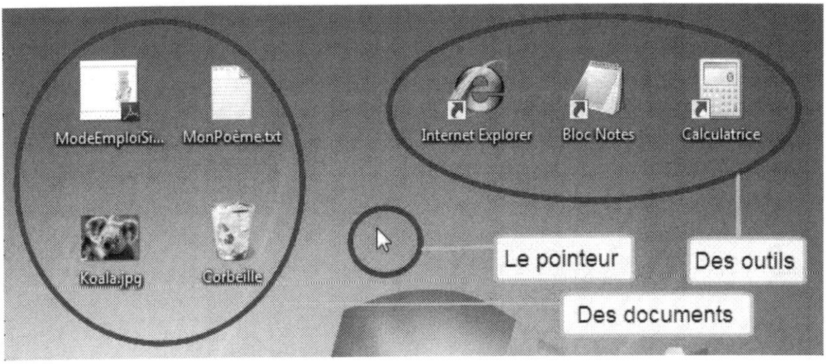

Un bureau ! Qu'y a-t-il sur un Bureau ?

Le pointeur, c'est votre main, vous l'aviez compris. Pour le reste, vous ne voyez ni documents ni outils, mais seulement des icônes qui les représentent et permettent de les activer en cliquant dessus.

Et tout en bas, vous reconnaissez le bouton **Démarrer** avec, à sa droite, quelques petites icônes dans une espèce de barre horizontale que l'on appelle la *barre des tâches*.

REMARQUE

Outil, programme, application, logiciel, document, etc.

Les outils à disposition sur votre ordinateur, on y fait aussi référence sous différents autres termes comme ***programme***, ***application***, ***logiciel***. Ces appellations reflètent parfois le point de vue sous lequel on les considère, mais vous pouvez les utiliser indifféremment.

La nature des documents est extrêmement variée : un texte, une photo, de la musique pour ne citer que quelques exemples.

Vous découvrirez tous les détails sur ces sujets dans un prochain chapitre.

◆ La barre des tâches : votre tableau de bord

Pilotage et surveillance des activités

La barre des tâches, à côté du bouton **Démarrer**, c'est une sorte de tableau de bord de votre Bureau, comme le tableau de bord de votre voiture : il y a des indicateurs qui vous informent sur ce qui se passe, et puis aussi quelques boutons de commande. Ça vaut la peine de s'y attarder un peu.

La barre des tâches

Normalement, la barre des tâches contient trois zones :

- Le bouton **Démarrer**.

  Il est tout à gauche, vous le connaissez déjà. Vous l'avez utilisé pour lancer *Internet Explorer*, l'outil qui vous a permis de chercher sur Internet la recette de l'omelette norvégienne ; vous l'avez utilisé aussi pour arrêter l'ordinateur.

  À partir du bouton **Démarrer**, vous avez accès à tous les outils de votre ordinateur, c'est-à-dire à toutes les actions que vous pouvez demander à votre génie d'exécuter pour vous.

- La zone des tâches actives.

  C'est la partie centrale de la barre des tâches. On y trouve un résumé de tout ce qu'Eugène a entrepris pour vous.

  Quand vous démarrez votre ordinateur, la zone des tâches actives est vide. Et chaque fois que vous demandez à Eugène de faire quelque chose pour vous, ce qui se ramène toujours à activer un outil, il dessine une icône le symbolisant dans la zone des tâches actives. Et comme c'est un génie soigneux, il l'efface quand vous avez fini de vous en servir.

- La zone de notification.

  C'est la partie située tout à droite. Elle contient de petites icônes qui vous renseignent sur le fonctionnement de votre ordinateur. Elle est surtout intéressante quand Eugène veut attirer votre attention sur un événement inhabituel qui peut nécessiter votre intervention. Par exemple, quand il n'y aura presque plus d'encre dans les cartouches de votre imprimante, vous verrez une petite icône d'avertissement à ce sujet.

Les icônes épinglées

À partir du bouton **Démarrer**, vous avez accès à tous les outils de votre ordinateur, mais le chemin est parfois un peu long, surtout pour les tâches que vous exécutez fréquemment. Pour vous faciliter la vie, vous pouvez *épingler* les icônes de ces tâches dans la barre des tâches : vous n'aurez plus alors qu'à cliquer directement dessus pour les lancer. Épingler ou détacher une icône se fait à partir d'un menu contextuel (clic droit) qui lui est associé.

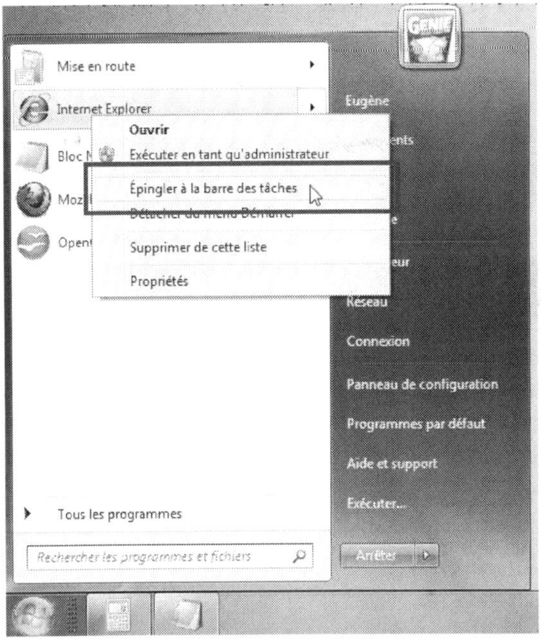

Épingler une icône

Lorsque vous utilisez votre ordinateur pour la première fois, les icônes de tâches usuelles (lancement du navigateur Internet, par exemple) sont déjà épinglées.

Une icône épinglée

VAGABONDAGE

Tout bouge mais rien ne change

Les exemples pratiques de ce livre sont pris sur le système Windows 7. Si d'aventure vous utilisez une autre version de Windows, vous risquez d'être un peu dérouté. En effet, d'une version à l'autre, si sur le fond quasiment rien n'évolue, les noms, la présentation sont en perpétuel renouvellement et les gadgets s'ajoutent les uns aux autres.
Ainsi a évolué la présentation du menu **Démarrer** et du bouton **Arrêter**, et ce n'est pas fini !
Ainsi a évolué la barre des tâches : la partie gauche qui s'appelait autrefois ***barre de lancement rapide*** dans laquelle vous pouviez ajouter les icônes des tâches fréquemment utilisées a été remplacée par les icônes épinglées.
Globalement, à quelques nouveautés près, ce sont les mêmes services qui vous sont offerts, mais vous devrez faire l'effort de retrouver où et sous quel terme ils se cachent !

Affichage du Bureau ou des fenêtres

La barre des tâches vous permet aussi de spécifier, via le menu contextuel associé, comment les fenêtres s'affichent sur le Bureau.

C'est bien pratique quand beaucoup de fenêtres encombrent votre Bureau. Vous pouvez alors demander à Eugène de vous l'afficher sans les fenêtres qui vous le cachaient. Il vous suffit de placer le pointeur dans une zone neutre de la barre des tâches, c'est-à-dire là où il n'y a ni bouton, ni icône, et de faire un clic droit. Sans surprise, vous voyez s'afficher un petit menu contextuel où un bouton vous propose **Afficher le Bureau**. Cliquez dessus et le tour est joué : le Bureau s'affiche entièrement nettoyé.

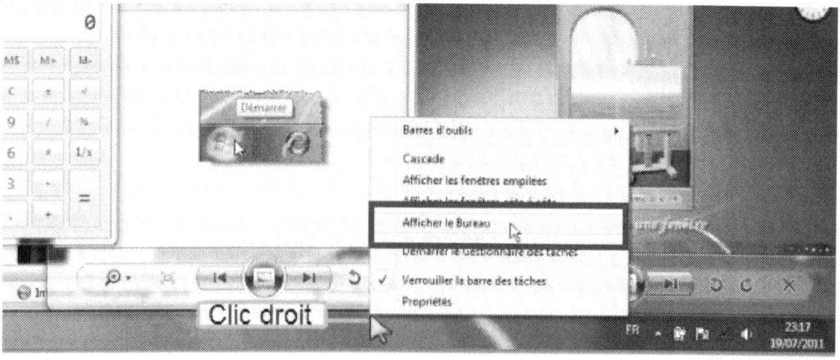

> **REMARQUE**
> Cette manière d'afficher le Bureau ne ferme pas les applications actives. Vous en voyez donc toujours les icônes représentatives dans la zone des tâches actives, mais plus sur votre Bureau. Et c'est là que vous voyez qu'Eugène est bien un génie : essayez de faire la même chose sur votre bureau réel et vous aurez sans doute du mal à vous y retrouver ensuite ; pas Eugène !

Si, par curiosité, vous tentez de répéter l'opération, vous constaterez que le bouton du menu contextuel a changé de nom et s'appelle désormais **Afficher les fenêtres ouvertes** : cliquez dessus et vous verrez toutes les fenêtres se réafficher exactement comme elles étaient précédemment.

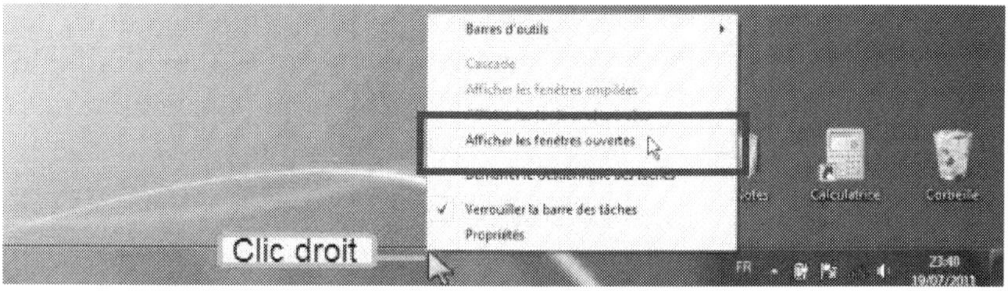

La barre des tâches a disparu

Il est possible de personnaliser le Bureau pour ne pas afficher en permanence la barre des tâches et il peut arriver que vous ne la voyiez plus, pas plus que le bouton **Démarrer**. Vous pouvez vous retrouver dans cet état sans l'avoir voulu, ni sans savoir comment vous y êtes arrivé, mais l'important est d'en sortir.

Regardez votre clavier : en bas, à gauche, entre les touches Ctrl et Alt vous voyez une touche avec le petit drapeau, symbole de Windows. Pressez cette touche et, ô miracle, la barre des tâches s'affiche, et le bouton **Démarrer** est même activé : vous pouvez y choisir une action ou, comme on vient de le voir, amener le pointeur sur la barre des tâches et afficher le Bureau.

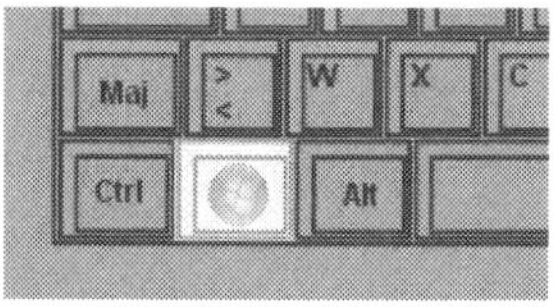

La touche d'affichage de la Barre des tâches

◆ Sur le Bureau : les objets familiers sous la main

Quand vous démarrez votre ordinateur, le Bureau s'affiche et vous y repérez maintenant facilement le bouton **Démarrer** et la barre des tâches. Et ces seuls instruments, avec rien d'autre sur le Bureau, vous permettent de faire tout ce que vous voulez. Toutefois, cliquer sur le bouton **Démarrer**, puis chercher dans le menu un programme dont vous vous servez souvent vous paraîtra vite fastidieux. Vous utiliserez, de préférence, les icônes de vos quelques programmes d'usage quotidien épinglées dans la barre des tâches, par exemple le navigateur Internet, un logiciel de messagerie et quelques autres. Tous les autres programmes que vous aimez bien avoir sous la main mais dont vous avez un usage moins fréquent, vous pourrez les mettre simplement sur votre Bureau. Vous en trouverez d'ailleurs plusieurs déjà en place quand vous utiliserez votre ordinateur pour la première fois.

Comme depuis le menu **Démarrer** ou la barre des tâches, vous activez l'outil correspondant en double-cliquant sur l'icône représentative.

Vous savez déjà déplacer des icônes en exécutant gracieusement un cliquer-glisser. Vous apprendrez bientôt à ajouter des icônes sur le Bureau ou à en supprimer et ainsi à le personnaliser selon vos goûts et vos besoins.

Vous apprendrez aussi à y déposer des photos, des textes, bref, tous les documents sur lesquels vous travaillez et que vous aurez ainsi facilement sous la main. Tous ces documents seront, eux aussi, représentés par une icône et vous pourrez les ouvrir tout aussi facilement, d'un double clic.

Vous voilà maintenant bien familiarisé avec le Bureau. Vous savez lancer une application à partir du bouton et du menu **Démarrer** (*Internet Explorer*, au moins) ; vous savez arrêter votre ordinateur, toujours à l'aide du même menu. Vous avez compris le rôle de la barre des tâches et vous savez aussi activer un outil grâce aux icônes de votre Bureau. Vous pouvez même commencer à donner une touche personnelle à votre Bureau en déplaçant à votre guise les icônes qui s'y trouvent.

3.4. Les commandes

Le Bureau est le théâtre de toutes vos activités. C'est là que, en apparence, tout se joue, avec la complicité, discrète mais efficace, de votre génie familier qui œuvre en coulisse. Mais c'est vous qui orchestrez la mise en scène et lui faites jouer le scénario de votre choix. Pour cela, vous disposez de tout un attirail de commandes dont vous avez déjà rencontré quelques spécimens lors de votre première navigation ; en voici un panorama plus complet.

◆ Les boutons : pour déclencher des actions

Beaucoup d'instruments de la vie courante comportent des boutons poussoirs : quand vous appuyez dessus, vous donnez un ordre en enclenchant un mécanisme qui va le réaliser. De la même manière, dans votre ordinateur, les boutons sont des commandes qui déclenchent des actions spécifiques que nous avons représentées par l'activité du génie Eugène.

À la différence de la vie courante où les boutons d'un appareil sont en nombre relativement limité, dans votre ordinateur, ils sont innombrables. Chacun d'eux déclenche une des innombrables tâches qu'Eugène sait réaliser pour vous. C'est pour cela que vous en rencontrerez partout, et sous une multiplicité de formes.

REMARQUE

Dans le monde réel, les boutons de vos appareils restent en place jusqu'à ce qu'ils se cassent ! Dans le monde virtuel, comme ils sont simplement « dessinés » sur votre écran, il est très facile de les modifier, et Eugène ne s'en prive pas. Il essaie toujours de dessiner ceux dont vous avez le plus de chance d'avoir besoin dans un contexte donné. C'est très pratique, mais cela peut parfois vous dérouter ! Pensez-y.

Vous connaissez déjà le fameux bouton **Démarrer** qui, lorsqu'on l'enfonce par un clic gauche dessus, affiche le menu **Démarrer** et, de fil en aiguille vous permet de tout faire. Mais, lui-même, ne fait toujours qu'une seule action : afficher le menu **Démarrer**.

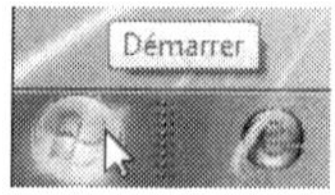

Le bouton Démarrer

Vous vous rappelez aussi la petite croix en haut à droite sur laquelle vous avez cliqué pour dire à Eugène de ranger son habit de grand navigateur : c'est aussi un bouton.

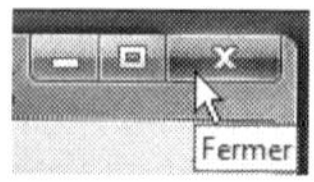

Le bouton Fermer

La petite loupe, à droite de la zone de saisie que vous avez utilisée pour lancer la recherche d'un annuaire sur Internet, c'est encore un bouton. Vous en trouverez partout !

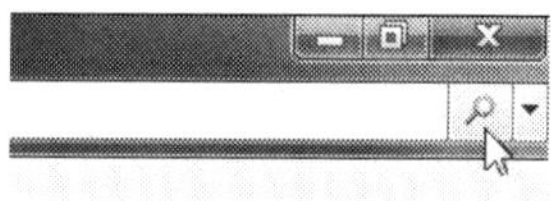

Le bouton Chercher

Sous leurs multiples formes, tous les boutons ont quelques points communs. (Ne soyez cependant pas surpris si, dans vos pérégrinations, vous en rencontrez qui se comportent un peu différemment. Vous en trouverez autant de variétés que dans la boutique d'une mercière.)

- Beaucoup sont dessinés comme de vrais boutons avec un effet qui donne l'impression qu'ils ont été enfoncés quand vous cliquez dessus. Ce peut être un effet de relief, ou d'allumage. C'est selon la mode.
- Les boutons sont généralement sensibles au passage de la souris : quand le pointeur arrive sur eux, ils changent d'apparence (une couleur plus vive, un encadrement ou tout autre effet visuel ou sonore).
- Les boutons affichent un ou deux éléments d'information, qui permettent de savoir (ou de deviner) à quoi ils servent.

Il s'agit d'un texte et d'une icône. Selon le type du bouton et les possibilités d'en modifier l'apparence, vous trouverez l'un, l'autre ou les deux.

Un bouton avec un texte

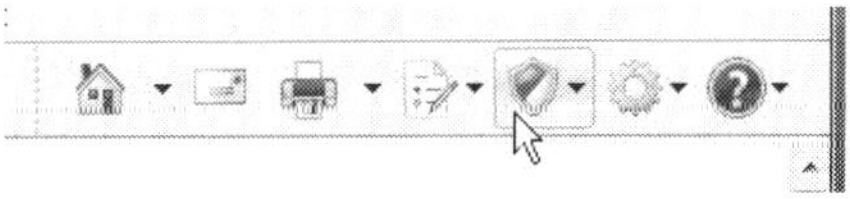

Un bouton avec une icône

Un bouton avec une icône et du texte

Quelques boutons usuels	
	On ferme !
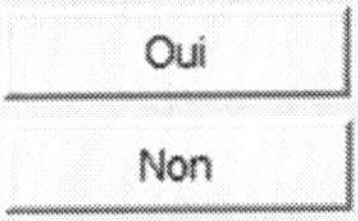	Deux boutons pour accepter ou refuser une proposition
	Pour annuler ce qu'on vient de demander
	Pour aller à une page précédente ou suivante

◆ Les menus : pour choisir des boutons

Vous vous souvenez du bouton **Démarrer** qui vous a servi à afficher le menu **Démarrer**. Eh bien, beaucoup de boutons fonctionnent comme lui : ils affichent un menu. Et dans un menu que trouve-t-on ? D'autres boutons, bien sûr. Et ces derniers, quand vous cliquez dessus, ou simplement les désignez, en plaçant le pointeur dessus, peuvent à nouveau vous présenter un autre menu, que l'on appelle alors un *sous-menu*. Et tout ça peut durer longtemps, mais, in fine, vous arrivez sur un bouton qui déclenche la véritable opération que vous voulez exécuter.

Les menus ne sont donc qu'une façon pratique de présenter des ensembles de boutons relatifs à un sujet donné, avec la possibilité d'affiner progressivement son choix.

REMARQUE

Vous reconnaîtrez les boutons qui affichent un sous-menu à la petite flèche noire, tout à fait à droite.
De manière plus générale, à chaque fois que vous voyez une flèche accolée à un bouton, qu'elle soit horizontale ou verticale, c'est le signe d'un sous-menu.

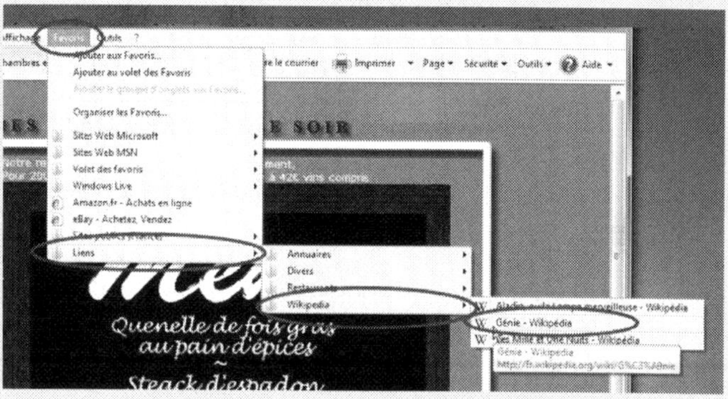

Un menu et quelques menus sous-menus

Tout ça, c'est un peu comme au restaurant. Vous cliquez d'abord sur le maître d'hôtel qui vous propose, par exemple, les menus à la carte ou à prix fixe. Vous choisissez la carte qu'il va vous chercher, et vous faites votre choix. Après le fromage, vous cliquez derechef sur le maître d'hôtel qui vous présente à nouveau la carte. Vous êtes gourmande et vous cliquez sur les pâtisseries du chef, dont il vous apporte la carte spéciale. Vous choisissez l'omelette norvégienne pour deux personnes, malgré le regard désapprobateur de votre ami. Et toujours après votre commande, le maître d'hôtel stylé vous débarrasse du menu.

La consultation d'un menu peut se faire de deux manières :

- Le menu est affiché par un bouton.

  C'est le cas du menu **Démarrer** ou du menu **Favoris** de l'illustration. Il suffit d'un clic gauche sur le bouton le représentant pour l'ouvrir.

- Le menu n'est pas affiché.

  C'est le cas de tous les menus contextuels. Il faut le demander par un clic droit sur l'objet sélectionné par le pointeur. S'il en existe un de disponible, Eugène vous l'ouvre aussitôt. Et rappelez-vous que le menu contextuel vous donne toujours des idées sur ce que vous pouvez faire avec l'objet sélectionné.

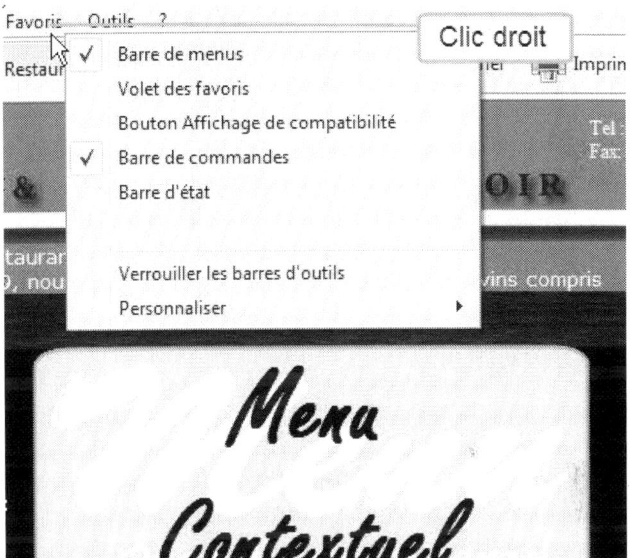

Un menu contextuel

◆ Les données : pour préciser des souhaits

Les boutons vous permettent de déclencher des actions prédéfinies. Mais Eugène, malgré toute sa bonne volonté, ne peut pas tout deviner et vous devez lui fournir des informations – des données –

pour préciser vos souhaits. Quand vous avez cherché la recette de l'omelette norvégienne, il a bien fallu lui dire que c'était l'omelette norvégienne et non pas la tarte Tatin qui vous intéressait : vous avez tapé `omelette norvegienne` dans la zone de saisie.

Quand Eugène n'a aucun moyen de deviner de quoi vous voulez lui parler, il n'y a pas d'autre moyen pour le lui dire que de taper du texte. Souvent, par contre, il a déjà une idée. Alors, plutôt que de tout lui écrire, ce qui est fatigant, laissez-le vous proposer les choix qui lui semblent pertinents. Il a toujours plein d'idées pour vous aider.

Voici quelques-uns des moyens les plus courants à votre disposition pour saisir des données. Vous en rencontrerez peut-être d'autres, mais ils se ramènent généralement à des variantes de ces modèles de base. Vous n'aurez pas de mal à les comprendre.

La zone de saisie de texte

C'est le moyen que vous avez déjà employé pour chercher une recette, un numéro de téléphone ou toute autre chose. Vous connaissez : il suffit de taper du texte.

Le menu déroulant

Quand vous ne pouvez choisir qu'entre plusieurs réponses prédéfinies, pourquoi vous fatiguer à les taper ? Laissez Eugène vous les proposer dans un menu déroulant. C'est comme une zone de saisie, mais vous ne pouvez généralement pas y taper de texte et, à droite, il y a une petite flèche. (Une petite flèche à droite… mais c'est un sous-menu !) Cliquez dessus : une petite fenêtre s'ouvre sur ou sous la zone de saisie et dedans vous voyez tous les choix possibles. Si la liste de choix ne tient pas entièrement dans la petite fenêtre, il y a un ascenseur pour la faire dérouler. Il vous suffit de cliquer sur l'élément de votre choix. C'est Eugène qui remplit alors automatiquement la zone de saisie avec votre choix. C'est pratique et vous ne risquez pas de faire de faute de frappe. Parfois même, une réponse est déjà présélectionnée : si elle vous convient, vous n'avez rien à faire !

Le menu déroulant ressemble fort au menu contextuel que vous connaissez (rappelez-vous : clic droit), mais il n'est activé que lorsque vous cliquez sur la petite flèche de la zone de saisie.

Un menu déroulant

REMARQUE

Certains menus déroulants autorisent seulement de choisir un élément de la liste. D'autres permettent aussi de taper un texte qui n'est pas dans la liste, comme dans une zone de saisie normale.

Les cases à cocher

Quand il n'y a que quelques possibilités de choix, Eugène peut simplement vous les proposer par le biais de cases à cocher, comme sur un formulaire. Cliquer sur la case sélectionne ou invalide l'option associée. Il peut y avoir une seule case à cocher, ou plusieurs, et il est généralement possible de cocher plusieurs cases.

Des cases à cocher

Les boutons radio

C'est une variante des cases à cocher. Ici, il y a toujours au moins deux boutons et on doit en sélectionner un seul. Quand on le sélectionne, les autres sont automatiquement désélectionnés.

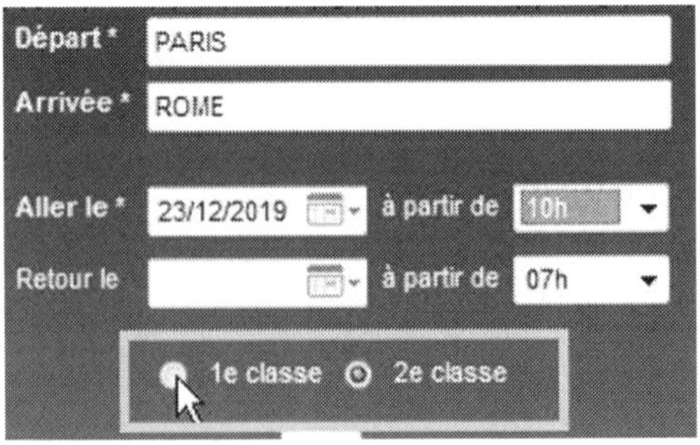

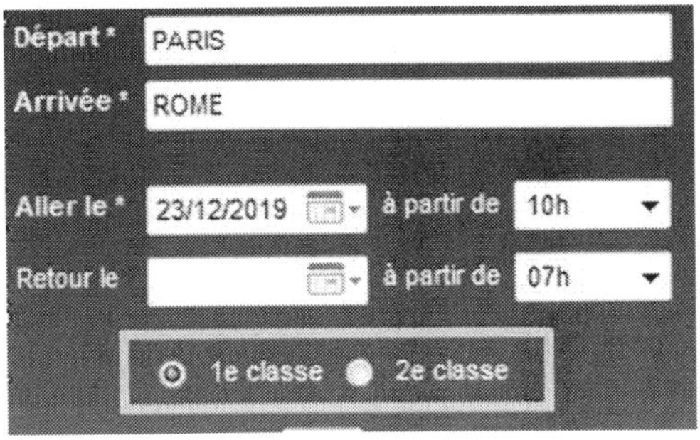

Des boutons radio

Le bouton de validation

Il ne s'agit pas ici, à proprement parler, d'un nouveau mécanisme de saisie d'information : c'est un simple bouton, comme vous en avez déjà vu. Remarquez simplement que, lorsque vous saisissez des informations, c'est comme lorsque vous remplissez les champs d'un formulaire papier. Vous devez, en fin de compte, envoyer ce formulaire rempli à une personne ou à un organisme qui vous fera une réponse appropriée. Le bouton de validation, ou de confirmation, ou de recherche joue ce rôle : quand vous le pressez, vous envoyez votre demande et vous attendez la réponse, qui arrive en général plus vite qu'avec un formulaire papier !

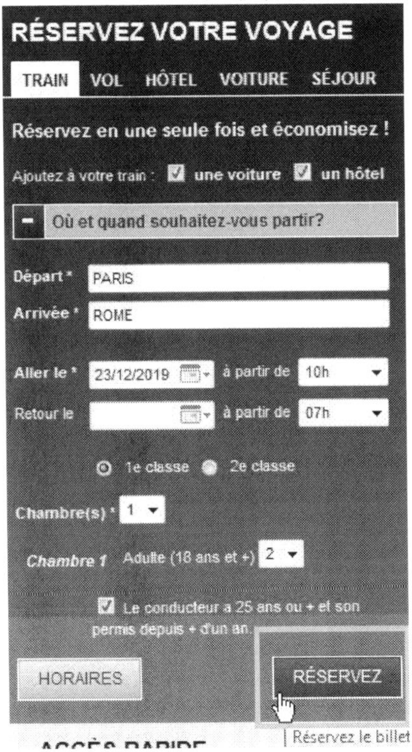

Un bouton de validation

VAGABONDAGE

Quelques exercices pratiques

Si vous voulez vous familiariser avec ces objets, le mieux est d'aller sur une page Internet qui en contient. Les photos d'illustration sont tirées du site de réservation de la SNCF. Vous pouvez y aller sans crainte et essayer. Tant que vous ne validez pas explicitement une commande, rien ne sera enregistré : tout disparaîtra quand vous fermerez votre navigateur.

Pour aller sur ce site, tapez `voyage sncf` dans la zone de saisie de votre navigateur et vous devriez y arriver. Ne soyez pas surpris si la présentation a changé et est différente des photos. Vous devriez cependant retrouver les mêmes types d'objets de saisie d'information.

◆ Les liens : pour voyager

Les liens, vous les avez découverts lors de votre première navigation. C'est la commande de prédilection pour naviguer sur Internet : vous en rencontrerez beaucoup d'autres et vous verrez qu'ils ne se limitent pas à Internet.

D'un point de vue pratique, vous avez vu qu'un lien, ça n'a rien d'effrayant, c'est même très attachant. Quand vous baladez le pointeur dessus, celui-ci se transforme en une petite main. C'est d'ailleurs ça qui vous permet d'identifier, sans risque d'erreur, un lien. Ensuite, quand vous cliquez sur le lien, vous traversez en un éclair l'espace virtuel, comme sur un tapis volant, et voyez une autre page s'afficher dans votre fenêtre. Et c'est tout.

Un lien peut se cacher derrière un texte. Celui-ci est alors, le plus souvent, écrit en bleu et souligné ; c'est un bon indice. Mais la seule indication infaillible, c'est la forme du pointeur : une petite main avec l'index pointé.

Un lien dans du texte

Un lien peut aussi se cacher derrière une image, une photo. Là encore, c'est la petite main qui vous indique qu'il y a quelque chose à voir.

Un lien dans une image

Le lien, vous le voyez, est un outil de vagabondage très puissant. Vous risquez parfois de vous perdre. N'oubliez pas, cependant, qu'il existe un antidote : le bouton en forme de petite flèche vers la gauche, qui vous permet de réafficher les pages en marche arrière.

ALLONS PLUS LOIN

Pour faire le lien

D'un point de vue plus formel, un lien c'est tout simplement une référence à un autre endroit d'un document, ou à un autre document.

Si, par exemple, on veut vous rappeler que dans ce livre, c'est dans la section ***Le cœur de l'ordinateur*** qu'on vous a présenté Eugène, on écrira quelque chose comme « Pour une présentation d'Eugène, voyez la section ***Le cœur de l'ordinateur*** ». Et il ne vous restera plus qu'à tourner les pages pour retrouver ce fameux passage.

Un lien, dans un document informatique, c'est exactement la même chose, à la différence près que c'est Eugène qui cherche, qui tourne les pages et qui vous affiche le paragraphe référencé ; c'est quand même mieux, non ?

◆ Les icônes : pour identifier les objets

Vous avez déjà rencontré plusieurs fois des icônes : c'est en cliquant sur une icône que vous avez affiché le menu **Démarrer** ; c'est en cliquant sur une autre que vous avez demandé à Eugène de revêtir son bel habit de navigateur. Vous avez également vu sur le Bureau les icônes symbolisant des outils et des documents.

En fait, une icône, comme l'étymologie de son nom l'indique, est simplement une image. Et cette image est dessinée sur un objet pour l'identifier. Ainsi l'icône *Internet Explorer* symbolise un outil, en l'occurrence le navigateur Internet, tandis que l'icône du drapeau à damier symbolise le bouton de démarrage.

Retenez donc qu'une icône n'est qu'une image et que ses propriétés sont celles de l'objet qu'elle représente.

4.

Démarrez des activités, ouvrez des fenêtres et utilisez des documents

Dans ce chapitre, vous allez vous familiariser avec les applications, les fenêtres et les documents et découvrir les relations très étroites qui les lient.

Les applications sont le support de toutes vos activités. Vous apprendrez comment les lancer et comment Eugène joue un rôle différent dans chacune d'elles.

La fenêtre est le théâtre où se déroule une application. Vous apprendrez à identifier ses composants : bordures, barre de titre et espace de travail. Puis vous vous exercerez à déplacer et redimensionner des fenêtres sur votre Bureau.

Vous verrez ensuite comment les applications utilisent les fenêtres, comment Eugène peut se cloner pour que vous utilisiez la même application dans plusieurs fenêtres, comment plusieurs fenêtres s'entassent sur votre Bureau. Vous découvrirez aussi les petites fenêtres appelées « boîtes de dialogue » qu'Eugène utilise pour vous demander votre avis. Vous passerez ensuite en revue la barre des menus qui regroupe les boutons d'action des applications.

Les documents sont la source et le résultat de vos activités. Vous allez comprendre pourquoi ils ne sont pas éternels tant qu'ils résident dans la mémoire vive de votre ordinateur et qu'ils doivent être enregistrés. Et vous finirez par créer, enregistrer, relire et modifier un petit poème.

4.1. Les applications

Lors de la recherche de la recette de l'omelette norvégienne, vous avez cliqué sur l'icône *Internet Explorer* pour lancer le programme associé et démarrer ainsi votre navigation sur Internet. Mais votre ordinateur vous permet de réaliser bien d'autres activités. Son processeur, le génie Eugène, ne sait, bien sûr, qu'exécuter les instructions qui lui sont soumises. Toutefois, si vous lui fournissez les programmes idoines, il deviendra à votre guise, écrivain, photographe, musicien ou autre.

◆ Le support de vos activités

Dans votre ordinateur, il y a des centaines de programmes. Une grande partie sert simplement à le faire fonctionner, par exemple en affichant le Bureau sur votre écran ou en dessinant le pointeur au bon endroit selon les mouvements de la souris. Ces programmes, bien qu'indispensables, ne vous concernent pas directement.

Ce sont ceux qui vous permettent de démarrer les activités correspondant à vos propres centres d'intérêt qui vous intéressent particulièrement : on les appelle des *applications*.

Pratiquement, vous pouvez vous représenter une application comme un ensemble de programmes et d'informations mettant à votre disposition tous les instruments nécessaires à la réalisation d'une tâche dans un domaine d'activités déterminé. Et quand vous ouvrez ou lancez une application, vous dites simplement à Eugène de sortir tout son barda pour être prêt à réaliser vos demandes dans ce domaine d'activités.

Chaque application est identifiable par son nom, par exemple Internet Explorer, Word, Acrobat Reader ou Bloc-notes, auquel est associée une icône, une sorte de logo qui permet de l'identifier visuellement très facilement.

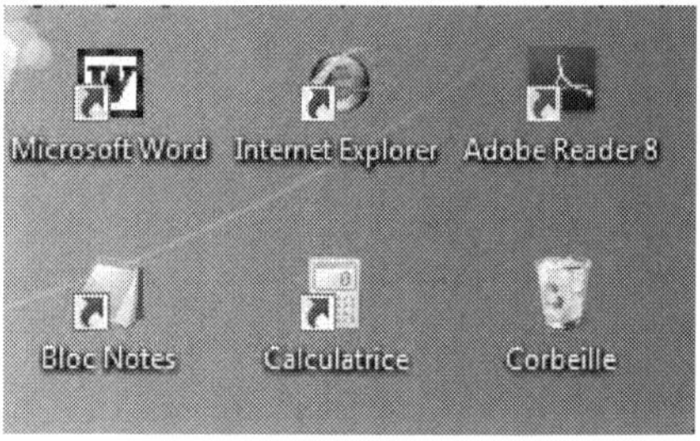

Quelques applications représentées par leurs icônes

REMARQUE

Applications, programmes, logiciels, etc.

Vous pouvez très bien, pour ne pas vous compliquer la vie, faire comme si les termes ***application***, ***programme***, ***logiciel*** et ***software*** étaient synonymes !

Si, par contre, vous êtes un puriste de la langue, sachez que ce n'est pas tout à fait vrai. Ce qu'on appelle une application est plus précisément un ***logiciel applicatif***. Si vous voulez vraiment en savoir plus, soumettez ces termes à votre moteur de recherche de prédilection pour découvrir les différences qu'il y a entre eux, en vous limitant au domaine de l'informatique.

◆ Lancez une application

Comment lancer une application ? Puisque vous avez su lancer le navigateur Internet, vous savez lancer une application ! Rappelez-vous différentes manières de le faire : double clic sur une icône du Bureau symbolisant votre application, clic sur une icône épinglée de la barre des tâches ou clic sur le bouton **Démarrer** et tout ce qui s'ensuit.

Pour vous rafraîchir la mémoire, essayez donc de lancer l'application qui s'appelle Bloc-notes. C'est un petit outil de traitement de texte, très simple, qui nous servira plus tard. On vous donne juste les repères du chemin : bouton **Démarrer**, **Tous les programmes**, **Accessoires** et finalement **Bloc-notes**. Vous y êtes arrivé. Formidable ! Cliquez maintenant sur la petite croix, en haut, à droite, pour fermer !

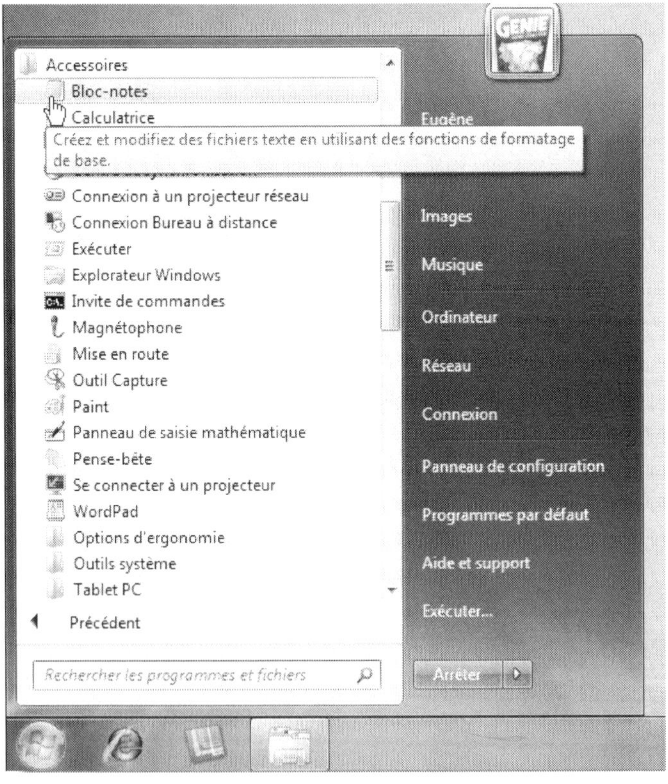

Lancez une application depuis le menu Démarrer

Le raccourci pour mettre une application sur le Bureau

Vous savez lancer une application à partir du bouton **Démarrer**, ainsi qu'en faisant un double clic sur une icône du Bureau qui la représente. Cette deuxième méthode vous paraît sans doute plus facile, et vous la privilégierez pour les applications que vous lancez souvent. Mais, si elle n'y est pas déjà, comment faire pour mettre une icône de votre application préférée sur le Bureau ? Rien de plus simple. Vous pourriez presque le trouver tout seul.

Supposons que ce soit la Calculatrice que vous souhaitez avoir à portée de clic. Elle se trouve dans les Accessoires, tout comme le Bloc-notes que vous avez déjà lancé : vous savez donc la lancer à partir du bouton **Démarrer**.

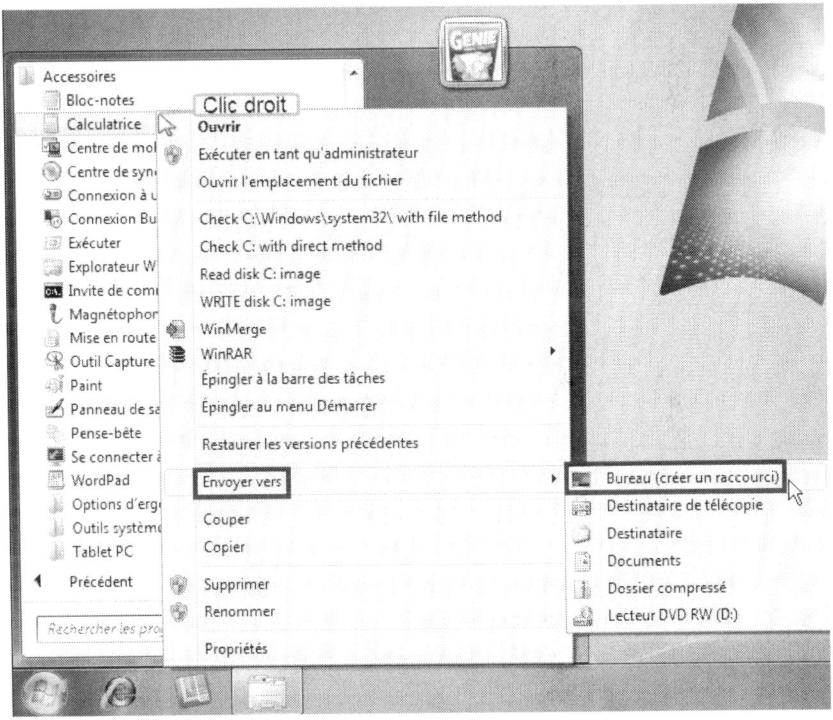

Créez un raccourci pour lancer une application depuis le Bureau

Commencez donc comme si vous vouliez la lancer, mais au lieu de faire un clic gauche sur le bouton **Calculatrice** que vous avez fait apparaître, demandez le menu par un clic droit. Le menu contextuel qui vous est apporté vous propose, entre autres choix, **Envoyer vers**, qui, lui-même, vous présente un sous-menu où vous voyez **Bureau (créer un raccourci)**. Rien de bien nouveau, si ce n'est qu'il faut avoir l'audace de descendre au fin fond de tous ces menus et sous-menus. Cliquez donc sur ce dernier bouton et vous découvririez avec ravissement sur votre Bureau une icône de la Calculatrice qui est désormais à portée de votre main.

ALLONS PLUS LOIN

En empruntant un raccourci

L'icône, que l'on appelle un ***raccourci***, n'est pas une copie de l'application (dans l'exemple, la Calculatrice). Imaginez-la plutôt comme une sorte de ***lien*** : c'est comme un petit calepin dans lequel Eugène a noté la référence de l'application (le programme Calculatrice). Et quand vous double-cliquez sur l'icône, Eugène va directement chercher l'application et la lance.

Vous pouvez donc toujours supprimer un raccourci dont vous n'avez pas besoin, sans aucun risque pour l'application.

◆ Les costumes d'Eugène

Le génie Eugène qui nous accompagne dans nos pérégrinations informatiques est, vous vous le rappelez, l'image que nous avons utilisée pour évoquer simplement le processeur de votre ordinateur, son *moteur*. Et comme il n'y a qu'un processeur dans votre ordinateur, il y a un seul Eugène, et c'est lui qui fait tout.

ALLONS PLUS LOIN

Des ordinateurs multiprocesseurs

En réalité, dans les ordinateurs modernes, il y a plusieurs processeurs pour que ça aille plus vite. Mais vous pouvez très bien faire comme s'il n'y avait qu'un seul Eugène. Après tout, quand vous écoutez un orchestre, vous ne vous intéressez pas plus spécialement au joueur de triangle ou aux violonistes : imaginez-vous qu'Eugène est le chef d'orchestre.

Par contre, il peut revêtir des tenues variées, selon les rôles que vous voulez lui faire jouer : Eugène a revêtu sa belle tenue de navigateur et sorti son grand livre de navigation quand vous avez embarqué pour votre première navigation Internet à la recherche de la recette de l'omelette norvégienne ! Et là, ce n'était plus le génie à tout faire qui était à votre écoute, mais le navigateur au long cours, un peu comme un acteur, qui, dans une pièce de théâtre, joue plusieurs rôles : pour chaque personnage – chaque application – Eugène endosse un habit différent et choisit dans son répertoire, en l'occurrence sa grande bibliothèque, un texte différent et il devient un autre homme – pardon, un autre génie !

Maintenant que vous allez lancer des applications, il sera parfois utile de bien différencier les rôles d'Eugène. L'Eugène que vous connaissez, qui met tout en route au démarrage, qui ferme la boutique, qui s'occupe de la gestion de tout l'ordinateur, bref qui assure l'intendance, nous en aurons toujours besoin. Pour bien le reconnaître, nous l'appellerons Eugène le Régisseur. Nous éviterons ainsi de le confondre avec l'Eugène qui joue un rôle bien particulier dans une application : Eugène l'Acteur. Et quand il sera nécessaire de préciser le rôle qu'il joue, ce sera Eugène le Photographe, Eugène l'Écrivain, Eugène le Calculateur, etc.

REMARQUE

Eugène a le don d'ubiquité

Si ça vous est difficile d'imaginer que c'est Eugène qui joue tous ces rôles à la fois, vous pouvez très bien faire ***comme si*** c'étaient des personnages différents, ça ne change rien et c'est bien l'impression que ça donne. En effet, dès qu'il enfile un costume, Eugène se prend au jeu et vit complètement le rôle qu'il incarne au point d'en oublier tout le reste : Eugène l'Écrivain est nul en maths et Eugène le Photographe est incapable d'écrire une lettre.

Lorsque vous parlez à Eugène, en cliquant ou en tapant des caractères au clavier, vous vous adressez à l'un ou l'autre des personnages qu'il incarne, selon l'endroit où se situe le pointeur ou le point d'insertion.

4.2. Les fenêtres

Rappelez-vous encore une fois votre première navigation dans votre quête de la recette de l'omelette norvégienne. Vous avez lancé le logiciel *Internet Explorer* à partir du menu **Démarrer** et à ce moment-là tout a changé : le Bureau et ses icônes ont disparu. À la place est apparu un écran avec plein de textes ou de dessins, comme une affiche publicitaire, et même avec de vraies pubs. C'est alors Eugène, dans le rôle d'Eugène le Régisseur, qui a d'abord changé le décor et affiché le cadre dans lequel vous alliez naviguer. Ce cadre, qui va être comme une toile de fond pour votre activité, s'appelle une fenêtre.

◆ Le cadre de l'application

Remarquez qu'une fenêtre n'existe que comme support d'une application : quand vous ouvrez une application, Eugène le Régisseur crée une nouvelle fenêtre et y installe le décor et les instruments – boutons, menus, icônes – nécessaires pour le rôle qu'il va y jouer. Vous ne le verrez jamais créer une fenêtre et la laisser vide, ouverte sur rien.

Quand vous lancez un programme, la fenêtre qui s'affiche au début joue un peu le même rôle que le Bureau qui s'est affiché quand vous avez allumé votre ordinateur : votre Bureau vous permet d'avoir accès à toutes les possibilités de votre ordinateur, par l'intermédiaire d'Eugène le Régisseur, tandis que la fenêtre de votre programme vous permet d'avoir accès à toutes ses possibilités, par l'intermédiaire d'Eugène l'Acteur, dans son rôle propre à votre application.

ALLONS PLUS LOIN

Eugène aux multiples visages

Vous avez compris qu'Eugène peut vous apparaître – c'est banal pour un génie – sous toutes les formes nécessaires à vos activités.

Sur le Bureau, c'est Eugène le Régisseur.

Vous connaissez déjà un peu Eugène le Navigateur. Dans chaque fenêtre, toujours associée à une application, c'est un nouveau visage d'Eugène que vous découvrirez. Chacun, spécialiste de son domaine, vous apportera ses outils, sa façon de travailler et de se présenter.

Tous ces avatars d'Eugène cohabitent bien sûr dans votre ordinateur, mais c'est toujours à un seul à la fois que vous vous adressez : celui qui ***fait marcher*** l'objet sur lequel vous agissez.

VAGABONDAGE

Vue d'une fenêtre de mon bureau

Une petite fenêtre sur le Bureau, ça donne vraiment l'impression d'une vraie fenêtre.

Vue de ma fenêtre

Surtout si dans la fenêtre, vous affichez un tableau de Magritte : ***La condition humaine***.
Eugène en aurait-il perdu la boule ?

◆ L'ossature de la fenêtre

Quelle que soit l'application qu'elles abritent, les fenêtres partagent un certain nombre de caractéristiques communes.

Pour les découvrir, ouvrez l'application Bloc-notes. C'est une des plus simples. Elle vous permettra de voir facilement la structure de base d'une fenêtre que vous retrouverez toujours, même dans des fenêtres plus richement décorées.

Le cadre

C'est l'espace qui entoure la fenêtre et qui la sépare du Bureau ou de toute autre fenêtre qui se trouve *derrière*. Ce cadre est très étroit (2 ou 3 pixels) : c'est la frontière entre l'intérieur et l'extérieur de la fenêtre, sa bordure. Quand le pointeur la franchit, Eugène change de rôle : s'il était Eugène le Régisseur, il devient Eugène l'Acteur et inversement. C'est également sur cette frontière que vous pouvez agir pour modifier la taille de la fenêtre, comme vous le verrez plus loin.

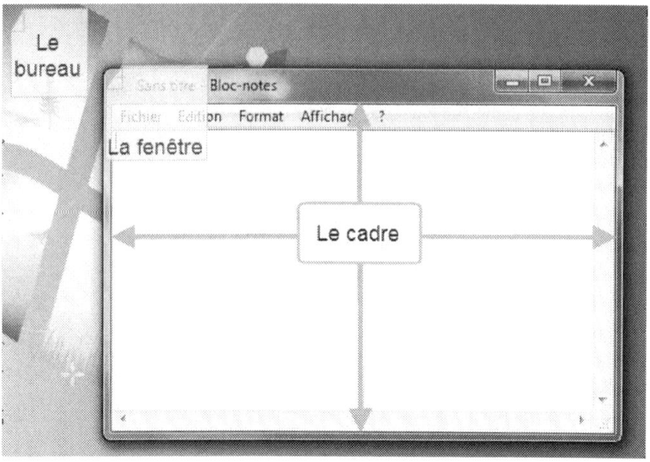

Une fenêtre sur le Bureau, avec son cadre ...

REMARQUE

Il est un cas particulier où vous pourrez avoir l'impression que le cadre n'existe pas : c'est lorsque votre fenêtre occupe tout l'écran. Le pointeur ne peut pas sortir de l'écran et est enfermé dans la fenêtre : le cadre autour de la fenêtre est alors inutile.

La barre de titre

Tout en haut de la fenêtre, le cadre est plus épais. Cette zone qui contient une petite icône, un texte et, tout à fait à droite, les trois petits boutons que vous connaissez, c'est la barre de titre, ainsi nommée parce que le texte décrit le contenu de la fenêtre, comme le titre d'un livre.

La petite icône représente l'application qui s'exécute dans la fenêtre. Dans la fenêtre *Bloc-notes*, on voit un petit calepin. Cette petite icône illustre le rôle particulier que joue Eugène l'Acteur : le petit calepin suggère son rôle d'écrivain.

... sa barre de titre ...

Le texte à droite de la petite icône – le titre de la fenêtre – indique d'abord le nom du document sur lequel vous travaillez et ensuite le nom de l'application que vous utilisez. L'application, vous connaissez ; dans notre exemple, c'est *Bloc-notes*. Le document, c'est l'objet sur lequel vous travaillez ; nous en reparlerons. Dans l'exemple, le document s'appelle *Sans titre*. Comme vous ne lui avez pas encore donné de nom, c'est Eugène qui l'a choisi. (Il n'a pas fait preuve de beaucoup d'imagination. Il aurait pu tout aussi bien l'appeler « Sans tambour ni trompette », mais Sacha Guitry en avait déjà eu l'idée !)

Quant aux trois petits boutons, vous avez déjà utilisé le plus à droite, et vous découvrirez bientôt à quoi servent les deux autres.

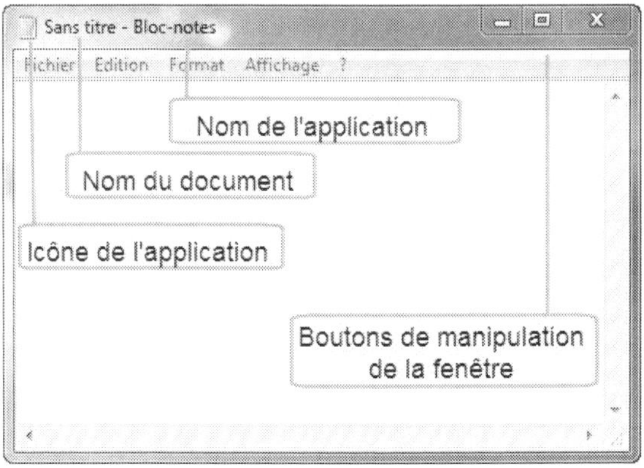

... le contenu de sa barre de titre ...

L'espace de travail

C'est tout l'espace, à l'intérieur du cadre. C'est dans cet espace que vous pouvez faire faire à l'application ce qui vous intéresse vraiment. Le contenu de l'espace de travail dépend énormément de l'application que vous avez lancée. Dans le Bloc-notes, c'est simplement une grande zone de saisie de texte ; dans la Calculatrice, ce sont les boutons des chiffres et des opérations ainsi que la fenêtre d'affichage ; dans un navigateur, ça peut être un bric-à-brac indescriptible venant du monde entier.

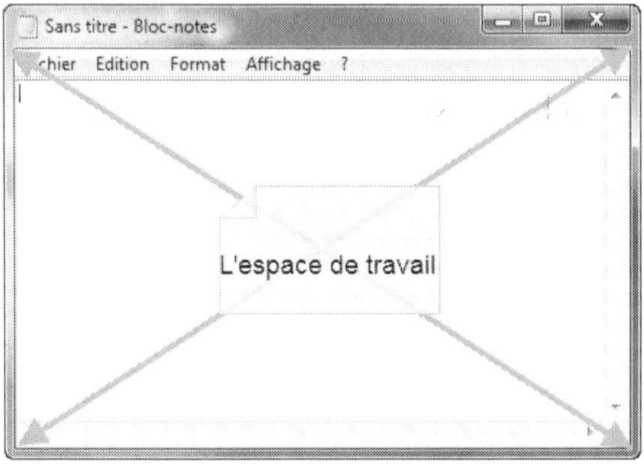

... et finalement votre espace de travail

◆ Les manipulations des fenêtres

Vous savez déjà déplacer une icône sur le Bureau. Vous allez aussi pouvoir déplacer des fenêtres, en utilisant, dans un contexte un peu plus compliqué, les mêmes moyens. Et vous allez aussi apprendre d'autres manipulations relatives aux fenêtres.

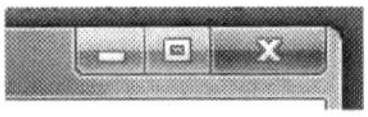

La majeure partie de ces manipulations se font à partir des trois boutons de manipulation de la fenêtre, à droite de la barre de titre.

Vous pouvez aussi faire les manipulations des fenêtres à partir du menu contextuel associé à la barre de titre.

Fermer une fenêtre

Vous savez déjà faire. C'est le bouton de droite, celui avec une petite croix, qui commande l'opération. Cliquer sur ce bouton ferme l'application. Eugène l'Acteur efface toutes les ardoises magiques et referme tous les grands livres qu'il a utilisés pour cette application. Puis il se retire dans sa loge pour ranger sa tenue et faire disparaître toute trace de la fenêtre.

Si, plus tard, vous voulez vous servir à nouveau de l'application, il faudra la relancer.

Réduire une fenêtre

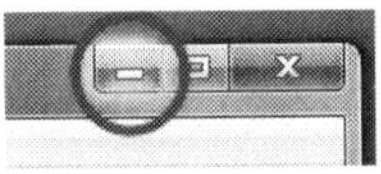

C'est le bouton de gauche, celui avec une petite barre, en bas, qui commande l'opération. Cliquer sur ce bouton réduit l'application à sa plus simple expression, c'est-à-dire un gros bouton, avec dessus l'icône de l'application, dans la zone des tâches actives de la barre des tâches.

Si, plus tard, vous voulez vous servir à nouveau de l'application, vous n'aurez pas besoin de la relancer, puisque Eugène l'Acteur est toujours là, tapi dans la zone des tâches actives, prêt à continuer son travail, exactement là où vous l'avez laissé.

Oui, mais comment le lui dire, à Eugène l'Acteur, qu'il doit reprendre son travail puisque sa fenêtre n'est plus là ? C'est tout simple. L'icône dans la zone des tâches actives est un bouton : cliquez simplement dessus et la fenêtre se réaffiche exactement à l'endroit et dans l'état où vous l'aviez laissée. C'est comme s'il ne s'était rien passé.

Redimensionner une fenêtre

C'est le bouton du milieu qui commande l'opération. Ce qui est dessiné dessus peut changer. Il peut y avoir un seul rectangle, ou deux superposés. Pourquoi cela ? Vous allez vite comprendre. Quand vous avez lancé *Internet Explorer*, la fenêtre dans laquelle vous avez travaillé a vraisemblablement rempli tout votre écran. Elle a alors sa taille maximale : celle de votre Bureau qui, lui, occupe tout votre écran. C'est très pratique car vous disposez alors du maximum d'espace pour travailler. Mais vous pourriez aussi avoir envie de garder quand même visible une partie de votre Bureau, avec les icônes qui sont dessus. Pour cela, il vous faudrait pouvoir changer la taille de votre fenêtre, et aussi, pourquoi pas, sa place sur le Bureau. C'est à cela que sert le bouton **Redimensionner**.

Maximiser la taille d'une fenêtre

Quand vous avez lancé l'application Bloc-notes, la fenêtre qui s'est affichée n'occupait qu'une partie du Bureau. Le bouton **Redimensionner** affiche alors un seul rectangle vous suggérant qu'en cliquant dessus vous ne verrez plus qu'une seule fenêtre qui occupera tout l'espace disponible sur le Bureau. Faites-le. C'est effectivement ce qui se passe : la fenêtre est redessinée et elle occupe tout l'écran. Vous ne voyez plus le Bureau.

REMARQUE

La barre des tâches reste généralement visible quand une fenêtre est maximisée. Il est néanmoins possible de la masquer en la personnalisant.

Ajuster la taille d'une fenêtre

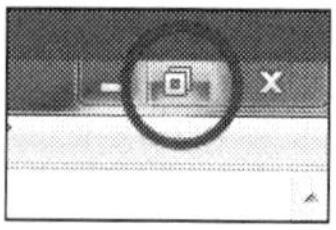

Quand une fenêtre est maximisée, vous ne pouvez rien changer, ni sa taille, ni sa position puisqu'elle occupe tout l'espace disponible sur l'écran. Le bouton **Redimensionner** affiche alors deux rectangles superposés, vous suggérant qu'en cliquant dessus, vous pourrez voir plusieurs fenêtres.

Cliquez donc. Que voyez-vous ? La fenêtre est redessinée, elle est plus petite, comme posée sur le Bureau que vous voyez maintenant tout autour du cadre de la fenêtre. Et le bouton **Redimensionner** affiche maintenant un seul rectangle : vous êtes revenu à la situation de départ, mais vous n'avez pas encore fait le tour de la question.

En effet, vous auriez peut-être préféré une fenêtre qui, sans tout envahir, soit un peu plus grande. Il ne tient qu'à vous de l'ajuster comme il vous convient car maintenant, votre fenêtre est taillable et malléable à merci. Comment ? C'est très simple.

Déplacez lentement le pointeur sur le cadre de la fenêtre, juste au bord. Il change alors de forme pour devenir une flèche double, orientée horizontalement, verticalement ou en diagonale, selon que vous survolez un bord vertical, horizontal ou un coin. Il vous suffit alors de faire un cliquer-glisser, dont vous êtes certainement maintenant devenu virtuose, et le côté ou le coin de la fenêtre se déplace, le côté ou le coin opposé restant lui parfaitement fixe. Le résultat, c'est que la largeur, la hauteur ou les deux dimensions à la fois changent. Vous avez réussi à modifier la taille de votre fenêtre. Bravo ! Vous pouvez recommencer l'opération à volonté, et donner à votre fenêtre les proportions souhaitées. Elle restera toutefois toujours rectangulaire, vous vous en doutiez !

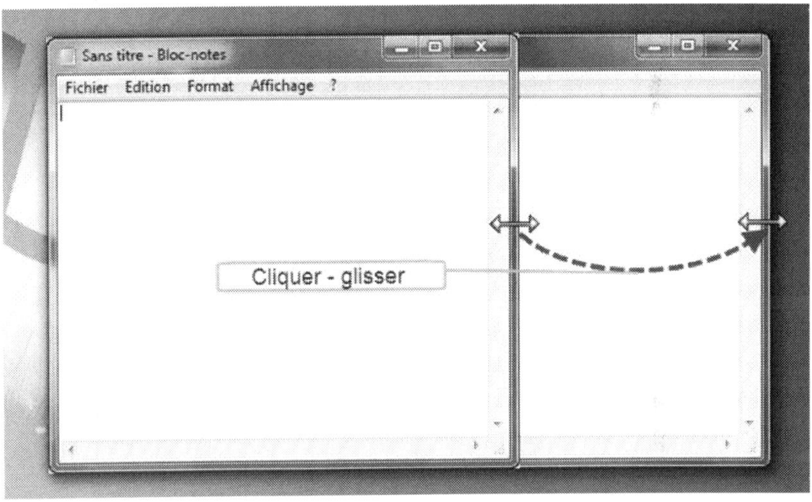

Élargissez une fenêtre par cliquer-glisser

Déplacer une fenêtre

Votre fenêtre étant maintenant de la taille qui vous convient, vous souhaiteriez la déplacer un peu, car elle est justement sur le coin de Bureau que vous voudriez voir. Là aussi, c'est très simple. Placez le pointeur dans la barre de titre. Exécutez encore une fois un de ces fameux cliquer-glisser et la fenêtre, comme collée au pointeur, se déplace avec lui. Vous pouvez la déposer où bon vous semble.

Déplacer une fenêtre : départ

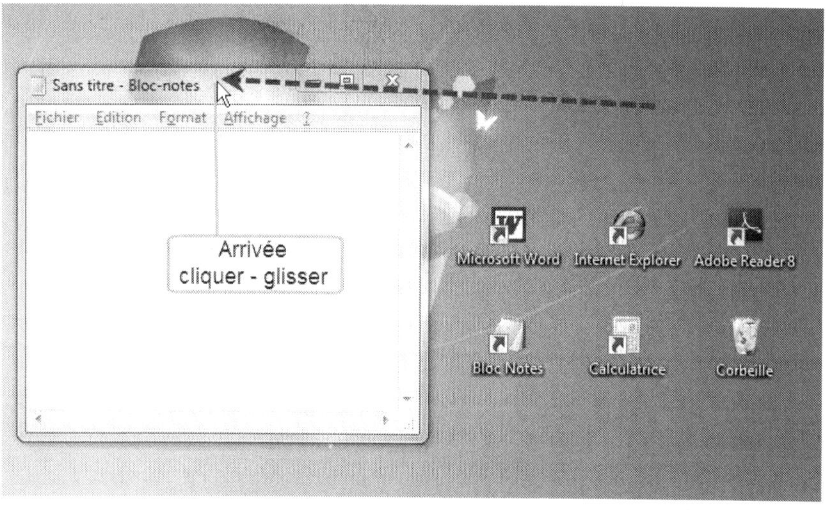

Déplacer une fenêtre : arrivée

VAGABONDAGE

Une fenêtre est sortie du Bureau

En déplaçant ainsi une fenêtre, vous pouvez même la faire partiellement ***sortir*** du Bureau. Placez, par exemple, le pointeur très à gauche de la barre de titre, et faites un cliquer-glisser vers la droite. La partie droite de la fenêtre va finir par ***déborder*** du Bureau, donc de l'écran. Vous ne la voyez plus. Le mouvement ne s'arrêtera que lorsque le pointeur sera au

VAGABONDAGE

bord du Bureau, car lui ne peut pas s'en échapper. Ce n'est pas grave : le fidèle Eugène le Régisseur a tout noté sur ses ardoises magiques et il n'aura aucun mal à tout réafficher quand vous referez glisser la fenêtre au beau milieu du Bureau. Prenez garde, cependant : en faisant cette manœuvre, vous avez fait disparaître les trois petits boutons de manipulation qui sont, eux aussi, sortis du Bureau. Pour pouvoir les utiliser à nouveau, il faudra ramener la fenêtre sur le Bureau.

Une fenêtre est sortie du Bureau

4.3. Les applications dans les fenêtres

Vous vous rappelez qu'une application, c'est l'ensemble des instruments pour réaliser, dans un domaine d'activités précis, le travail qui vous intéresse vraiment, comme écrire une lettre, envoyer un message, ou afficher des photos. Une fenêtre est le cadre dans lequel se déroulent les activités. Vous allez comprendre comment tout cela s'organise.

◆ Une application dans une fenêtre

Au cœur d'une application, il y a toujours un programme qui a été enregistré sur votre ordinateur. C'est comme un grand livre rangé dans la grande bibliothèque d'Eugène et où sont consignés tous les ordres qu'il doit exécuter pour satisfaire vos désirs. L'application contient également diverses informations comme des images et des textes qui seront affichés sur votre écran selon les actions que vous déclencherez.

Le programme qu'Eugène exécute quand vous lancez une application, c'est une petite pièce de théâtre qui se joue dans un cadre bien précis sur votre Bureau : une fenêtre. Et c'est vous qui dirigez la représentation en cliquant sur des boutons, en déplaçant des objets sur la scène et en tapant du texte.

Une fenêtre et une application sont si étroitement imbriquées que, lorsque vous lancez une application, vous créez une fenêtre (le théâtre où se joue la pièce), et lorsque vous fermez une fenêtre, vous fermez l'application associée (on range le décor et les accessoires, on baisse le rideau et on démolit même tout le théâtre !).

À RETENIR

Application et fenêtre

Une application est un ensemble de programmes et d'informations permettant la réalisation d'une activité.
La fenêtre est le théâtre où se déroule cette activité.

◆ La même application dans plusieurs fenêtres

Vous avez déjà créé sur votre Bureau un raccourci vers la Calculatrice. Vous allez maintenant l'utiliser. Double-cliquez donc sur l'icône correspondante. Que se passe-t-il ?

Une fenêtre s'ouvre où s'affiche une calculette, avec, à votre disposition, Eugène le Calculateur qui effectuera à votre demande les calculs les plus compliqués, par exemple 27 × 37.

REMARQUE

Quand la calculette s'affiche sur votre Bureau, vous pouvez faire votre calcul en cliquant sur les boutons (**2 7 * 3 7 =**). Les chiffres, les opérateurs ou les résultats sont aussitôt visibles dans la zone d'affichage.
Vous pouvez aussi taper directement sur votre clavier (2 7 * 3 7 =) : ça fait la même chose.

Le jeu vous plaît ! Sans fermer l'application Calculatrice que vous venez de lancer, refaites un double clic sur l'icône *Calculatrice*.

Aucune surprise ! Comme vous le constatez, il se passe exactement la même chose.

Une fenêtre s'ouvre où s'affiche une calculette, avec, à votre disposition, Eugène le Calculateur qui effectuera à votre demande les calculs les plus compliqués, par exemple 7 × 11 × 13.

Vous ne rêvez pas. Eugène qui sait se mettre à votre service sous les aspects les plus divers, capitaine au long cours, calculateur, écrivain public, etc. sait aussi se cloner à volonté.

REMARQUE

Dans chaque fenêtre, vous avez accès aux services d'Eugène le Calculateur, mais chacune des deux fenêtres est totalement indépendante de l'autre. Rien de ce qui se fait dans l'une n'a d'influence sur ce qui se passe dans l'autre.

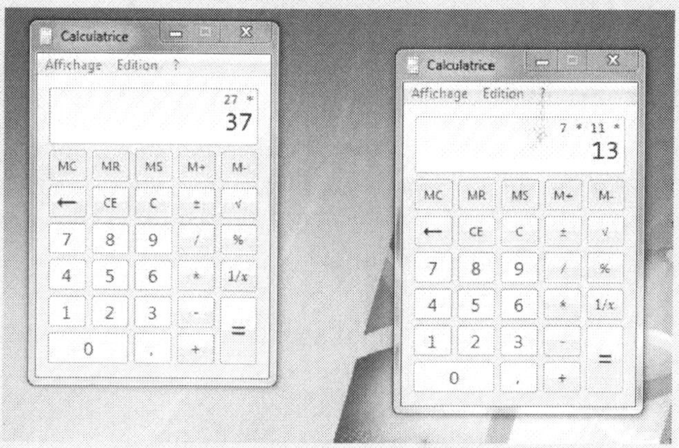

Une seule application ouverte dans deux fenêtres

REMARQUE

Si ces notions sont tout à fait nouvelles pour vous, prenez le temps de faire encore quelques manipulations pour bien les approfondir. Ce n'est pas que vous ayez nécessairement à les utiliser avec virtuosité, mais les avoir expérimentées dans un contexte simple vous permettra sans doute de mieux les comprendre et pourra vous aider à trouver comment vous sortir de situations qui, autrement, vous sembleraient déconcertantes.
Il n'est pas rare, en effet, de se retrouver sans y avoir pris garde avec la même application ouverte en de multiples exemplaires et il arrive qu'on s'y perde !

> **Des fenêtres les unes sur les autres**
> Quand vous ouvrez plusieurs fois la même application, Eugène le Régisseur place généralement les fenêtres à des endroits légèrement différents sur le Bureau. Vous les voyez tout de suite.
> Quelquefois, cependant, il joue les facétieux et les ouvre toutes au même endroit, au pixel près, à tel point que vous pourriez croire qu'il n'a rien fait. Dans ce cas, il vous suffit de déplacer légèrement la fenêtre du dessus et vous voyez apparaître la précédente, juste en dessous.
> Vous pouvez aussi regarder la barre des tâches, où un nouveau bouton correspondant à la nouvelle fenêtre a été créé. S'il n'est pas très visible, désignez avec le pointeur l'icône de l'application et il apparaîtra.
> Vous pouvez essayer avec la Calculatrice ou le Bloc-notes que vous connaissez bien maintenant.

◆ Une seule fenêtre active sur le Bureau

Sans fermer vos deux calculatrices, ouvrez maintenant l'application Bloc-notes. (Vous pouvez le faire à votre guise, par le menu **Démarrer**, ou bien créer un raccourci Bloc-notes sur votre Bureau.) Pour faire joli, tapez dans l'espace de travail un petit texte, par exemple : `Recette de l'omelette norvégienne`. Vous devriez obtenir quelque chose qui ressemble à l'illustration.

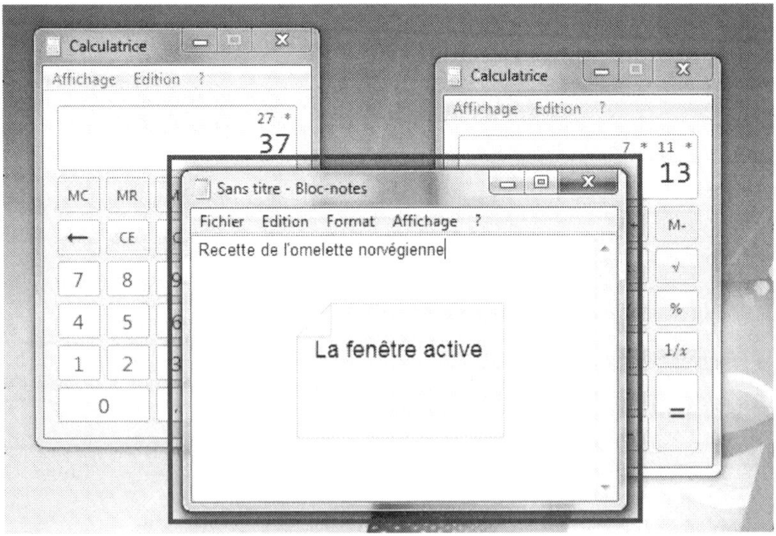

Remarquez qu'une fenêtre est dessinée en entier, comme si elle était devant toutes les autres, qui ne sont visibles que partiellement ou peuvent même être complètement cachées. La fenêtre entière qui occupe le devant de la scène est la fenêtre dite *active*. C'est à l'application associée à cette fenêtre que votre clavier est relié.

Si maintenant vous voulez faire un calcul, alors que c'est toujours la fenêtre *Bloc-notes* où travaille Eugène l'Écrivain qui est active, les chiffres et les symboles mathématiques que vous taperez s'afficheront les uns derrière les autres, comme un texte, dans la fenêtre *Bloc-notes*, mais aucun calcul ne sera effectué, car Eugène l'Écrivain est nul en maths.

Pour faire votre calcul, vous devrez d'abord activer une fenêtre *Calculatrice* où travaille Eugène le Calculateur, par exemple, celle de droite : c'est maintenant là que s'afficheront les chiffres et les symboles mathématiques que vous taperez, ainsi que les résultats de vos calculs. Cliquez dans une zone neutre de la fenêtre, ou sur le bouton la représentant dans la barre des tâches : elle devient alors la fenêtre active et passe au premier plan.

Les fenêtres inactives affichent généralement des couleurs plus ternes dans leur barre de titre. Les icônes des applications dans la barre des tâches signalent, par un effet de mise en valeur (couleur, relief ou autre), la fenêtre active.

Entraînez-vous à manipuler les trois fenêtres que vous avez créées, à les activer, à les réduire, à les déplacer, à y taper du texte, à y faire des calculs, à cliquer sur les boutons, bref à faire tout ce que vous venez de découvrir, jusqu'à ce que ça vous paraisse familier et *évident*.

REMARQUE

Attention à ce petit détail qui risque de vous surprendre. Supposez que la fenêtre dans laquelle vous avez écrit `Recette de l'omelette norvégienne` soit active et que vous cliquiez par inadvertance sur le Bureau. Elle restera bien sur le devant de la scène, mais cessera d'être active. Sa barre de titre prendra une couleur plus terne et, si vous tapez du texte, vous ne le verrez apparaître nulle part. Comme

REMARQUE

aucune fenêtre n'est active, c'est Eugène le Régisseur qui le reçoit, et comme il ne sait qu'en faire, il l'ignore tout simplement.

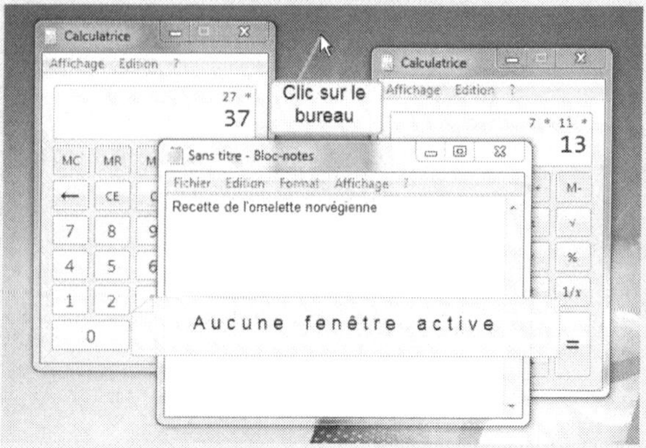

Toutes les fenêtres sont inactives

◆ Des fenêtres pour donner votre avis

Il existe un type de fenêtre un peu particulier que vous rencontrerez souvent. Pour en faire apparaître une de cette sorte, fermez simplement les trois fenêtres que vous avez ouvertes. Les deux calculettes se ferment sans problème. Par contre, si vous avez écrit, comme on vous le suggérait, un petit texte dans la fenêtre du Bloc-notes, Eugène l'Écrivain va afficher une petite fenêtre pour vous demander si vous souhaitez enregistrer les modifications. Comme vous ne savez pas encore très bien à quoi cela correspond, refusez poliment, en cliquant sur le bouton **Ne pas enregistrer**. Vous remarquerez qu'Eugène attend patiemment votre réponse avant de fermer boutique.

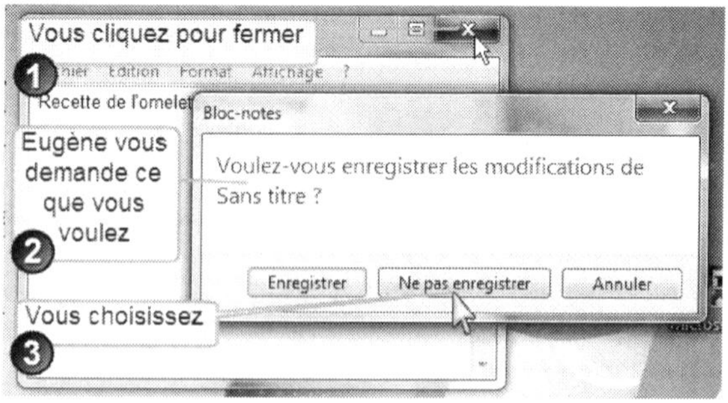

Une boîte de dialogue

La petite fenêtre avec les boutons qui s'est affichée s'appelle une *boîte de dialogue*. (On utilise aussi le terme *fenêtre de dialogue*, généralement quand les informations à fournir sont plus nombreuses.) C'est toujours par ce moyen qu'Eugène s'adresse à vous quand il ne sait pas quoi faire et a besoin que vous choisissiez. Tant que vous n'avez pas exprimé votre choix, vous ne pouvez plus rien faire dans l'application qui a ouvert la boîte de dialogue.

REMARQUE

La barre de titre d'une boîte de dialogue a un contenu réduit : le plus souvent seulement le nom de l'application ou de l'action en cours, le petit bouton **Fermer** et éventuellement un bouton d'aide **?**. La fenêtre encadrant une boîte de dialogue n'est généralement pas redimensionnable.

Une boîte de dialogue typique contient trois boutons. Les deux premiers permettent d'accepter ou de refuser une action (**Oui** ou **Non**). Le troisième permet d'**Annuler** simplement l'action qui a déclenché la demande d'Eugène. Fermer la boîte de dialogue équivaut à cliquer sur le bouton d'annulation.

À RETENIR

Les boîtes de dialogue

Il s'agit de petites fenêtres qu'Eugène ouvre pour vous demander de faire un choix.

Tant que vous n'avez pas décidé, vous ne pouvez plus rien faire dans l'application qui a ouvert la boîte de dialogue.

VAGABONDAGE

Un exemple de boîte de dialogue simple

Vous exprimez un souhait :

■ Génie Eugène, sers-moi, veux-tu, une omelette norvégienne.

Eugène vous demande des précisions :

■ J'ai l'omelette nature et l'omelette aux framboises. Veux-tu l'omelette aux framboises ?

- Dis-moi **Oui**.
- Ou dis-moi **Non**.
- Ou dis-moi **Annuler**.

Vous répondez **Oui** : Eugène vous sert l'omelette aux framboises.

Vous répondez **Non** : Eugène vous sert l'omelette nature.

Vous répondez **Annuler** : vous renoncez à votre souhait et Eugène ne vous sert rien du tout !

◆ Les applications meublent les fenêtres

À l'intérieur d'une fenêtre et de son cadre de base, Eugène l'Acteur plante un décor dépendant de l'application dans laquelle il joue son rôle. Il existe cependant des éléments de ce décor que vous retrouverez quasiment partout, mais avec des variantes. Vous allez découvrir la plupart d'entre eux dans la petite application Bloc-notes que vous allez ouvrir à nouveau.

La barre des menus

Juste sous la barre de titre, dans l'espace de travail, il y a une zone qui fait toute la largeur de la fenêtre et qui contient des boutons avec seulement un mot dessus. Vous pouvez vérifier que ce sont des boutons en y promenant le pointeur : leur aspect change légèrement et, si vous cliquez dessus, un menu s'affiche juste en dessous. On appelle donc cette zone la *barre des menus*.

REMARQUE

Barre des menus ou Ruban ?
Dans certaines applications, la barre des menus est remplacée par ce que l'on appelle le ***Ruban***. La présentation en est différente pour un même usage. Le Ruban est composé d'onglets situés sous la barre de titre et contenant les boutons que vous trouviez avant dans les menus.

Ces menus dépendent des applications et vous les découvrirez progressivement, avec celles que vous utiliserez. Ce sont, en quelque sorte, les panoplies d'outils qu'utilise Eugène l'Acteur, pour réaliser vos travaux : ils sont donc différents d'une application à l'autre, n'en soyez pas surpris. Chez Eugène l'Écrivain, vous trouverez des plumes, des parchemins, des encres de différentes couleurs, etc. tandis que chez Eugène le Peintre, vous trouverez des pinceaux, des peintures, des fusains, etc.

Notez toutefois qu'Eugène, quels que soient son costume et son rôle, doit assurer un peu d'intendance et opérer quelques tâches de base. Les outils pour les réaliser sont donc semblables d'une application à l'autre, malgré des différences de détail.

Ces cinq menus courants, correspondant aux outils généraux que l'on retrouve dans quasiment toutes les applications, vous allez les découvrir dans leurs grandes lignes.

REMARQUE

Ne soyez pas surpris des différences que vous pourrez constater d'une application à l'autre dans ces menus courants.
Ils n'apparaissent pas forcément tous dans chaque application.
Sous un même nom, ils ne contiennent pas exactement les mêmes commandes.
Des boutons de même nom déclenchent des actions légèrement différentes.
Vous compléterez la liste, si besoin !

VAGABONDAGE

Si vous ne voulez pas devenir marteau

Pour faciliter votre apprentissage, efforcez-vous d'être attentif aux similitudes plutôt qu'aux différences : vous aurez ainsi beaucoup moins à retenir.
Si, désireux de vous initier à la pratique du bricolage, vous cherchiez d'emblée à retenir toutes les variétés de scies et leur usage, l'égoïne, la sauteuse, la circulaire, la sterling dont on parle dans les livres, celle à déligner, à chantourner, à araser, sans parler de la musicale –, vous deviendriez vite marteau !
Il vaut mieux, pour commencer, simplement retenir qu'une scie sert à découper des matériaux. C'est dans cet esprit que les menus courants vous sont présentés.

Le menu Fichier

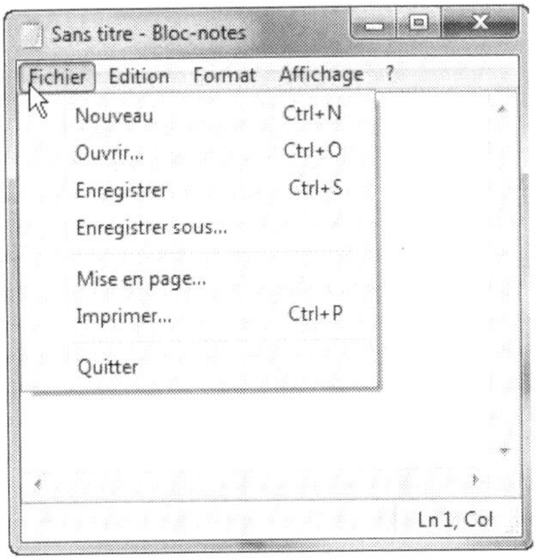

Ce menu est toujours situé le plus à gauche de la barre de menus. Il vous permet, entre autres, d'ouvrir des documents ou d'en créer de nouveaux, ainsi que de les enregistrer ou de les imprimer. Ne vous affolez pas. Vous allez bientôt découvrir et comprendre tout cela.

Vous y trouvez aussi, tout en bas de la liste, le bouton **Quitter**, qui joue exactement le même rôle que le bouton **Fermer** en haut, à droite de la fenêtre.

Le menu Edition

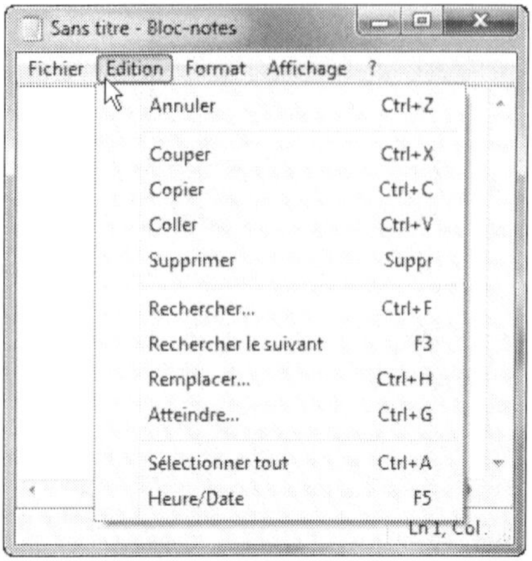

Ce menu, généralement juste à droite du menu **Fichier**, contient les boutons permettant d'exécuter le fameux *copier-coller*. Il offre également toutes les facilités de recherche. Vous découvrirez bientôt tout cela.

Le menu Affichage

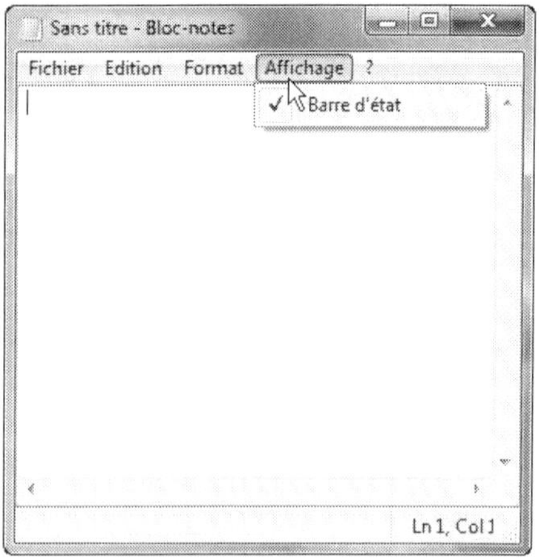

C'est un menu qui contient des boutons vous permettant de modifier l'apparence de la fenêtre de l'application, pour y afficher ou non les outils ou les instruments dont vous avez besoin. (Le Bloc-notes offre peu d'outils : son menu **Affichage** est donc très pauvre.) Cela vous évite de vous encombrer la vue et l'esprit de tas de choses momentanément inutiles.

C'est très utile quand vous cherchez un outil que vous ne voyez pas dans la fenêtre. En cherchant bien dans le menu **Affichage**, vous trouvez le plus souvent une solution.

Le menu Outils

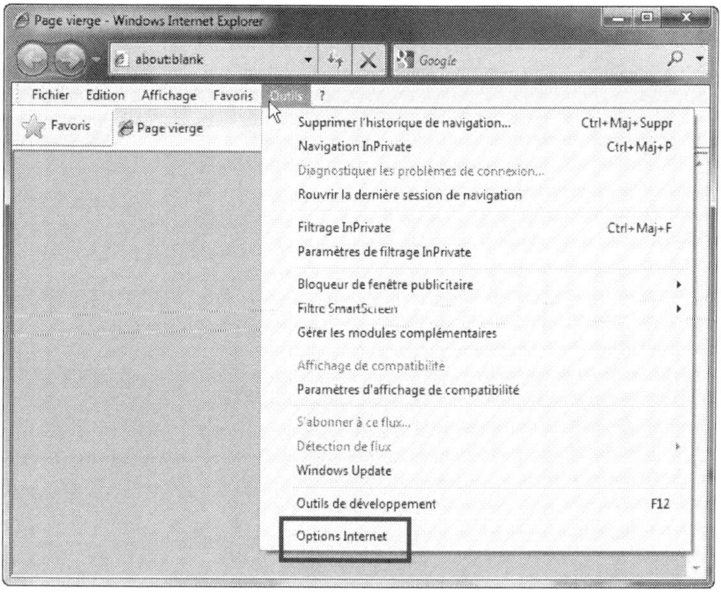

C'est un menu qui propose des outils spécifiques à l'application, par exemple un vérificateur d'orthographe dans un traitement de texte. Le menu **Outils** contient pratiquement toujours un bouton **Options** dans le bas de la liste, qui vous permet de faire des réglages fins sur la manière dont votre application se comporte. (Le Bloc-notes n'ayant pas de menu **Outils**, c'est celui du navigateur *Internet Explorer* qui est présenté.)

Le menu ?

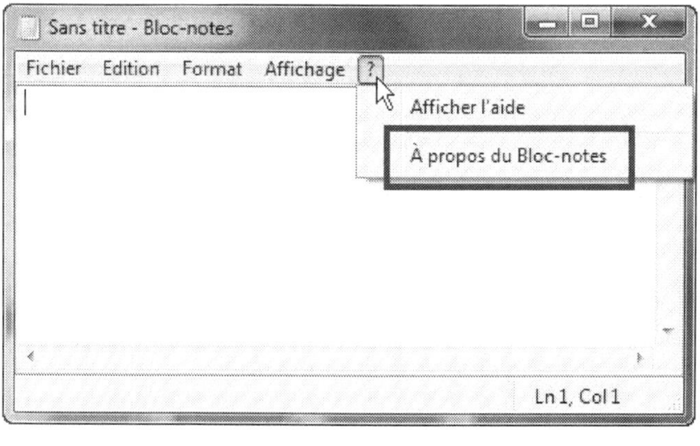

C'est le menu d'**Aide**. Il vous propose, en général, un mode d'emploi, plus ou moins compréhensible, de l'application que vous utilisez. Il offre aussi un bouton **À propos de...** qui vous donne des informations d'ordre général sur votre application, comme le numéro de version, ou le moyen d'obtenir des mises à jour sur Internet.

Les barres de défilement

Il y a un autre élément que vous pouvez retrouver sur toutes les fenêtres : ce sont les barres de défilement.

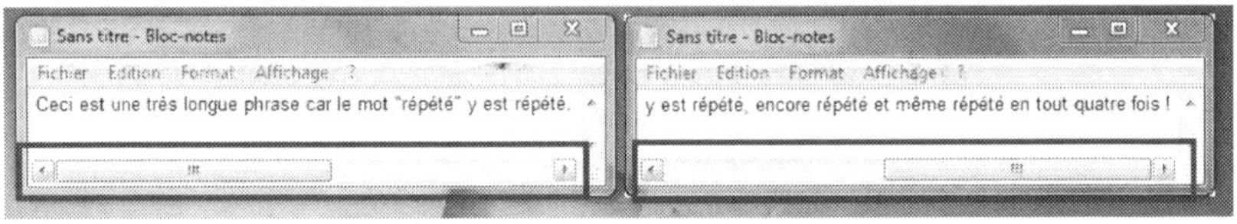

Une barre de défilement horizontal

Vous avez déjà expérimenté le fonctionnement de l'ascenseur lors de votre première navigation, pour faire défiler le contenu d'une page trop longue qui ne tenait pas sur votre écran. Si la page est trop large, il y a la même chose en bas de votre fenêtre, mais comme parler d'ascenseur horizontal risquerait de donner le mal de mer à certains, on parle plutôt de barre de défilement. La barre de défilement vertical, c'est l'ascenseur traditionnel. La barre de défilement horizontal, c'est une sorte de tapis roulant, mais ça marche de la même manière.

REMARQUE

Les barres de défilement s'adaptent à la taille de la fenêtre

Les barres de défilement sont relatives à une fenêtre. Redimensionner une fenêtre peut donc les modifier. Si par exemple, une page s'affiche complètement dans une fenêtre maximisée, vous ne verrez généralement pas de barre de défilement. Si vous réduisez la taille de cette fenêtre, des barres apparaîtront quand la fenêtre deviendra trop petite pour afficher toute la page.

La barre d'état

La barre d'état est située tout en bas de la fenêtre, sur toute sa largeur. Cette barre vous donne un aperçu des informations courantes majeures de l'application. Son contenu dépend bien évidemment de l'application.

ALLONS PLUS LOIN

La barre d'état

Dans le Bloc-notes, les informations affichées sont très rudimentaires : il s'agit de la position du curseur, exprimée en numéro de ligne et de caractère dans la ligne. Faites un essai et vous verrez. Activez la fenêtre du Bloc-notes, si elle ne l'est pas déjà. Si la barre d'état n'est pas visible, cliquez sur le bouton **Affichage** et, dans le sous-menu, sur le seul bouton qu'il contient : **Barre d'état**. Le point d'insertion est en haut à gauche de la zone de texte. Tapez quelques lignes. Pour aller à la ligne suivante, tapez sur la touche Entrée. Vous voyez les informations de la barre d'état se modifier en conséquence. D'autres applications afficheront des informations qui pourront vous sembler plus intéressantes !

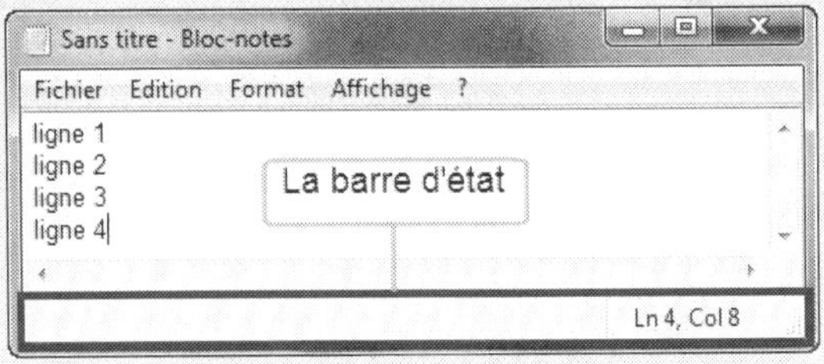

La barre d'état du Bloc-notes

Les onglets

Il s'agit d'un dispositif que vous avez rencontré lors de votre recherche dans l'annuaire sur Internet. Rappelez-vous : vous cliquez sur un onglet et le contenu de la fenêtre change. C'est comme les onglets des fiches cartonnées que l'on rangeait dans des boîtes. Ici, c'est Eugène qui, en coulisse, a noté sur ses ardoises magiques le contenu de tous les onglets : ce sont les fiches dans la boîte. Quand vous en sélectionnez un, il l'affiche dans la fenêtre : c'est la fiche qu'on a sortie de la boîte.

Ce mécanisme est très courant et vous le rencontrerez dans pratiquement toutes les applications. Il est utilisé dès qu'il y a beaucoup d'informations à communiquer. À la place d'une liste interminable où on ne se retrouve pas, les informations sont organisées par thèmes, catégories ou selon d'autres critères.

Mais, comme toute médaille a son revers, il vous arrivera sûrement un jour de trépigner de rage devant une fenêtre où vous ne retrouvez plus une information que vous êtes certain d'y avoir déjà trouvée. La fiche est bien dans la boîte, mais c'est une autre que vous avez sortie : cliquez sur le bon onglet et tout s'arrange. Pensez-y !

Tous les navigateurs Internet permettent d'afficher plusieurs onglets avec, dans chacun, une page différente : c'est très pratique pour passer facilement de l'une à l'autre.

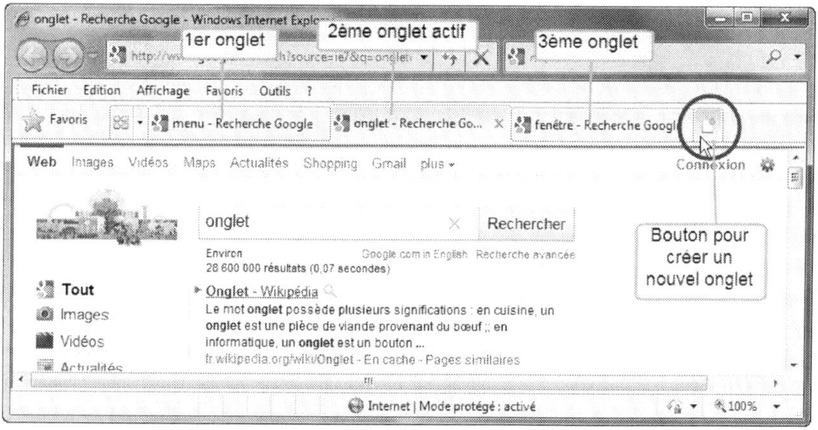

Des onglets dans la fenêtre Internet Explorer

4.4. Les documents

◆ La source et le résultat de vos activités

Eugène l'Acteur possède un vaste outillage adapté à son activité et un savoir-faire considérable qu'il est prêt à mettre à votre service. Mais c'est vous qui restez le patron et lui dites ce qu'il doit faire au moyen de commandes à votre disposition : tant que vous ne lui exprimez aucun souhait, il ne fait rien.

Mais, son activité, il ne l'exerce pas sur rien : il a besoin de *matériaux*. Quels sont donc les produits finis qu'il vous délivre et les matières premières qu'il utilise ? Vous imaginez aisément que pour écrire une lettre, il vous faut une feuille de papier : c'est la matière première d'Eugène l'Écrivain. Le résultat de son travail, le produit fini, c'est la lettre que vous lui avez fait écrire. Vous concevez bien que la feuille de papier vierge et la lettre écrite sont des objets indépendants de l'application.

Ces matériaux sont très variés selon les applications : pour en parler sans préciser leur nature, nous utiliserons le terme général de *document*, par opposition à *outil* ou *application*. (Un *document* peut donc être tout aussi bien un texte, une photo, un film, de la musique, des calculs…)

VAGABONDAGE

Quelques exemples de documents et d'applications

Eugène l'Écrivain

Vous vous adressez à l'écrivain public pour écrire un poème. C'est lui qui vous fournit la feuille de papier vierge sur laquelle il va écrire.
Le résultat de son activité est le document dans lequel il a écrit le poème sous votre dictée.

Eugène le Musicien

Vous demandez à votre claveciniste de jouer ***L'Art de la fugue*** de J.-S. Bach.
Le résultat de son activité n'est pas un document, mais un objet immatériel : la musique que vous écoutez.
Comme Eugène le Musicien ne connaît pas la partition par cœur, vous devez la lui fournir. La source de son activité, c'est le document où est enregistrée la partition.
Si, d'humeur plus laborieuse, c'est la chanson de Georges Brassens ***Pour me rendre à mon bureau*** que vous voulez écouter, il vous faudra fournir une autre partition, dans un autre document, au même Eugène le Musicien.

Eugène le Projectionniste

Vous souhaitez encore trembler d'angoisse en revoyant Roger O. Thornill affronter seul un danger inconnu, en plein jour, au milieu d'une plaine déserte à l'infini. Vous demandez donc à votre projectionniste privé de vous repasser ***La Mort aux trousses*** d'Alfred Hitchcock.
La source de son activité, c'est le document où est enregistré le film.
Le résultat de son activité est, là encore, immatériel : c'est l'histoire qui se déroule sur votre écran.

Les documents sur lesquels travaille une application sont très souvent le résultat du travail d'Eugène l'Acteur. Il arrive également que ce soient les éléments dont il a besoin pour faire son travail. Parfois aussi, ce sont les deux en même temps.

Les applications ont besoin de documents pour travailler. Mais ce n'est que grâce à l'activité, dans une application, d'un Eugène l'Acteur revêtu du costume adéquat que vous pourrez utiliser correctement un document. Vous aurez beau mettre dans votre ordinateur le DVD de votre film culte, *La Mort aux trousses*, ce n'est que grâce à Eugène le Projectionniste (via VLC media player, par exemple) que vous pourrez revoir Roger Thornill sauver Eve Kendall d'une chute mortelle au mont Rushmore !

Et si vous proposiez ce même DVD à Eugène l'Écrivain, il ne pourrait que vous dire qu'il ne comprend pas, ou afficher une suite incompréhensible de caractères bizarres. C'est un peu comme si vous demandiez à votre interprète chinois-français de vous traduire un texte écrit en arabe. Pour lui, ça serait de l'hébreu.

À RETENIR

Documents et applications

Sans une application spécifique pour le ***lire***, un document est inutilisable.

◆ Les documents sont-ils éternels ?

Des documents permanents à la source de nombreuses activités

Vous voulez écouter *L'Art de la fugue*. Vous ne savez pas encore très bien ni où ni comment aller chercher le document correspondant, mais vous savez qu'il est quelque part dans votre ordinateur. Il vous paraît aller de soi qu'il y reste même si Eugène le Musicien a fermé son clavecin et même si Eugène le Régisseur a fermé la boutique. Vous savez que, lorsque vous redémarrerez votre ordinateur, vous pourrez le réécouter. Il s'agit d'un document permanent qui existe indépendamment de l'activité d'une application.

Document permanent

Un document permanent existe même quand votre ordinateur est éteint.

Un document permanent est enregistré sur un ***support physique*** : disque dur, CD, DVD, clef USB, etc.

Le résultat brut : des documents éphémères

Vous savez qu'Eugène note tout ce qu'il fait sur ses ardoises magiques. Les documents qu'il crée pour vous, c'est d'abord là qu'il les place. Et vous vous rappelez que ses ardoises magiques sont comme ces petits insectes qui ne vivent que quelques heures : tout ce qu'on y enregistre est éphémère. Tous les documents qu'Eugène élabore pour vous dans sa tour sont donc de nature éphémère : quand il range ses outils et ferme boutique, il efface ses ardoises magiques et tout s'évanouit. Et vous pourriez bien en faire autant en pensant que, de tous les efforts que vous avez faits pour écrire un poème ou faire un beau dessin, il ne restera rien.

Enregistrez, et l'éphémère devient permanent

Heureusement, vous pouvez demander à Eugène de transformer les documents éphémères en documents permanents : c'est ce qu'on appelle *enregistrer*.

Enregistrer et s'enregistrer

Ne confondez pas ***enregistrer*** son travail et ***s'enregistrer***, terme utilisé pour la création de comptes sur Internet que vous découvrirez plus tard.

Enregistrer

Quoi que vous manipuliez – texte, photos, images, musique, calcul –, vous devez enregistrer le résultat de votre travail pour le conserver et le réutiliser.

Enregistrer un document, c'est d'abord l'écrire sur un support physique qui le conservera même quand votre ordinateur sera éteint.

Enregistrer un document, c'est aussi lui donner un nom qui permettra de l'identifier de façon unique, un peu comme votre numéro de Sécurité sociale.

Le nom des documents permet à Eugène de les classer, en les rangeant dans sa grande bibliothèque ; il lui sert aussi à les retrouver quand vous les lui demandez.

À RETENIR

Chaque document a un nom

Le nom permet de repérer chaque document sans ambiguïté.

VAGABONDAGE

Le nom des documents

Il n'y a aucune relation entre le nom d'un document et ce qu'il représente pour vous. La seule chose qui importe à Eugène, c'est de pouvoir repérer chaque document par un nom unique dans votre ordinateur. Que vous fassiez des erreurs ou appliquiez des règles fantaisistes ne le gêne nullement. ***Coucher de soleil sur la mer.jpg*** pourrait, par exemple, être le nom d'une photo représentant un clair de lune en forêt et que vous pourriez voir sur votre écran à l'aide d'un outil d'affichage de photos.

◆ Créez et enregistrez un document

Pour vous familiariser avec ce qu'on vient de voir, pourquoi ne feriez-vous pas un petit exercice pratique ? Que diriez-vous d'écrire un poème et de l'enregistrer ?

Vous allez commencer par créer un document et composer votre poème

1. Ouvrez l'application Bloc-notes. Comme précédemment, Eugène l'Écrivain vous propose tout de suite une feuille blanche ; le point d'insertion clignote en haut, à gauche : vous pouvez écrire.

2. Tapez le début de votre poème. Si vous n'avez pas d'idée, vous pouvez recopier le texte proposé dans l'illustration. Pour aller à la ligne, il suffit de taper sur la touche Entrée. (Si vous n'êtes pas un virtuose du clavier, vous pouvez ne taper que quelques caractères au hasard, mais ne laissez pas la page blanche.)

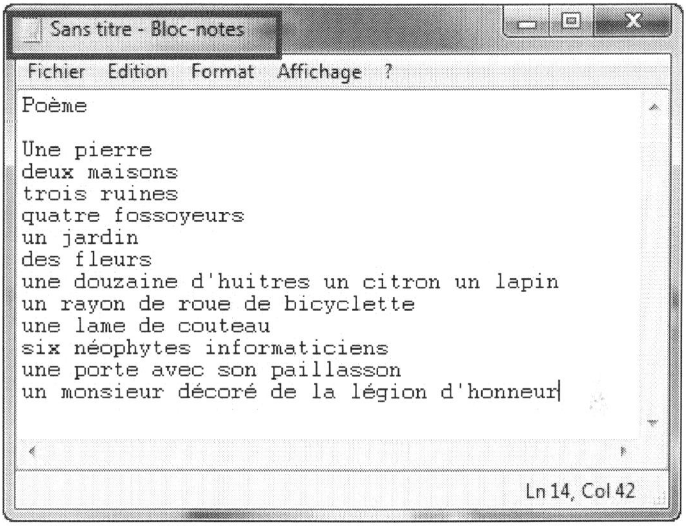

Le poème que vous venez de composer

Et voilà : Eugène l'Écrivain a créé pour vous un document éphémère qu'il a nommé *Sans titre*. Remarquez le texte de la barre de titre : *Sans titre – Bloc-notes*.

Vous ne pouvez pas changer le titre, pour donner un joli nom à votre poème, mais ça n'a pas d'importance, puisque Eugène effacera tout quand vous fermerez l'application.

Essayez donc tout de suite :

1. Fermez l'application. Vous voyez alors s'afficher une fenêtre de dialogue en plein milieu de la fenêtre du Bloc-notes. C'est Eugène l'Écrivain qui vous met en garde et vous propose d'enregistrer les modifications, c'est-à-dire de créer un document permanent. Vous pourriez lui répondre **Ne pas**

enregistrer et alors il effacerait tout et fermerait boutique, puisque tel serait votre désir.

Mais vous pouvez encore regretter votre geste et renoncer : c'est ce que vous allez faire.

2. Cliquez sur **Annuler**, ou cliquez sur le bouton **Fermer** de la boîte de dialogue. Eugène oublie aussitôt que vous lui aviez demandé de fermer et revient à votre écoute, en laissant tout dans l'état précédent : votre poème reste donc dans le document éphémère *Sans titre*.

REMARQUE

Quelles modifications ?

« Pourquoi Eugène l'Écrivain me parle-t-il de modification, alors que j'ai tapé mon texte sans erreur et sans faire de modification ? » vous demandez-vous peut-être !

C'est tout simplement parce que, lorsque vous avez ouvert le Bloc-notes, il vous a fourni une feuille de papier vierge : l'espace de travail de la fenêtre. Et c'est le texte même que vous avez tapé qui constitue les modifications apportées.

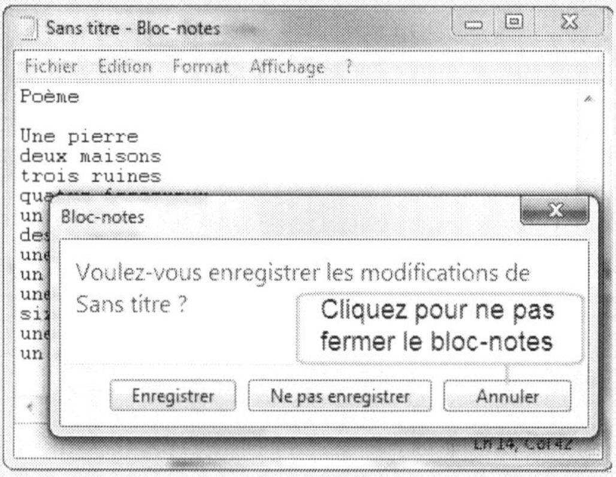

À RETENIR

Le bouton Annuler d'une boîte de dialogue

Lorsque vous cliquez sur ce bouton, vous dites à Eugène : « Fais comme si je ne t'avais rien demandé. »

Ce que vous voulez vraiment, c'est conserver les mots que vous a inspirés votre muse sous forme de document permanent : il faut donc enregistrer le texte de votre poème.

1. Allez dans la barre de menus et cliquez sur le bouton **Fichier**, puis, dans le menu qui s'affiche, cliquez sur le bouton **Enregistrer sous…** Notez que le texte du bouton se termine par trois points de suspension : c'est généralement ainsi qu'Eugène vous prévient qu'il aura besoin de plus de détails pour réaliser votre souhait. Et, en effet, quand vous cliquez sur le bouton, vous voyez s'afficher une nouvelle boîte de dialogue intitulée **Enregistrer sous**.

REMARQUE

Quand Eugène l'Écrivain vous a demandé si vous vouliez enregistrer les modifications, au lieu de répondre **Annuler**, vous auriez pu lui répondre **Enregistrer**. Il aurait alors directement affiché la boîte de dialogue **Enregistrer sous**.
Il est cependant préférable que vous preniez la bonne habitude de demander l'enregistrement de vos documents, plutôt que de laisser Eugène rattraper vos oublis !

C'est cette boîte de dialogue **Enregistrer sous** qui vous permet de dire à Eugène l'Écrivain où vous souhaitez ranger le document et comment le nommer.

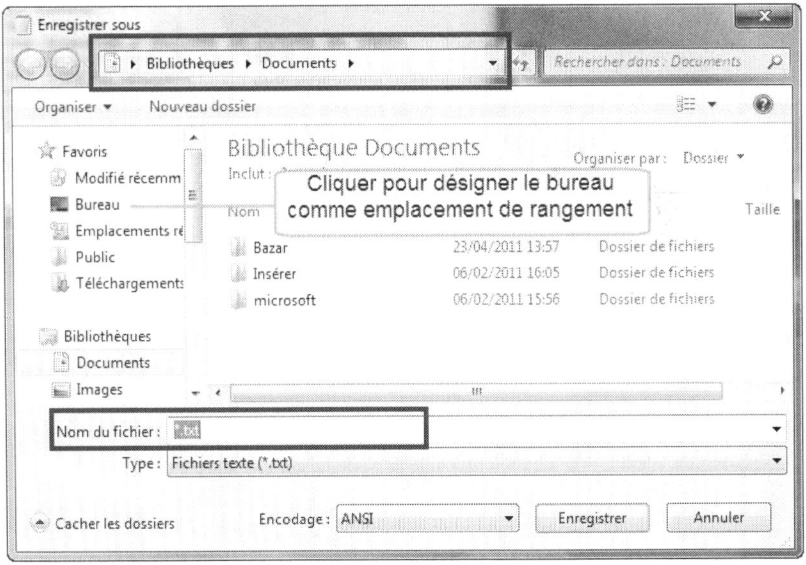

Dans la boîte de dialogue Enregistrer sous …

Le lieu où Eugène l'Écrivain vous propose de ranger votre poème s'affiche en haut de la fenêtre de dialogue, juste sous la barre de titre. Vous allez demander à le placer sur le Bureau, puisque vous n'avez pas encore appris à ranger les documents.

2. Si c'est le choix qui vous est proposé, c'est parfait. Sinon, il vous suffit de cliquer dans la partie gauche de la fenêtre sur le bouton **Bureau** pour exprimer que tel est votre souhait.

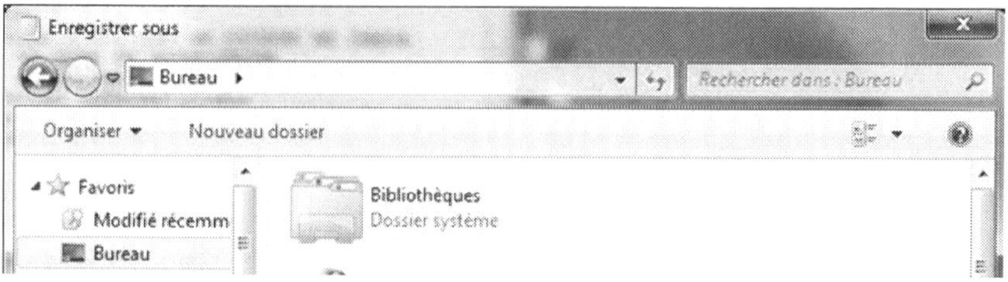

... indiquez le lieu d'enregistrement ...

Le nom, il vous faut le taper dans la zone de saisie, en bas de la fenêtre, à droite du texte *Nom du fichier*, là où Eugène a déjà écrit, en surbrillance : **.txt*. (Les documents sont en effet des fichiers. Vous saurez tout sur les fichiers dans un prochain chapitre.)

ALLONS PLUS LOIN

*** n'est pas un nom de document**

Notez qu'Eugène, en vous proposant ***.txt** vous a joué un tour à sa façon car il sait que l'on n'a pas le droit d'utiliser le caractère * dans le nom d'un document. Si vous appuyez sur le bouton **Enregistrer** sans rien faire, il ne se passe rien. Eugène ne prend même pas la peine de vous dire que le nom que vous utilisez n'est pas valide et agir ainsi est fort discourtois de sa part !

Il y a en effet quelques caractères particuliers qu'Eugène ne vous permet pas d'utiliser pour nommer des documents, car il s'en réserve l'usage. Il s'agit des neuf caractères suivants : \/ : * ? « < > |

REMARQUE

Choisissez vous-même les titres de vos documents

Dans l'application Bloc-notes, le nom que vous suggère Eugène l'Écrivain est invalide : vous êtes donc obligé d'en donner un. Dans d'autres cas, il vous proposera un nom valide, mais très général, du genre ***Document1*** ou ***Sans titre 1***. Quand il veut se montrer plus prévenant, il vous propose un

> **REMARQUE**
>
> titre en rapport avec le contenu de votre document. Dans notre exemple, il pourrait vous proposer ***Poème*** qui est la première ligne de votre texte. Il est cependant préférable de choisir vous-même le nom que vous donnez à vos documents : vous les retrouverez plus facilement.

Bien que le poème que vous avez inventé ressemble à un inventaire à la Prévert, vous décidez de le nommer simplement : *Mon Poème*.

3. Tapez `Mon Poème` dans la zone de saisie.
4. Appuyez sur le bouton **Enregistrer**.

La fenêtre de dialogue s'efface. C'est normal : vous avez fourni à Eugène l'Écrivain le renseignement dont il avait besoin et il termine sa tâche.

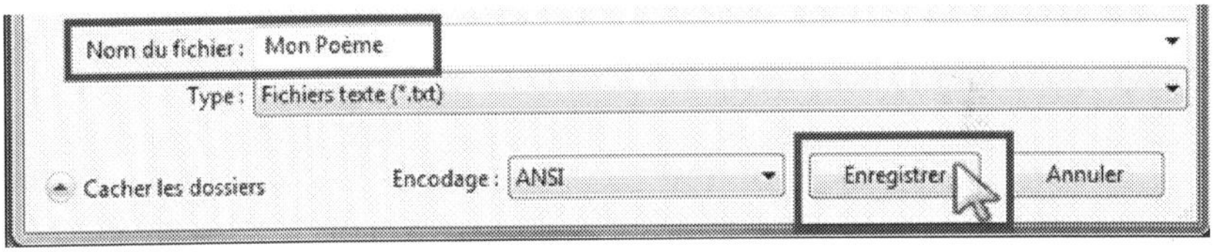

... et le nom que vous donnez au document

Si vous examinez maintenant attentivement votre Bureau, vous verrez qu'une nouvelle icône est née. Elle représente une sorte de calepin avec de l'écriture sur la première page, et le nom qui figure en dessous est *Mon Poème.txt*, ou simplement *Mon Poème*. Pour découvrir la nouvelle icône, vous serez peut-être amené à déplacer la fenêtre *Bloc-notes* qui risque de la cacher. Ça dépend de son emplacement initial et de l'encombrement de votre Bureau.

Une nouvelle icône est née ...

Un autre changement s'est également produit dans la barre de titre de la fenêtre *Bloc-notes* : le nom du document est maintenant celui que vous avez choisi : *Mon Poème.txt*.

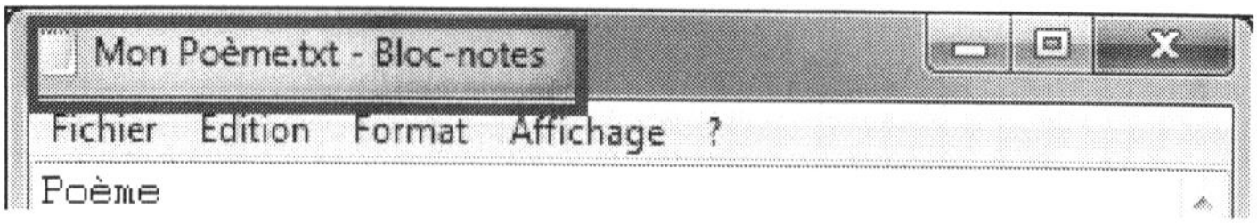

... et la barre de titre a changé

Et voilà ! Vous avez créé votre premier document permanent. Vous avez aussi créé une nouvelle icône sur le Bureau. Vous pouvez maintenant fermer la fenêtre *Bloc-notes*. Eugène l'Écrivain ne vous demandera rien, car il sait que votre travail est en lieu sûr. Il range ses plumes et son écritoire et vous faites une pause méritée.

ALLONS PLUS LOIN

L'extension du nom

Le nom réel de votre document est bien ***Mon Poème.txt***. Le point et les trois caractères qui le suivent sont ce qu'on appelle l'***extension*** : c'est un résumé de la nature du document. Ici, l'extension ***.txt*** indique que l'on a affaire à un document de texte simple. Selon la façon dont votre ordinateur est configuré, cette extension peut être affichée ou non.

Dans la zone de saisie **Nom du fichier**, vous avez simplement tapé `Mon Poème` sans mentionner l'extension ***.txt***. Comme elle est indiquée dans la zone juste en dessous, nommée **Type**, qui est un menu déroulant, Eugène est tout à fait capable de l'ajouter lui-même. Si vous voulez taper l'extension dans la zone **Nom du fichier**, vous pouvez aussi le faire, Eugène verra que vous avez déjà fait le travail et ne le refera pas.

Si vous avez la curiosité de cliquer sur la petite flèche du menu déroulant **Type**, vous verrez qu'il n'y a qu'une seule proposition. Dans d'autres applications plus riches, vous n'aurez que l'embarras du choix !

◆ Ouvrez un document et modifiez-le

Ouvrir un document existant

Vous avez une nouvelle idée pour enrichir votre poème et souhaitez le modifier. Vous ouvrez donc à nouveau l'application Bloc-notes et Eugène l'Écrivain vous propose, comme d'habitude, une nouvelle feuille. Mais cette fois, vous ne voulez pas écrire un nouveau poème, mais modifier celui que vous avez déjà enregistré : il vous faut donc *ouvrir* ce document.

La démarche va cette fois vous sembler plus familière :

1. Cliquez sur le bouton **Fichier** et dans le menu qui s'affiche, cliquez sur **Ouvrir...** Il y a trois points de suspension après le texte, vous n'êtes donc pas étonné de voir s'afficher une boîte de dialogue.

   Hormis le libellé dans la barre de titre, cette boîte de dialogue ressemble fort à celle que vous avez utilisée pour enregistrer. Ça ne doit guère vous surprendre, non plus, puisque Eugène, pour ouvrir un document, a besoin des mêmes informations que pour l'enregistrer, c'est-à-dire où il se trouve et comment il s'appelle.

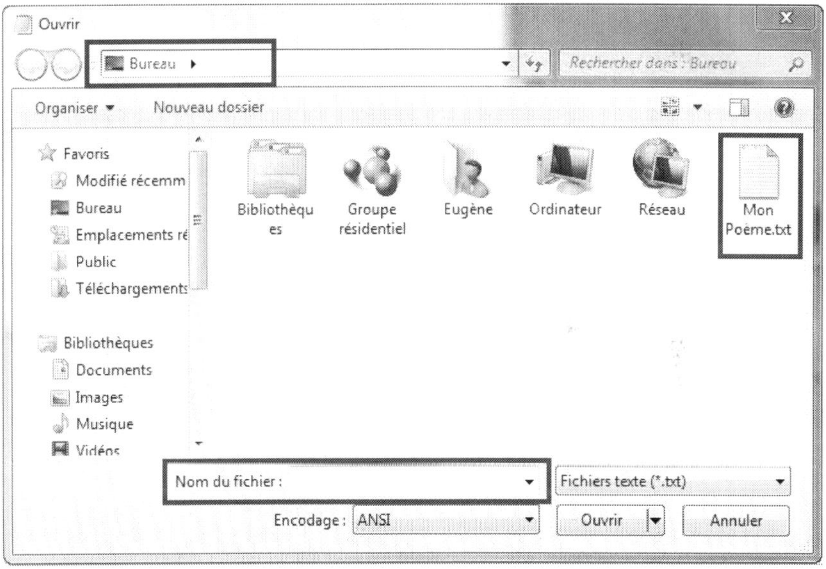

La boîte de dialogue Ouvrir

2. Vous avez enregistré votre document sur le Bureau, vous devez donc demander à Eugène de regarder dans le Bureau. Si ce n'est pas ce qu'il vous propose, cliquez sur le bouton **Bureau**, comme vous aviez fait pour enregistrer.

REMARQUE

Quand, dans une fenêtre de dialogue concernant l'enregistrement ou l'ouverture de documents, vous indiquez un emplacement, Eugène se le rappelle et c'est ce qu'il vous propose les fois suivantes où vous lui demandez une action de même nature.

Vous avez appelé votre document *Mon Poème*, vous devez donc dire à Eugène que le nom du document est *Mon Poème*.

3. Cliquez simplement sur l'icône représentant votre poème, dans la partie droite de la fenêtre. (Si elle n'est pas visible, utilisez la barre de défilement à droite pour la faire apparaître.) Cela suffit pour qu'Eugène écrive son nom, à votre place, dans la zone de saisie **Nom du fichier**. Mais vous pouvez toujours taper `Mon Poème` vous-même si vous préférez, ou si vous avez des difficultés à faire autrement.
4. Cliquez alors sur le bouton **Ouvrir** et vous voyez avec soulagement le texte de votre poème s'afficher dans la fenêtre du Bloc-notes et le nom du document dans sa barre de titre. La fenêtre de dialogue, elle, s'évanouit.

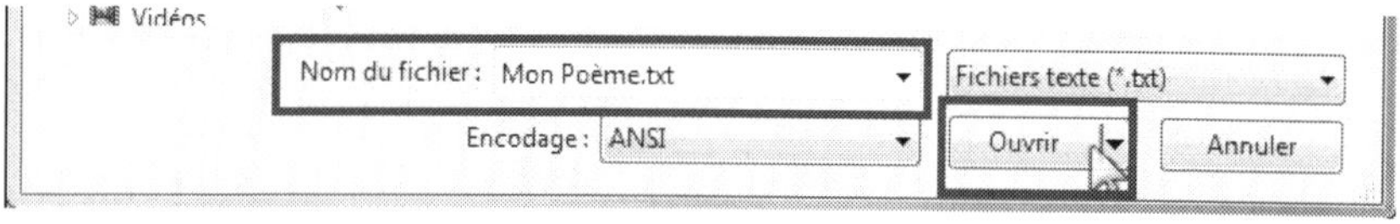

VAGABONDAGE

Ouverture express

Si vous êtes amateur du double clic, vous pouvez l'utiliser pour ouvrir votre document.

Double-cliquez sur l'icône ***Mon Poème*** dans la fenêtre **Ouvrir** et c'est tout : le document est sélectionné puis ouvert et la fenêtre **Ouvrir** se ferme.

Sachez qu'il y a encore plus rapide : sans ouvrir préalablement l'application Bloc-notes, double-cliquez directement sur l'icône ***Mon Poème*** sur le Bureau et vous obtenez le même résultat. Vous comprendrez, à la lecture d'un prochain chapitre, comment ça se passe.

Il ne vous reste plus maintenant qu'à modifier votre poème à votre guise. (Vous n'avez pas oublié comment modifier du texte : déplacez le pointeur, en forme de `I` majuscule, à l'endroit désiré et cliquez pour y placer le point d'insertion. Tapez alors le nouveau texte ou supprimez l'ancien avec les touches d'effacement à droite ou à gauche.)

C'est ce texte, tel qu'il figure dans la fenêtre du Bloc-notes, qui vous servira bientôt pour faire d'autres exercices.

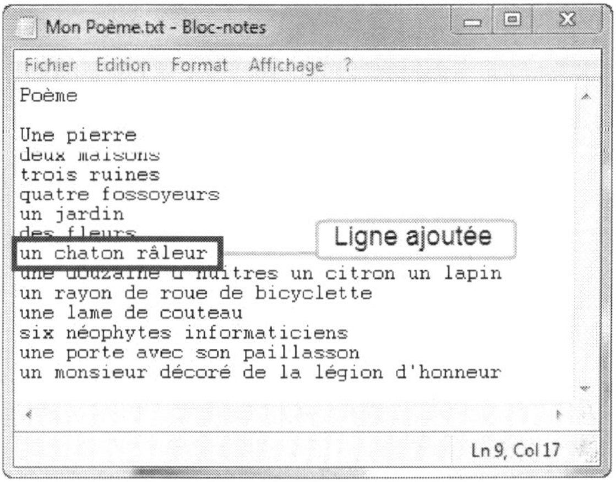

Le poème modifié

Enregistrer les modifications

Vous êtes satisfait de votre œuvre et souhaitez enregistrer le nouveau texte de votre poème. Vous pourriez faire comme précédemment, en utilisant la commande **Enregistrer sous...** du menu **Fichier**, mais il y a plus rapide. Regardez la ligne juste au-dessus dans le menu : il y a un bouton **Enregistrer**, qui n'est pas suivi de points de suspension. Cliquez sur ce bouton et hop ! C'est fini. Vos modifications ont été enregistrées.

Et où ont-elles été enregistrées, vous demandez vous, puisque vous n'avez rien indiqué ? La réponse est simple : dans le document permanent *Mon Poème.txt* que vous aviez ouvert, précisément pour le modifier. La version originelle, quant à elle, est définitivement perdue.

Vous pouvez maintenant dire à Eugène l'Écrivain de fermer boutique. Il le fait sans rien vous demander puisque vous avez déjà tout enregistré. Et vous pouvez finir tranquillement votre soirée en lisant quelques poèmes.

ALLONS PLUS LOIN

Le poème en chantier

En quoi la création du poème diffère-t-elle de sa modification ? Dans les deux cas, quand le poème est en chantier, avant que vous l'enregistriez, vous travaillez sur un document éphémère.

Après l'écriture de votre poème originel, c'est un document éphémère nommé ***Sans titre*** qui contenait le texte que vous aviez tapé.

Après la modification de votre poème, c'est un document éphémère nommé ***Mon Poème.txt*** qui contenait le nouveau texte avec un chaton râleur.

Vous pouvez vérifier facilement qu'il s'agit bien de documents éphémères en essayant de fermer l'application : la boîte de dialogue de mise en garde s'affichera.

Ce qui est nouveau avec la modification, et cela peut vous surprendre, c'est qu'il existe, en même temps, deux documents nommés ***Mon Poème.txt***, l'un permanent avec le poème originel et l'autre éphémère, avec le chat.

Mettez-vous cependant à la place d'Eugène : d'un côté il a le livre (le document permanent), soigneusement rangé dans sa grande bibliothèque ; de l'autre, il a ses ardoises magiques (le document éphémère) sur lesquelles il a recopié tout le contenu du livre et noté toutes vos modifications. Vous ne pensez quand même pas qu'il va confondre ses livres et ses ardoises magiques !

Quand vous enregistrez les modifications, Eugène recopie simplement ses ardoises magiques dans le livre de sa bibliothèque. Les deux documents, le permanent et l'éphémère, sont toujours là, mais ils sont alors identiques. C'est à la fermeture de l'application qu'Eugène efface ses ardoises et détruit le document temporaire.

Tant que vous n'avez pas enregistré vos modifications, le document permanent conserve donc son état originel. Ça peut vous être bien utile si, d'aventure, il vous arrive de faire des modifications erronées en trop grand nombre et de ne plus vous y retrouver : quittez simplement votre application sans enregistrer les modifications (répondre **Ne pas enregistrer** dans la boîte de dialogue **Voulez-vous enregistrer les modifications ?**). Eugène ferme alors l'application sans toucher au document permanent qui reste dans son état initial.

5.

Maîtrisez les manipulations de base

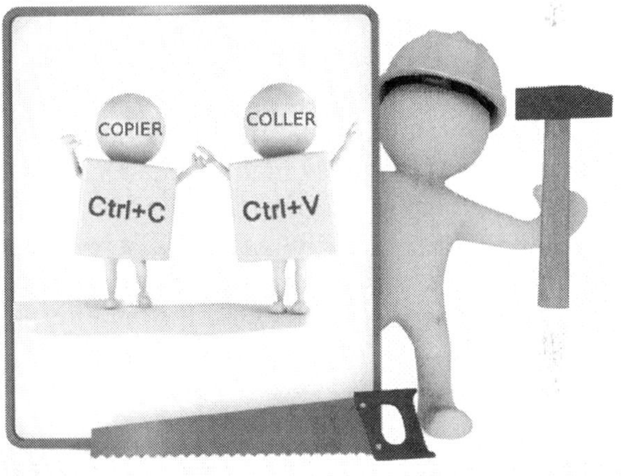

Ce chapitre est essentiellement consacré à la pratique : vous allez revoir les manipulations de base avec la souris et le clavier, en les complétant pour en acquérir une meilleure maîtrise.

Vous allez d'abord préparer votre cadre de travail en apprenant à créer un dossier et à y ajouter quelques documents pour vous exercer.

Ce dossier vous permettra de revoir les méthodes élémentaires pour sélectionner des objets et d'en découvrir de nouvelles, plus élaborées, que vous pourrez combiner entre elles pour obtenir facilement le résultat que vous souhaitez.

Les opérations de couper-coller ou copier-coller sont au cœur de bien des manipulations. Quand vous les aurez expérimentées dans des cas simples, elles n'auront plus de secret pour vous et vous en viendrez à les utiliser instinctivement. Vous aurez au passage découvert et compris l'usage du Presse-papiers.

Manipuler du texte se fait exactement avec les mêmes outils, par des opérations de sélection, de coupe, de copie et de collage. L'existence de lettres et de mots dans les textes ajoute simplement quelques particularités. Vous ferez l'inventaire de toutes ces opérations en modifiant le poème que vous avez créé précédemment.

Enfin, comme tout le monde peut se tromper, vous apprendrez toutes les manières d'annuler rapidement vos actions erronées.

5.1. Effectuez les préparatifs

Vous connaissez déjà quelques manipulations de base à effectuer avec la souris ou le clavier. Vous allez maintenant découvrir de nouvelles opérations qui compléteront votre attirail. Ne cherchez pas à les retenir toutes du premier coup : vous les utiliserez progressivement, au fur et à mesure de vos besoins et de votre apprentissage. Si, momentanément, elles vous paraissent trop compliquées, utilisez-en d'autres qui vous conviennent mieux. Rappelez-vous qu'il y a de multiples façons de faire.

◆ Créez un dossier

Pour effectuer les différentes manipulations que nous vous proposons, vous avez besoin de quelques objets sur lesquels opérer. Dans ce chapitre, vous allez d'abord préparer vos accessoires de travail. Vous allez utiliser de petits documents de texte que vous savez créer avec le Bloc-notes. Vous utiliserez aussi le document *Mon Poème* que vous avez déjà enregistré sur le Bureau. Vous allez également créer un *dossier* sur votre Bureau et ça, c'est nouveau. Vous en apprendrez bientôt plus sur les dossiers ; pour le moment, considérez simplement que c'est un endroit où vous pouvez ranger des documents, comme sur le Bureau.

> REMARQUE
>
> **Un dossier où faire des essais**
>
> Le dossier s'affiche dans une fenêtre où vous pouvez faire vos essais sans risque, comme les enfants qui jouent dans un bac à sable ! Quand vous aurez fini, vous pourrez simplement mettre le dossier et tout son contenu à la Corbeille. De plus, vous pouvez redimensionner la fenêtre exactement comme sur les illustrations et c'est important, car certaines opérations dépendent de la manière dont les documents y sont organisés.

Vous voulez créer un dossier sur le Bureau et ne savez pas comment faire. Affichez donc un menu contextuel (clic droit) sur le Bureau. Vous ne trouvez pas encore un intitulé **Dossier**, mais le bouton **Nouveau** annonçant un sous-menu (la petite flèche noire à sa droite) est une piste à explorer. Et c'est gagné ! Le premier bouton, en haut de la liste indique **Dossier**. Un simple clic dessus et vous créez un nouveau dossier !

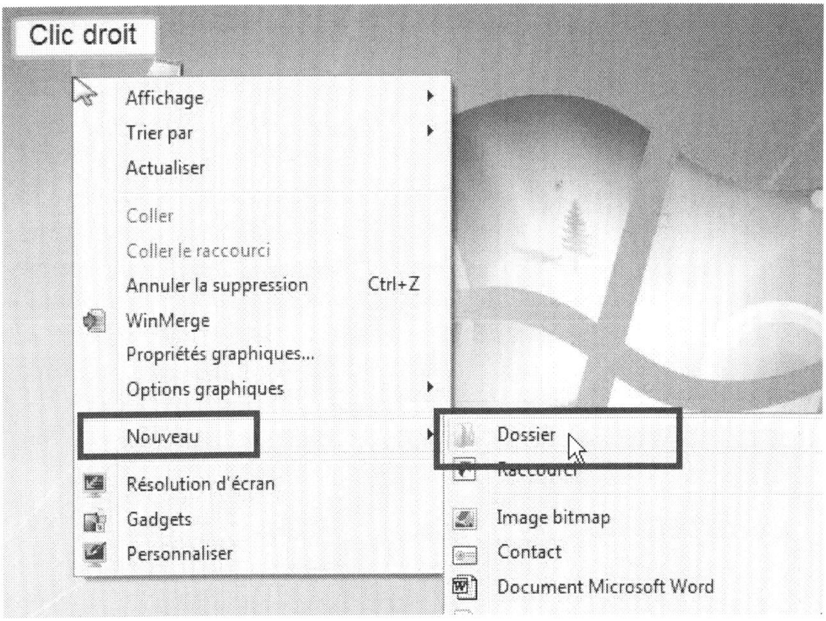

Un menu contextuel pour créer un dossier sur le Bureau

Vous voyez, aussitôt, une nouvelle icône qui le symbolise apparaître sur le Bureau. Faute de meilleure idée, Eugène l'a nommé *Nouveau dossier*. Vous pourriez très bien le laisser ainsi, mais vous souhaitez lui donner un nom plus parlant et Eugène vous a déjà mâché la besogne. En effet, le nom du dossier, à la différence de celui des autres icônes, est encadré et affiché en négatif (blanc sur fond bleu). Cela signifie qu'il est sélectionné et les caractères que vous allez taper au clavier viendront tout remplacer.

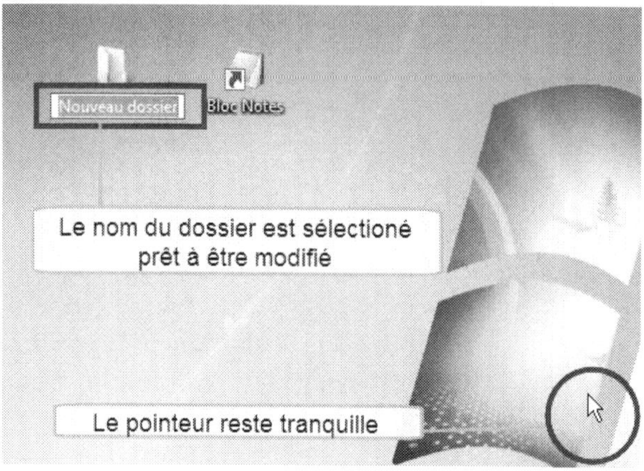

Un nouveau dossier nommé Nouveau dossier

En laissant le pointeur où il se trouve, car vous n'en avez plus besoin, tapez donc `Bac à sable` : vous voyez que le nom du dossier est maintenant *Bac à sable*. Il n'est plus en négatif et le point d'insertion est à droite du mot *sable*. Le nom est, par contre, toujours encadré : cela signifie que vous pouvez encore le modifier, comme lorsque vous tapiez `omelette norvégienne` dans la zone de recherche de votre navigateur. Appuyez maintenant sur la touche [Entrée] ou cliquez n'importe où sur le Bureau pour dire à Eugène que vous avez fini. Le nom du dossier, qui reste sélectionné, s'affiche maintenant normalement.

Nouveau dossier est renommé Bac à sable

Votre dossier *Bac à sable* est maintenant créé. Pour l'utiliser, il faut l'ouvrir, soit par un double clic, soit avec la commande **Ouvrir** du menu contextuel associé. Cela ne devrait pas vous poser de difficultés. Une fenêtre ressemblant à l'illustration s'affiche alors sur le Bureau.

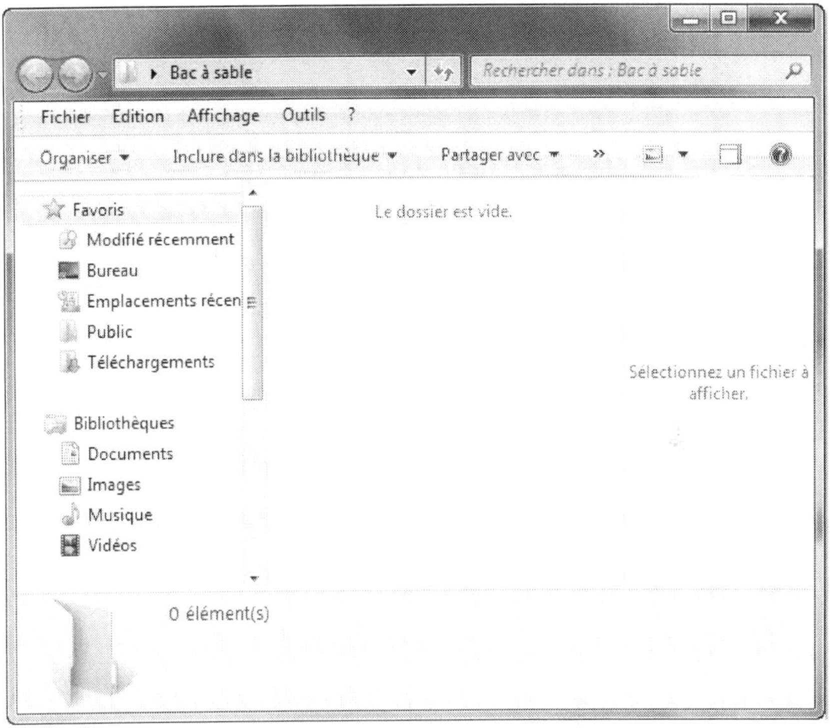

Le dossier Bac à sable ouvert dans une nouvelle fenêtre

REMARQUE

Une application pour ouvrir des dossiers

Vous vous rappelez qu'une fenêtre est toujours associée à une application. Celle qui vous permet de voir le contenu d'un dossier s'appelle Explorateur Windows. Vous en apprendrez bientôt davantage à son sujet.

Cette fenêtre vous paraît sans doute un peu chargée. Ce qui s'affiche précisément sur votre ordinateur dépend en effet de son activité préalable.

Vous allez donc commencer par modifier sa présentation, en ne conservant que l'indispensable. C'est très simple. En cliquant sur le bouton **Organiser**, vous affichez un menu qui contient un bouton **Disposition**. Ce dernier affiche un sous-menu avec une liste des éléments de la fenêtre dont vous pouvez contrôler l'affichage. Modifier les éléments cochés, change l'aspect de la fenêtre. Pour avoir une présentation sobre, décochez tous les boutons sauf **Barre de menus**.

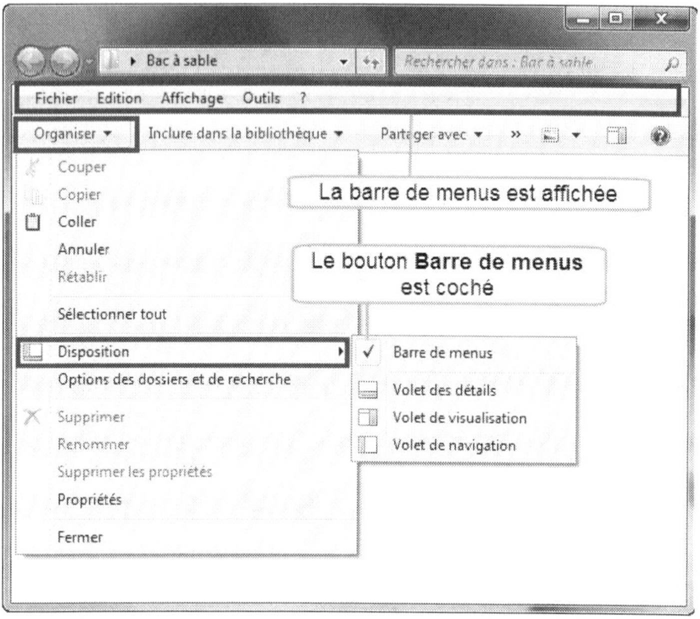

Modification de la disposition de la fenêtre

REMARQUE

Quand vous décochez une case du sous-menu **Disposition**, votre choix est pris en compte et le menu s'efface. Pour décocher plusieurs cases, il faut donc répéter l'opération complète plusieurs fois de suite.

En fin de compte, vous allez obtenir ceci :

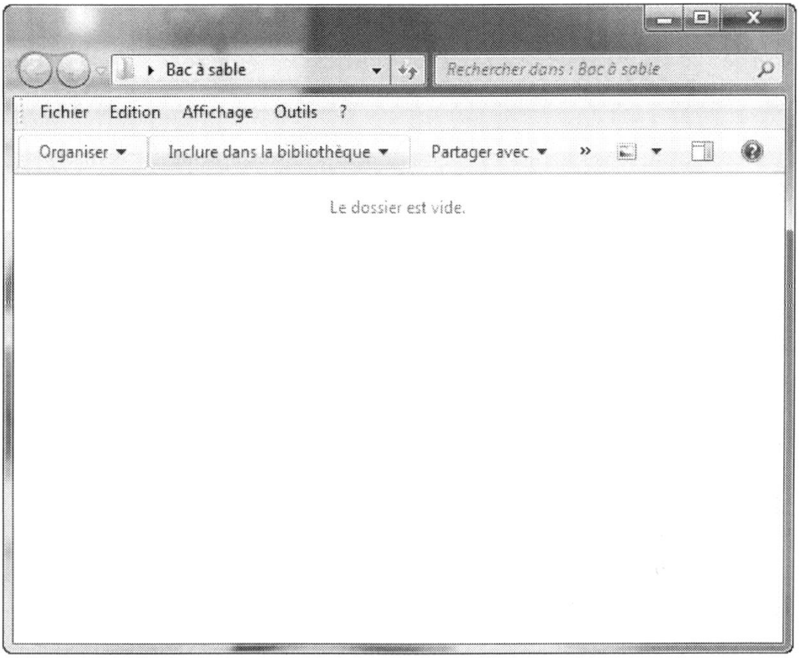

Le dossier Bac à sable dans une fenêtre dépouillée

◆ Créez des documents dans le dossier

Pour finir les préparatifs, il ne vous reste plus qu'à créer six petits documents de texte, comme vous savez le faire avec le Bloc-notes et la commande **Enregistrer sous**. Cette fois, vous n'allez pas les mettre sur le Bureau, mais directement dans le dossier *Bac à sable*.

Laissez la fenêtre **Bac à sable** ouverte, ouvrez l'outil Bloc-notes et tapez un petit texte, par exemple, `Génie` (vous pouvez taper n'importe quoi dans les petits fichiers de texte, mais si vous tapez le nom du fichier, ça peut vous aider à vous repérer), puis activez la commande **Enregistrer sous**. Tapez `Génie`, le nom que vous voulez donner au document, et sélectionnez *Bureau* comme destination. Vous voyez alors le dossier *Bac à sable*. Sélectionnez-le et ouvrez-le.

Ouverture du dossier de destination Bac à sable

Vous pouvez maintenant **Enregistrer** le document *Génie* : Eugène ira le ranger dans le dossier *Bac à sable*.

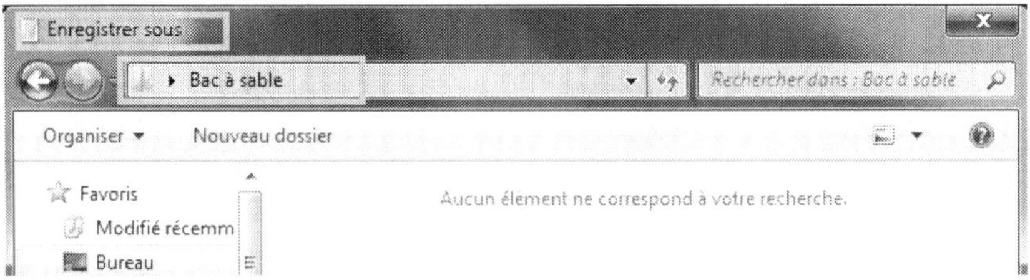

Enregistrer sous ... Bac à sable

Il ne vous reste plus qu'à répéter l'opération pour obtenir le résultat suivant, avec six documents dans le dossier *Bac à sable*.

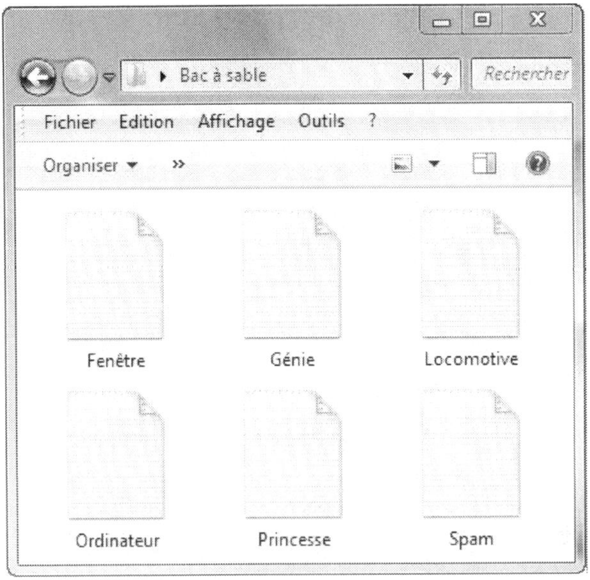

Bac à sable garni de six documents de texte

REMARQUE

Affichage de l'extension

Pour simplifier les illustrations, l'extension des noms de document n'est pas affichée. Si elle s'affiche sur votre ordinateur, cela ne pose aucun problème.

Vous en avez maintenant fini avec les préparatifs : c'est sur ces éléments que vous allez vous exercer à réaliser toutes les manipulations de base. Pour égayer les illustrations, nous avons simplement remplacé les documents de texte par des images, mais ça ne change absolument rien pour vous. Et même si vous les trouvez moins jolis, contentez-vous des petits documents de texte. Ne tentez pas de les remplacer par des photos : si vous débutez complètement, ce n'est pas encore à votre portée.

Bac à sable garni de six documents illustrés, pour faire joli

5.2. Sélectionnez des objets

Chaque fois que vous voulez exécuter une action, vous devez au préalable sélectionner le ou les objets sur lesquels celle-ci va porter.

◆ Sélection simple

Pour mémoire, c'est le clic gauche. Faites, par exemple, un clic gauche sur le document *Princesse*. Chaque nouvelle sélection annule et remplace la précédente.

Sélection d'un objet par clic gauche

Pour ne rien sélectionner du tout, cliquez simplement dans une zone neutre.

Suppression de la sélection

◆ Sélection multiple

Encerclement par cliquer-glisser

Pour mémoire, faites un clic gauche maintenu et encerclez avec le pointeur les objets à inclure dans la sélection. Sélectionnez ainsi les documents *Locomotive* et *Spam*.

Sélection multiple par cliquer-glisser

Sélection du premier et du dernier élément

Voilà une nouveauté. La sélection se fait toujours par un clic gauche sur un objet à sélectionner, mais on utilise les touches modificatrices du clavier pour donner des indications spécifiques à Eugène.

Supposons que vous souhaitiez sélectionner les cinq premiers documents (*Fenêtre*, *Génie*, *Locomotive*, *Ordinateur* et *Princesse*). Si vous essayez un encerclement par cliquer-glisser, vous pouvez obtenir des résultats assez proches (les six documents ou un groupe de quatre), mais ce n'est pas ce que vous voulez. (Si les documents étaient affichés différemment, vous auriez d'autres résultats, et si les six étaient alignés sur une seule ligne, vous pourriez même arriver à vos fins. Mais, généralement, vous n'aurez pas cette chance !)

Voici comment faire :

1. Sélectionnez le document *Fenêtre* par un simple clic.
2. Appuyez sur la touche Maj et maintenez-la enfoncée.
3. Sélectionnez le document *Princesse* par un simple clic.
4. Relâchez la touche Maj.
5. Fêtez dignement la réussite.

Sélection multiple par début et fin de liste

REMARQUE

L'élément désigné par le clic simple détermine le premier élément de la liste à sélectionner. L'élément désigné par le clic avec la touche [Maj] enfoncée détermine le dernier élément de la liste. Tous les éléments entre ces deux points sont sélectionnés.
Pour faciliter l'écriture, on note [Maj]+clic l'opération qui consiste à cliquer en maintenant la touche [Maj] enfoncée.

ALLONS PLUS LOIN

Début et fin de liste

Clic désigne le premier élément de la liste. [Maj]+clic détermine le dernier.
Si vous faite **Clic** sur ***Princesse*** et [Maj]+clic sur ***Fenêtre***, l'ensemble sélectionné comprend les documents ***Princesse***, ***Ordinateur***, ***Locomotive***, ***Génie*** et ***Fenêtre***, c'est-à-dire la même chose. Les actions que vous faites sur des sélections multiples ne dépendent généralement pas de l'ordre de la sélection.
Quand vous cliquez sur un élément, Eugène le sélectionne et note dans ses tablettes qu'il peut s'agir du début d'une liste. Quand vous faites [Maj]+clic, Eugène construit la sélection entre le point de départ qu'il a noté et le point final que vous lui indiquez. Si vous faites à nouveau [Maj]+clic sur un autre élément, par exemple ***Locomotive***, Eugène recalcule la sélection qui comprendra alors ***Fenêtre***, ***Génie*** et ***Locomotive***. Vous pouvez répéter l'opération tant que vous n'avez pas défini un autre début de liste, par une sélection simple.
La sélection par début et fin de liste est particulièrement pratique si la liste que vous sélectionnez est longue et ne s'affiche pas tout entière dans la fenêtre. Sélectionnez le premier élément ; faites ensuite défiler la fenêtre pour afficher le dernier élément sur lequel vous faites [Maj]+clic. Vous pouvez vérifier, en faisant défiler la fenêtre en sens inverse, que même les éléments qui ne sont pas affichés ont bien été sélectionnés.
Dans un tel cas, il est également possible de faire un encerclement qui dépasse la partie visible de la fenêtre. Si vous tentez de tirer une zone d'encerclement au-delà des limites de la fenêtre, Eugène la fait automatiquement défiler. C'est parfois un peu délicat à maîtriser, mais rien ne vous empêche d'essayer.

Ajout et suppression d'éléments à une sélection

Ajouter un élément

Encore plus fort. Vous voudriez maintenant sélectionner les trois documents *Fenêtre*, *Princesse* et *Locomotive*. Rien de plus simple.

1. Sélectionnez d'abord *Fenêtre* par un clic simple.
2. Maintenez la touche Ctrl enfoncée.
3. Sélectionnez *Princesse* par un simple clic.
4. Relâchez la touche Ctrl.

Clic : sélection du premier élément

Ça y est : vous avez réussi une sélection multiple d'éléments séparés.

Ctrl+clic : ajout d'un élément à la sélection

Pour ajouter *Locomotive*, recommencez :

5. Faites Ctrl+clic sur *Locomotive*.

Ctrl+clic : ajout d'un autre élément à la sélection

> **REMARQUE**
> Vous pouvez effectuer Ctrl+clic autant de fois que vous le souhaitez pour ajouter des éléments, un à un, à la sélection existante. Mais, attention ! Si vous faites un clic en oubliant la touche Ctrl, vous faites alors une nouvelle sélection simple et tout est à recommencer.

Supprimer un élément

Vous pouvez aussi utiliser la touche Ctrl pour supprimer un élément d'une sélection. C'est tout aussi simple : Ctrl+clic sur un élément déjà sélectionné le supprime de la sélection. Faites, par exemple, Ctrl+clic sur *Princesse* : il ne restera dans la sélection que *Fenêtre* et *Locomotive*.

Ctrl+clic : suppression d'un élément de la sélection

Mélange des méthodes

Chacune des méthodes de sélection que vous venez de voir est plus ou moins pratique, selon ce que vous avez à faire. À vous de choisir celle qui convient le mieux. Vous pouvez même définir une sélection en utilisant successivement l'une ou l'autre méthode.

Voici une situation fréquente où cette approche est la plus intéressante. Supposez que vous vouliez sélectionner tous les documents, sauf *Ordinateur*. Vous pourriez sélectionner d'abord le groupe *Fenêtre*, *Génie* et *Locomotive* (encerclement) et ajouter *Princesse* (Ctrl+clic) et *Spam* (Ctrl+clic).

Il est cependant beaucoup plus simple de sélectionner d'abord tout le groupe (encerclement ou liste – clic, puis Maj+clic) puis d'enlever *Ordinateur* de la sélection (Ctrl+clic).

Sélection multiple par mélange des méthodes

5.3. Coupez ou copiez et puis collez

Les opérations de couper-coller ou de copier-coller sont devenues très populaires avec le développement des outils informatiques. Elles étaient cependant déjà connues depuis longtemps, en particulier des auteurs de lettres anonymes. L'ami qui vous veut du bien et qui découpe aux ciseaux des mots d'un journal pour les coller à la colle blanche sur une feuille de papier réalise, quoique de façon artisanale, un parfait couper-coller.

La méthode a été perfectionnée avec l'invention de la photocopieuse : le journal était d'abord copié et c'est la copie qui servait à l'élaboration de la missive, l'original restant intact : le copier-coller était né. Les informaticiens n'ont fait que reprendre ces techniques et les mettre à portée de souris !

◆ Mes premiers couper-coller et copier-coller

Pour effectuer vos couper-coller ou copier-coller, vous allez utiliser les documents qui se trouvent dans le dossier *Bac à sable*. Mais il vous faudra aussi un endroit où les coller. Le Bureau pourrait très bien faire l'affaire, mais pour éviter des confusions accidentelles avec les autres icônes qui s'y trouvent, nous vous proposons de créer un autre dossier, exactement comme le *Bac à sable*. Celui-ci, vous l'appellerez, par exemple, *Pataugeoire*.

Couper-coller

Pour réaliser votre premier couper-coller, vous allez couper un document, par exemple *Locomotive*, du dossier *Bac à sable*, et le coller dans le dossier *Pataugeoire*.

Voici les différentes étapes à réaliser :

1. Sélectionnez *Locomotive*.
2. Cliquez sur le bouton **Couper** dans le menu **Edition**.
3. Ouvrez le dossier *Pataugeoire*.
4. Cliquez sur le bouton **Coller** dans le menu **Edition**.

C'est terminé. Le document *Locomotive* qui se trouvait dans le dossier *Bac à sable* en a été enlevé et il est maintenant dans le dossier *Pataugeoire*. Le couper-coller vous a permis de déplacer le document d'un dossier à un autre.

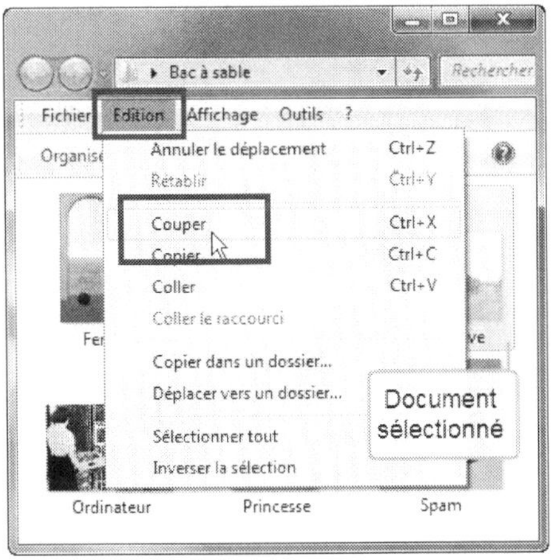

Coupez la Locomotive...

... du Bac à sable...

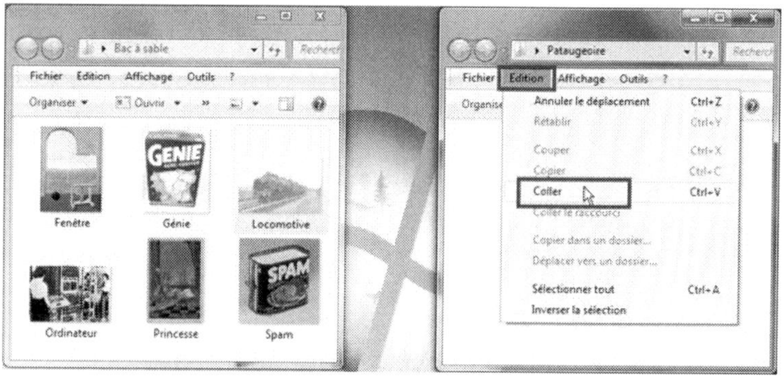

... et collez-la...

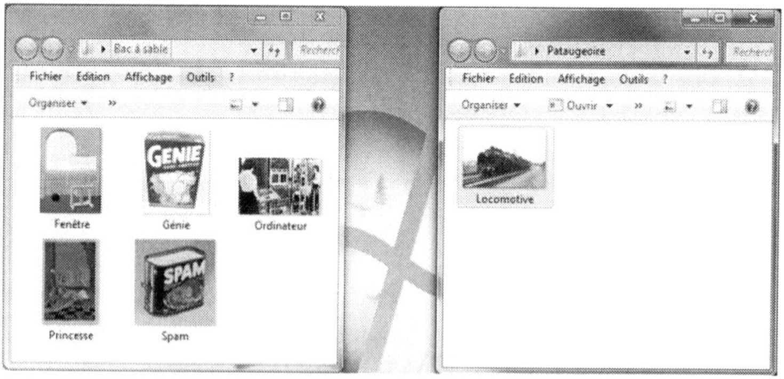

... dans la Pataugeoire

REMARQUE

Où se cachent les boutons Couper et Coller

Vous avez utilisé le menu **Edition** pour faire apparaître les boutons **Couper** et **Coller**. Vous pouvez également afficher le menu contextuel associé au document (clic droit sur l'icône du document). Vous pouvez tout aussi bien actionner le bouton **Organiser** de la barre des boutons. Choisissez la méthode qui vous est la plus facile.

Vous ne pouvez pas activer la commande **Couper** sans avoir au préalable sélectionné un objet. Dans ce cas, le bouton **Couper** n'apparaît pas dans le menu ou alors il est désactivé.

Notez également que la commande **Coller** n'est activable qu'après que vous avez exécuté la commande **Couper**.

ALLONS PLUS LOIN

Couper n'est pas supprimer

Quand vous avez coupé le document ***Locomotive***, celui-ci n'a pas disparu du dossier ***Bac à sable*** : son affichage a simplement été estompé ou mis en grisé. C'est seulement lorsque vous l'avez collé qu'il est apparu dans le dossier ***Pataugeoire*** et a ensuite été enlevé du dossier ***Bac à sable***.

La commande **Couper** ne permet pas de supprimer un objet. Le mieux est de l'imaginer comme la première phase d'une supercommande **Déplacer**, dont la deuxième phase est la commande **Coller**. (Vous pouvez d'ailleurs remarquer que, dans le menu **Edition**, après que vous avez effectué un couper-coller, la commande **Annuler** affiche : **Annuler Déplacer**.)

Si, après avoir coupé un objet, vous exécutez une autre action que **Coller**, la commande **Couper** sera automatiquement annulée.

Copier-coller

Le copier-coller est identique au couper-coller, à ceci près que vous exécutez la commande **Copier** au lieu de **Couper**. Copiez, par exemple, *Spam* dans le dossier *Pataugeoire* et observez le résultat : il y a maintenant deux documents *Spam*, celui d'origine dans le dossier *Bac à sable* et celui copié dans le dossier *Pataugeoire*.

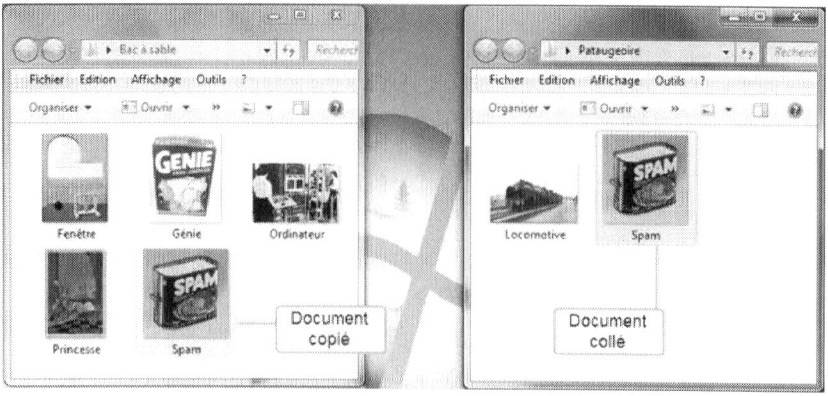

Copiez Spam du Bac à sable et collez-le dans la Pataugeoire

◆ Le Presse-papiers

Vous avez peut-être déjà entendu parler du Presse-papiers, ou avez vu un message sibyllin disant que le Presse-papiers était très rempli, sans que vous sachiez de quoi il s'agit. En fait, c'est très simple : quand vous coupez un objet, Eugène le recopie sur des ardoises magiques qui lui servent uniquement à exécuter ces opérations. Ce sont ces ardoises que l'on appelle le Presse-papiers.

REMARQUE

« Coupier »
Comme on décrit dans ce paragraphe ce qui s'applique aux deux opérations de couper et copier, on s'est simplifié la vie en remplaçant l'expression « couper ou copier » par le néologisme ***coupier*** que vous ne trouverez nulle part ailleurs !

Il n'y a qu'un seul Presse-papiers dans votre ordinateur et c'est Eugène le Régisseur qui en est responsable. Il le gère de façon très simple : quand un Eugène l'Acteur lui demande de *coupier* quelque chose, il note l'information dans le Presse-papiers, à la place de ce qui pouvait s'y trouver déjà. Et quand un Eugène l'Acteur lui demande de coller, il lui fournit tout simplement l'information notée dans le Presse-papiers.

REMARQUE

Le Presse-papiers

Eugène note des informations dans le Presse-papiers uniquement lorsque vous y ***coupiez*** quelque chose. Ce que vous y avez ***coupié*** reste donc disponible jusqu'à ce que vous ***coupiiez*** autre chose.

Vous oublierez parfois ce que vous avez mis dans le Presse-papiers ; pas Eugène !

Ce système de Presse-papiers vous permettra de comprendre facilement le comportement de toutes les opérations de *coupier*-coller :

- Presse-papiers vide.

  Si vous n'avez encore jamais rien *coupié* depuis la mise en route de votre ordinateur, le Presse-papiers est vide : vous ne pouvez donc rien coller.

- *Coupier*-coller entre applications.

  Comme il n'y a qu'un Presse-papiers dans votre ordinateur, vous pouvez *coupier* un objet d'une application et le coller dans une autre.

- Un *coupier* plusieurs coller.

  Comme l'opération de coller consiste à recopier le contenu du Presse-papiers, vous pouvez coller plusieurs fois de suite le même objet, à des endroits différents.

REMARQUE

Vous ne pouvez pas coller n'importe quoi n'importe où

Bien qu'Eugène n'ait qu'un Presse-papiers pour tout l'ordinateur, il fait quand même la distinction entre des objets de nature différente. Ainsi, si vous ***coupiez*** une photo et que vous voulez ensuite la coller dans le Bloc-notes, vous verrez que la commande **Coller** est désactivée, car Eugène l'Écrivain ne sait traiter que du texte.

◆ Les différentes manières de coupier-coller

Menu Edition

C'est la méthode de base, à partir des boutons **Couper**, **Copier** et **Coller** du menu. Vous pouvez l'utiliser dans toutes les applications.

Si, par contre, vous vouliez *coupier* le document *Mon poème* qui se trouve sur le Bureau, vous auriez du mal à la mettre en œuvre : il n'y a pas de menu **Edition** sur le Bureau.

Menu contextuel

C'est pratiquement la même chose. Vous évitez simplement de balader le pointeur jusqu'à la barre d'outils, en faisant apparaître les boutons **Couper**, **Copier** et **Coller** dans un menu contextuel, par un clic droit directement sur l'objet à *coupier*. L'avantage, c'est que cette méthode marche partout ! Vous pouvez ainsi couper *Mon poème* du Bureau et le coller dans le dossier *Pataugeoire*.

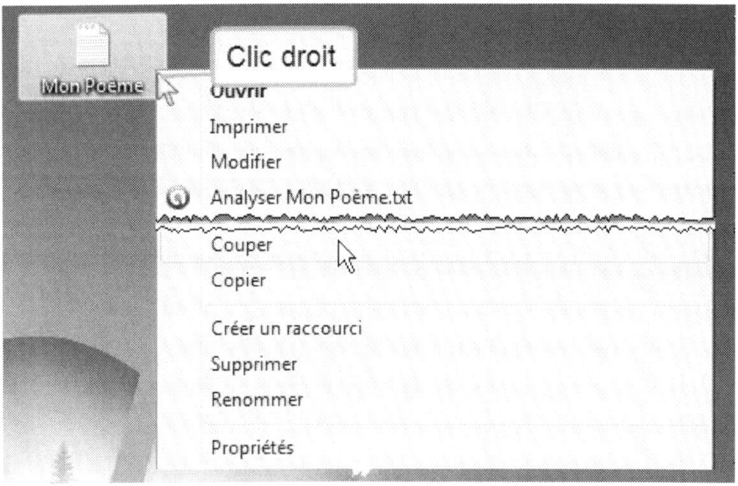

La commande Couper d'un menu contextuel

Raccourcis clavier

Les opérations de *coupier*-coller étant d'un usage très fréquent, vous en viendrez vite à vouloir les faire plus rapidement, en utilisant les raccourcis clavier :

- Ctrl+X : couper.
- Ctrl+C : copier.
- Ctrl+V : coller.

VAGABONDAGE

Des trucs pour se souvenir des raccourcis

Si vous avez du mal à retenir ces raccourcis, copiez cent fois que le C est l'initiale de Copier et remarquez que les trois lettres X, C et V se suivent sur le clavier dans l'ordre des commandes **Couper**, **Copier** et **Coller**.

Un autre truc : dans le menu **Edition**, à droite du nom de la commande, par exemple **Copier**, vous avez le rappel du raccourci clavier, dans ce cas Ctrl+C. Ce n'est donc pas la peine de trop faire d'effort pour retenir les raccourcis !

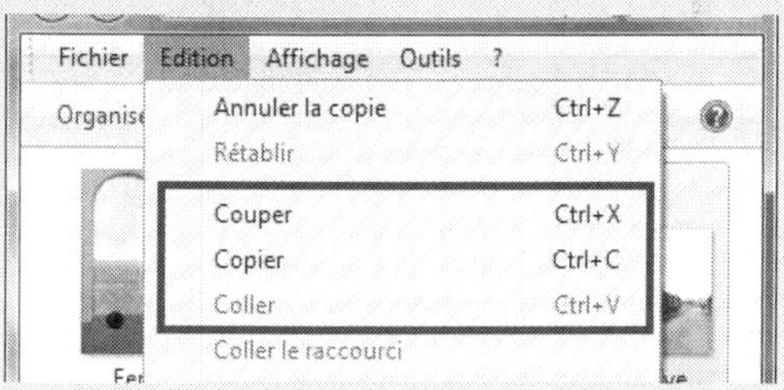

Les raccourcis clavier rappelés dans le menu Edition

Si vous voulez vous entraîner, copiez de cette façon *Princesse* dans le dossier *Pataugeoire*.

1. Sélectionnez *Princesse* dans *Bac à sable*.
2. Maintenez enfoncée la touche Ctrl et tapez sur la touche C.
3. Activez la fenêtre du dossier *Pataugeoire* en cliquant dedans.
4. Maintenez enfoncée la touche Ctrl et tapez sur la touche V. C'est terminé.

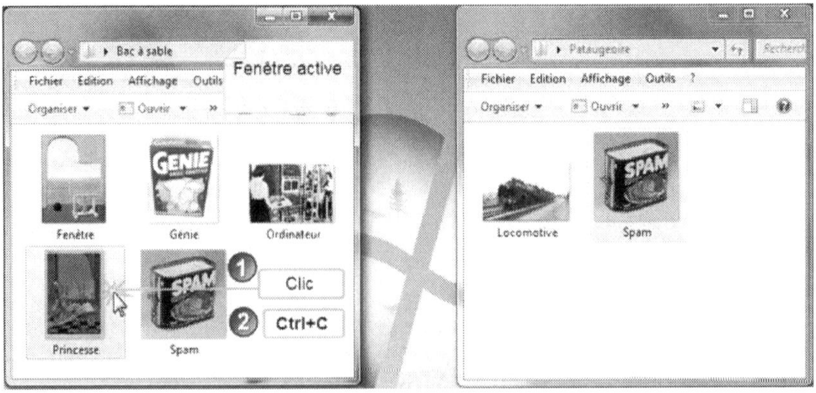

Ctrl+C pour copier...

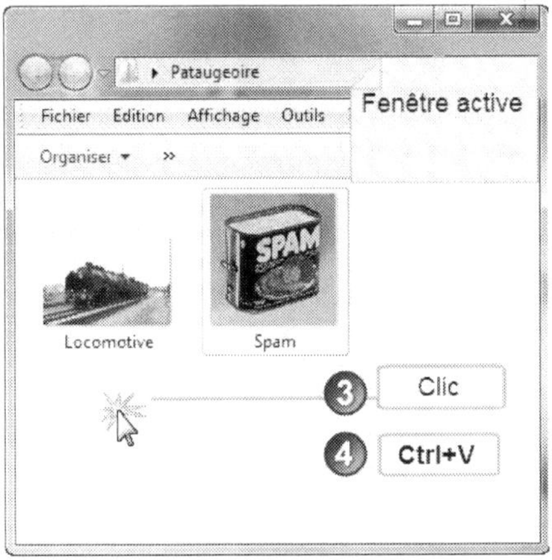

... Ctrl+V pour coller...

... et voilà le résultat

Les raccourcis clavier à retenir	
Couper	Ctrl+X
Copier	Ctrl+C
Coller	Ctrl+V

Cliquer-glisser avec la souris

Maintenant que les manipulations de la souris n'ont plus de secret pour vous, vous pouvez essayer le cliquer-glisser pour réaliser sans peine des *coupier*-coller. Cette fois-ci, vous allez couper *Fenêtre* de *Bac à sable* pour le coller dans *Pataugeoire*, c'est-à-dire le déplacer du premier dossier au second. Allez-y !

1. Cliquez sur *Fenêtre* dans *Bac à sable*, en maintenant le bouton gauche de la souris enfoncé.

   L'icône s'accroche au pointeur.

2. Faites glisser l'icône accrochée au pointeur pour l'amener sur le dossier *Pataugeoire*.

   Notez l'info-bulle qui vous indique l'opération en cours : **→Déplacer vers Pataugeoire**.

3. Relâchez le bouton de la souris.

   C'est terminé !

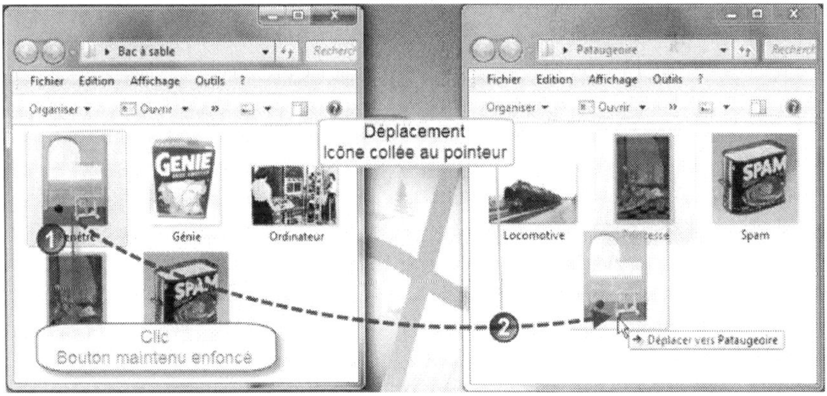

Déplacez doucement l'objet par cliquer-glisser…

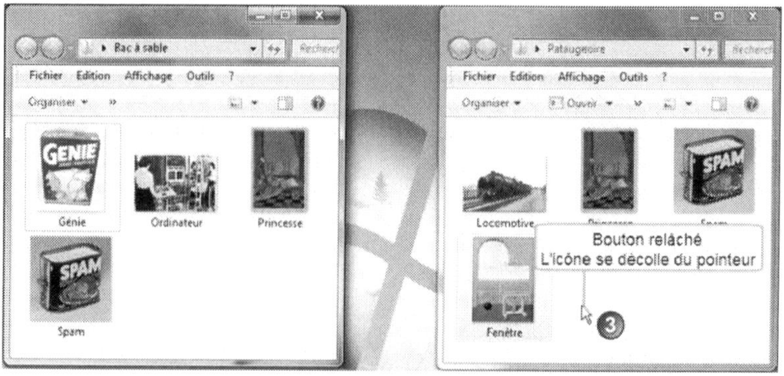

... et déposez-le délicatement à sa destination

Et si au lieu de faire **Couper**, vous voulez faire **Copier**. Rien de plus simple.

1. Commencez l'opération de la même manière, en faisant glisser par exemple *Ordinateur* sur le dossier *Pataugeoire*, mais *gardez toujours le bouton gauche de la souris enfoncé*.
2. Appuyez alors sur la touche Ctrl du clavier.

   Que voyez-vous ? L'info-bulle change et vous indique que l'opération en cours est une copie : **+Copier sur Pataugeoire**. Eugène a bien compris ce que vous vouliez.
3. En maintenant la touche Ctrl enfoncée, relâchez le bouton gauche de la souris.
4. C'est terminé : vous pouvez cesser d'appuyer sur la touche Ctrl !

Cliquez-glissez pour déplacer ou pour copier

Cliquer-glisser : déplacer ou copier ?

REMARQUE

Quand vous faites un cliquer-glisser avec la souris, c'est une opération de copier ou de déplacer qui peut vous être proposée, selon le contexte. Plutôt que d'essayer de retenir ces détails, il est beaucoup plus simple de regarder ce que dit l'info-bulle et, le cas échéant, de modifier l'opération.

Cliquer-glisser = copier ou déplacer (selon contexte).

Ctrl+cliquer-glisser = copier.

Maj+cliquer-glisser = déplacer.

Coupier-coller plusieurs objets à la fois

Supposez que vous vouliez ramener *Fenêtre* et *Locomotive* de *Pataugeoire* dans *Bac à sable*. Vous pouvez y arriver en faisant deux fois de suite l'opération de couper-coller sur chacun des documents. Ça va vite vous sembler fastidieux. Vous vous rappelez alors, dans un éclair de génie (Eugène, bien sûr !) que vous savez faire des sélections multiples. Pourquoi n'essaieriez-vous pas de sélectionner d'abord les deux documents concernés et ensuite faire le couper-coller par la méthode de votre choix. Allez-y ! Vous verrez que ça marche très bien.

Avec les menus ou les raccourcis clavier, cela ne pose pas de problème. Par contre, si vous faites le cliquer-glisser, il vous faudra faire bien attention d'accrocher au pointeur un des éléments de la sélection multiple ; tout le reste suivra. Mais si vous visez mal, vous risquez simplement d'effacer votre sélection ou d'en définir une nouvelle et il vous faudra tout recommencer. C'est énervant, mais ça n'est pas dangereux.

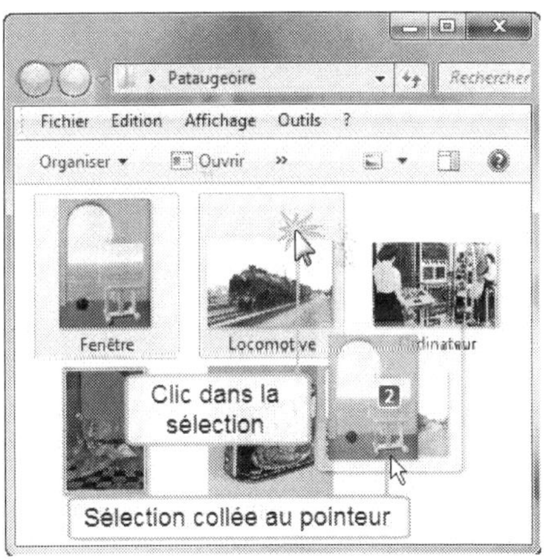

Un cliquer-glisser réussi sur une sélection multiple...

... et le même raté !

5.4. Manipulez du texte

Avec les opérations de sélection, de coupage et de collage, vous savez maintenant pratiquement tout faire. Bravo ! Il ne vous manque plus que la maîtrise de quelques compléments propres à la manipulation du texte.

Cette section vous présente toutes les notions importantes relatives à la manipulation de texte. Vous avez déjà vu les plus élémentaires lors de votre première navigation sur Internet. Vous terminerez par un exemple pratique pour vous exercer.

◆ Quelques notions

Le point d'insertion

Vous vous rappelez que c'est l'endroit dans un texte où seront insérés les caractères que vous tapez au clavier. Il est représenté par une petite barre verticale | qui clignote.

Le point d'insertion est aussi l'endroit où seront insérés les éléments que vous collerez.

Vous pouvez placer le point d'insertion où vous le souhaitez dans le texte en amenant le pointeur, qui a la forme d'un I majuscule, à l'endroit choisi et en cliquant. Vous pouvez aussi le déplacer avec les flèches de direction du clavier.

Quand vous avez inséré un élément dans le texte, le point d'insertion se déplace toujours juste après lui, à sa droite.

La sélection

Précédemment, vous avez vu comment couper ou copier un élément sélectionné. Vous avez également vu que le moyen le plus simple de sélectionner est le clic simple. Mais comment sélectionner du texte puisque le clic place le point d'insertion entre deux caractères ? Même en visant bien et en utilisant de très gros caractères, jamais un caractère n'est sélectionné.

Comment faire, alors ? Puisque vous ne pensez pas pouvoir sélectionner un seul caractère, vous allez essayer d'en sélectionner plusieurs, en utilisant les méthodes que vous venez d'apprendre – à savoir l'encerclement par cliquer-glisser et la sélection du premier et du dernier élément – et en les adaptant un peu.

Sélection par glissement du point d'insertion

Placez le pointeur (en forme de `I` majuscule) au début de la zone voulue, maintenez enfoncé le bouton gauche de la souris, amenez le pointeur à la fin de la zone et relâchez le bouton. En faisant ainsi du premier au dernier `s` de la phrase précédente, vous attrapez une `souris` : les caractères affichés en négatif ou en surbrillance constituent la sélection.

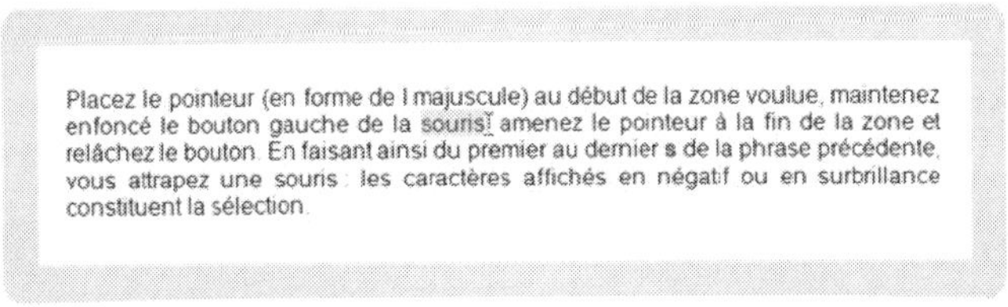
Placez le pointeur (en forme de I majuscule) au début de la zone voulue, maintenez enfoncé le bouton gauche de la souris, amenez le pointeur à la fin de la zone et relâchez le bouton. En faisant ainsi du premier au dernier s de la phrase précédente, vous attrapez une souris : les caractères affichés en négatif ou en surbrillance constituent la sélection.

Sélection par glissement du point d'insertion

Sélection par marquage de début et fin de zone

1. Placez, par un simple clic, le point d'insertion avant le premier caractère à sélectionner, par exemple le `é` du mot `|éléphant`.
2. Maintenez la touche [Maj] enfoncée.
3. Placez, par un simple clic, le point d'insertion après le dernier caractère de la zone à sélectionner, par exemple le `t` du mot `éléphant|`.
4. Relâchez la touche [Maj].
5. Fêtez dignement la réussite : vous avez sélectionné le mot `éléphant` qui n'avait rien à faire dans ce livre !

Sélection par marquage de début...

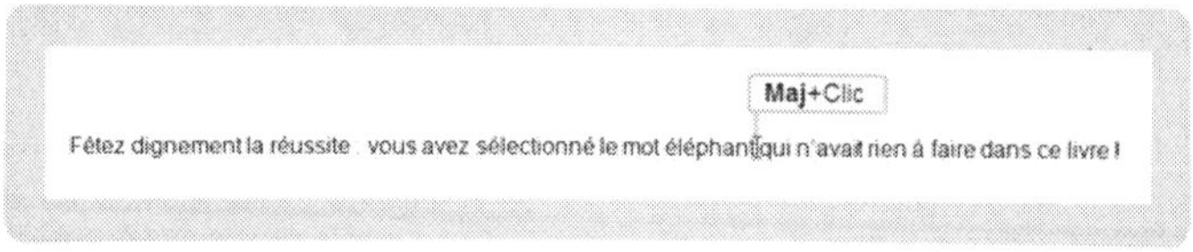

... et fin de zone

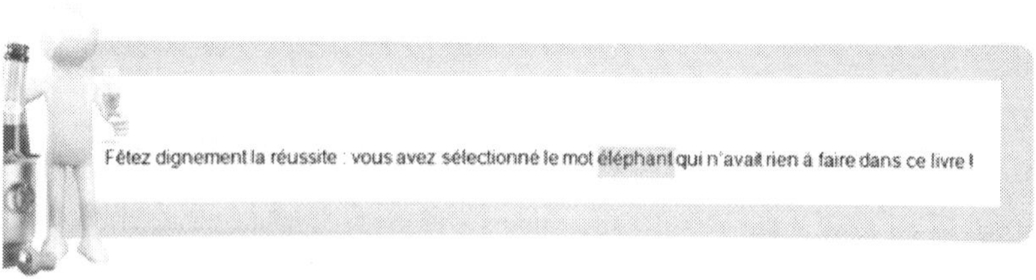

REMARQUE

Sélectionnez ce que vous voulez

Dans les deux exemples précédents, nous avons sélectionné un mot. Vous pouvez tout aussi bien sélectionner une ou plusieurs lettres d'un mot, ou encore une phrase ou un chapitre entier. Dans tous les cas, ce que vous avez sélectionné s'affiche en négatif ou en surbrillance.

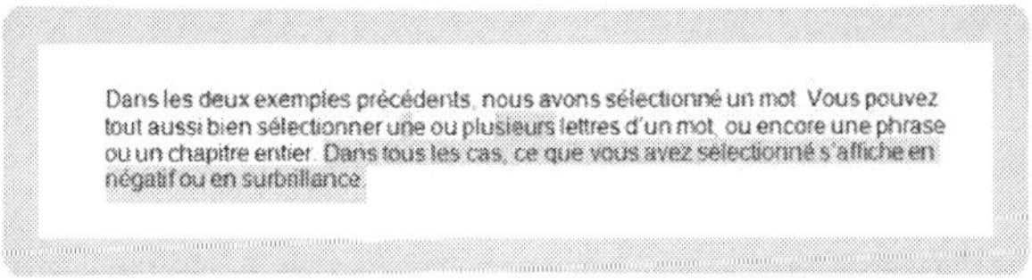

Dans les deux exemples précédents, nous avons sélectionné un mot. Vous pouvez
tout aussi bien sélectionner une ou plusieurs lettres d'un mot, ou encore une phrase
ou un chapitre entier. Dans tous les cas, ce que vous avez sélectionné s'affiche en
négatif ou en surbrillance.

Vous pouvez aussi sélectionner une ou plusieurs lettres d'un mot

Quand vous avez sélectionné une zone de texte, le point d'insertion ne s'affiche plus sous la forme de la petite barre verticale | clignotante : c'est la zone sélectionnée tout entière qui fait office de point d'insertion !

Couper, copier et coller du texte

Maintenant que vous savez sélectionner du texte, vous savez *coupier* et coller du texte. La méthode est toujours la même :

1. Sélectionnez le texte.
2. *Coupiez.*
3. Placez le point d'insertion à l'endroit de destination.
4. Collez.

REMARQUE

Toutes les manières que vous avez vues pour réaliser un ***coupier***-coller sont toujours valides. Vous pouvez, à votre guise, faire un cliquer-glisser du texte sélectionné, utiliser les raccourcis clavier, etc.

◆ Un exercice pratique

Pour vous permettre de bien vous familiariser avec les manipulations de texte d'un usage courant, nous vous proposons un petit exercice que vous pourrez reprendre à votre rythme.

Imaginez que, à l'instar de *Pierre Ménard, auteur du Quichotte*, selon Jorge Luis Borges, vous vouliez modifier le poème que vous avez déjà écrit jusqu'à recréer, mot pour mot, le poème de Jacques Prévert *Inventaire* ou tout au moins son début !

Ce petit texte que vous avez enregistré dans un fichier nommé *Mon Poème*, vous allez l'ouvrir pour le modifier. Mais comme vous êtes prudent et souhaitez conserver un souvenir de votre première œuvre, vous allez d'abord en créer une copie. Ouvrez donc *Mon poème* avec le Bloc-notes et commencez par l'enregistrer sur le Bureau avec le nom *Mon Inventaire* en utilisant la commande **Enregistrer sous**. Fermez ensuite le Bloc-notes. Vous savez faire tout cela sans difficulté.

Sur le Bureau, vous avez maintenant deux fichiers, *Mon Poème* et *Mon Inventaire*, contenant le même texte. C'est sur *Mon Inventaire* que vous allez vous exercer. Mais, cette fois, vous n'allez pas utiliser le Bloc-notes, mais un autre outil de traitement de texte encore très simple, mais un peu plus puissant : WordPad. (Les outils dont dispose Eugène l'Écrivain du Bloc-notes sont en effet trop limités. Il ne dispose même pas de toutes les méthodes de sélection que vous allez utiliser. Elles existent par contre dans Word Pad et dans tous les autres outils qui manipulent du texte.)

Vous pouvez lancer WordPad depuis le bouton **Démarrer**. Vous le trouverez dans **Accessoires**, tout comme le Bloc-notes. Ouvrez ensuite le fichier *Mon Inventaire*. Vous savez faire tout cela sans problème.

Vous pouvez maintenant effectuer les modifications en suivant les différentes méthodes qui vous sont suggérées, ou en vous en inspirant librement. À vous de retenir celles qui vous plaisent le mieux ou vous paraissent les plus simples à mettre en œuvre. Vous pouvez bien sûr mélanger les différentes méthodes : faites toujours ce qui vous paraît le plus pratique.

À l'origine, votre poème se présente comme ceci.

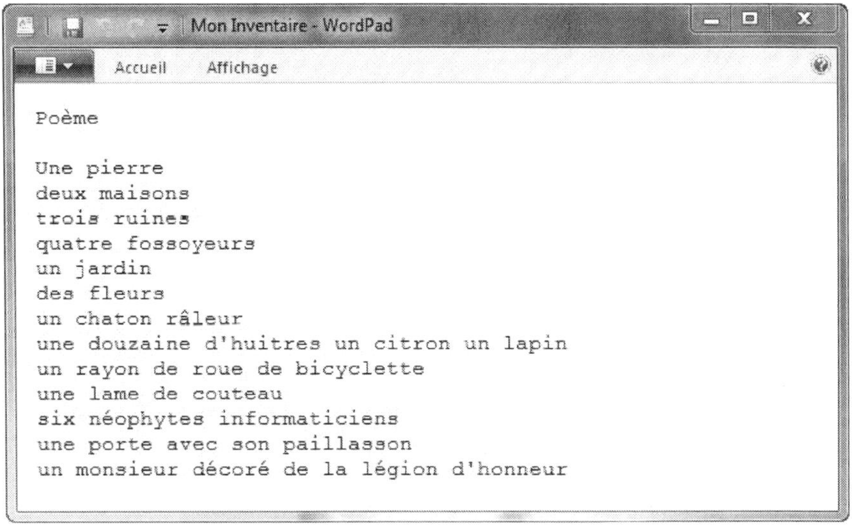

REMARQUE

La fenêtre WordPad

La fenêtre qui s'affiche sur votre ordinateur peut être plus chargée, avec une barre des tâches et d'autres boutons. Vous pouvez très bien la laisser telle quelle, car c'est uniquement dans l'espace de travail que vous allez opérer.

Si vous voulez la voir exactement comme sur l'illustration, procédez comme suit :

1. Dans le menu **Affichage**, décochez **Règle** et **Barre d'état**.
2. Dans le menu contextuel associé (clic droit sur **Affichage**), activez (clic gauche) **Réduire le Ruban**.

Sélection par cliquer-glisser pour changer le titre

Vous voulez en premier lieu donner un titre plus pertinent à votre poème et décidez de l'appeler INVENTAIRE que vous écrirez en majuscules.

1. Avec la souris, placez le pointeur au tout début du texte et tirez-le vers la droite (bouton gauche de la souris enfoncé) jusqu'au bout de la ligne : le mot `Poème` est sélectionné.

2. Relâchez la souris et tapez `I` majuscule. Toute la sélection, qui fait office de point d'insertion, est remplacée par la lettre tapée et le point d'insertion reprend sa forme habituelle de barre verticale clignotante, juste à droite du `I` majuscule.

3. Finissez de taper `NVENTAIRE`.

Ajouter des lignes

Vous voulez ajouter deux lignes vides pour aérer le texte.

1. Avec la souris, placez le point d'insertion après le `s` de `fleurs` et tapez sur la touche Entrée (ce qui veut dire « aller à la ligne »). Le point d'insertion se trouve donc maintenant au début d'une nouvelle ligne.

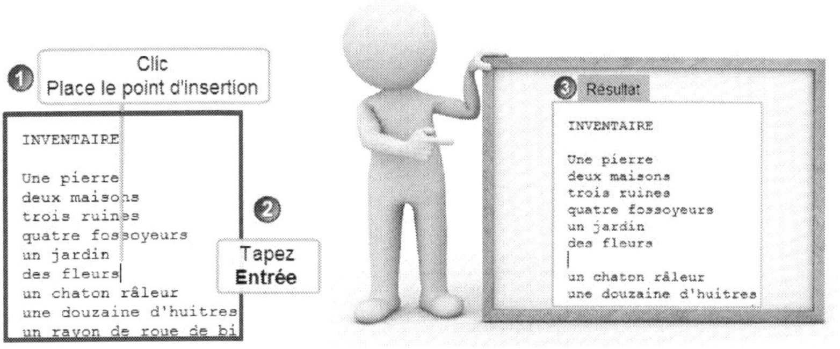

2. Frappez deux fois sur la touche [↓] (déplacement vers le bas) pour mettre le point d'insertion avant le `u` de `une douzaine`.

3. Tapez à nouveau sur la touche [Entrée]. Une nouvelle ligne est créée avant le point d'insertion qui est toujours devant `une douzaine`.

Sélection d'un mot avec Maj+clic

1. Avec la souris, placez le point d'insertion juste avant l'`l` du `lapin`. Maintenez la touche [Maj] enfoncée et, avec la souris, placez le pointeur en forme de `I` quelque part sur le `lapin`.

Le mot `lapin` est totalement sélectionné et le pointeur reprend sa forme de flèche.

2. Tapez le mot `pain`.

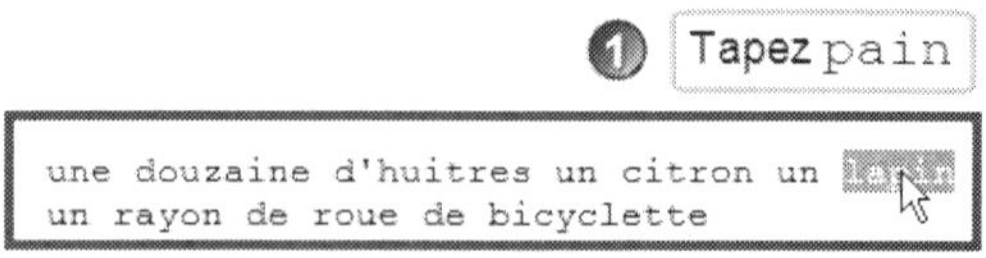

Le point d'insertion est alors à droite du `n` de `pain`, à la fin de la ligne.

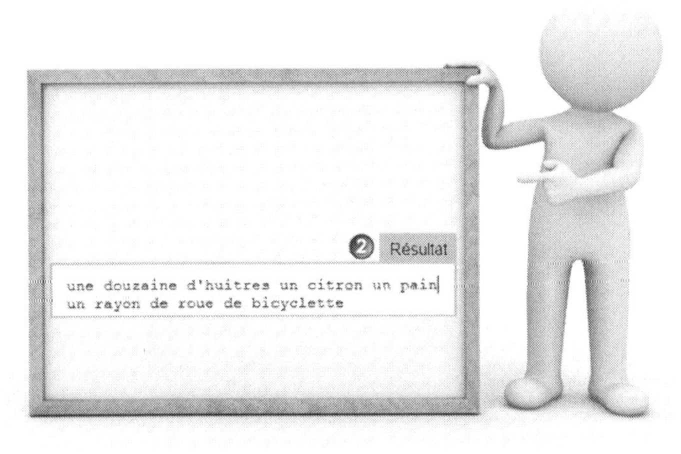

Pour sélectionner le mot `lapin`, il vous aurait peut-être semblé plus normal de mettre le pointeur juste après le `n`, à la fin du mot. En pratique, c'est fréquemment des mots entiers que l'on manipule. Eugène l'Écrivain sélectionne donc très souvent le mot entier, dès que l'on en a sélectionné quelques lettres. Mais il peut y avoir des cas où il ne le fait pas. Restez attentif !

Déplacement du point d'insertion et sélection d'un mot avec le clavier

Maintenant, pour faire la modification juste à la ligne suivante, il vous semble plus simple d'utiliser les touches du clavier.

1. Tapez une fois sur la flèche de déplacement vers la droite [→] (oui, vers la droite).

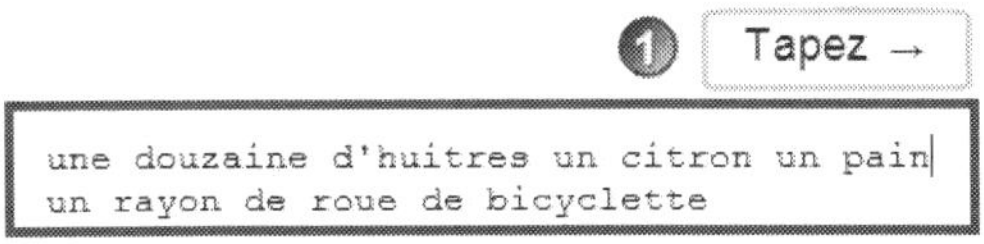

Le point d'insertion était en fin de ligne, mais il y en a une autre derrière, et après une ligne, c'est le début de la suivante. Le point d'insertion se trouve donc maintenant tout au début de la ligne qui commence par `un rayon`.

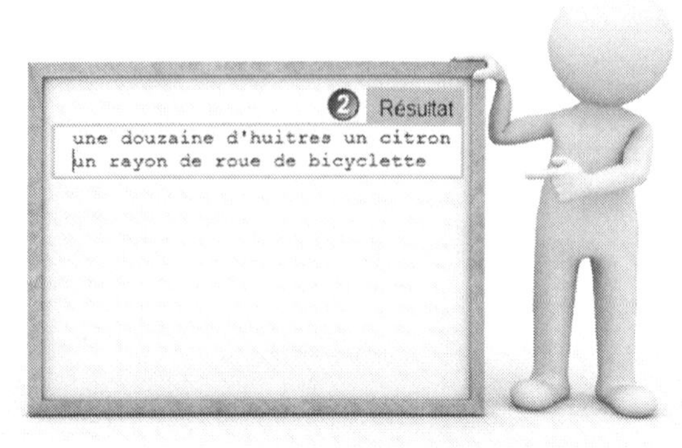

2. Appuyez sur la flèche de déplacement à droite →, cette fois en la maintenant enfoncée.

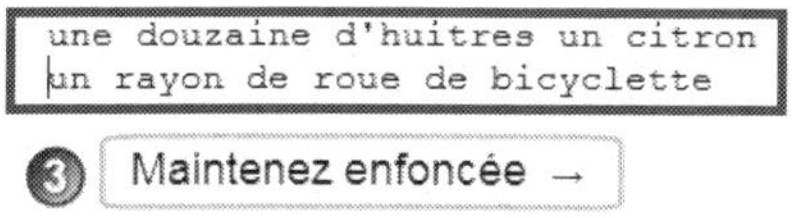

Le point d'insertion se déplace d'abord d'un caractère à droite (avant le `n`), hésite un peu et part à toute allure vers la droite. Relâchez vite la touche et voyez où il est. En utilisant les flèches de direction vers la droite → ou vers la gauche ← (s'il vous a échappé et est parti trop loin !), ramenez-le juste avant le `r` de `roue`.

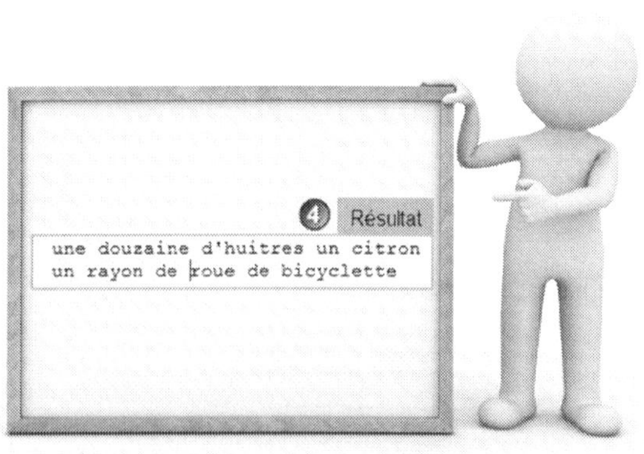

3. Maintenez la touche [Maj] enfoncée et, avec la flèche de déplacement vers la droite [→], amenez le point d'insertion après le `e` de `bicyclette`.

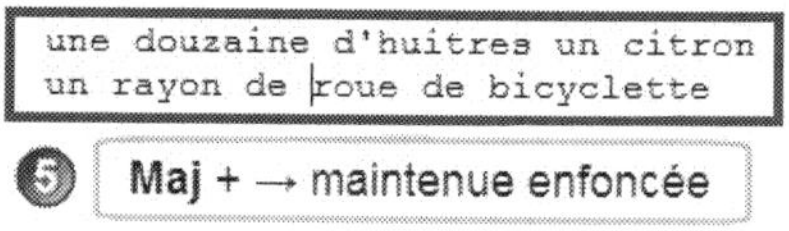

Vous voyez la sélection s'étendre avec le mouvement du point d'insertion. Vous pouvez alors relâcher les touches [Maj] et [→]. C'est maintenant le texte `roue de bicyclette` qui est sélectionné.

4. Tapez `soleil` à la place.

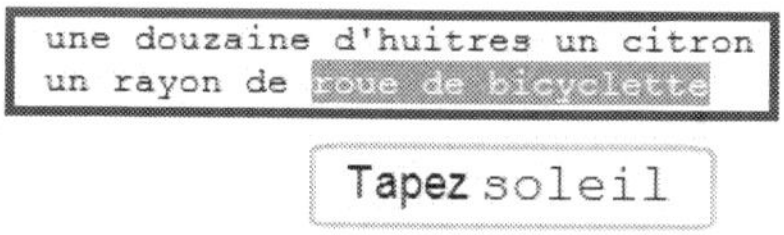

ALLONS PLUS LOIN

Les lignes et le texte

Vous avez peut-être été surpris de découvrir que le déplacement vers la droite en fin de ligne vous faisait passer à la suivante. Pour bien comprendre ce comportement, dites-vous que sur ses ardoises ou dans les livres de sa bibliothèque, Eugène note tout comme une longue suite de caractères, des lettres, des chiffres, des signes de ponctuation et des marques qu'il ne vous montre pas mais qui lui indiquent comment présenter le texte. Il a, entre autres, un caractère pour indiquer la fin d'une ligne.

C'est ainsi, par exemple, qu'il note le début du poème corrigé, le caractère invisible de fin de ligne ayant ici été remplacé par le caractère `$`.

```
INVENTAIRE$$une pierre$deux maisons$trois ruines$qua...
 Ligne 1   || Ligne 3   |  Ligne 4    |  Ligne 5    |   ...
```

Il n'y a maintenant plus de mystère : si le point d'insertion est en fin de ligne, juste après le `e` de `pierre`, et que vous le déplacez d'un cran à droite, il se retrouve après le `$`, juste avant le `d` de `deux`, en début de ligne suivante.

Remarquez au passage les deux caractères de fin de ligne successifs qui délimitent une ligne vide, la deuxième.

Partant de la même situation, vous ne serez donc pas surpris du résultat, si vous tapez sur la touche [Suppr] : c'est le `$` qui disparaît, et les deux lignes n'en font plus qu'une seule.

```
INVENTAIRE$$une pierredeux maisons$trois ruines$qua...
 Ligne 1   ||           Ligne 3          |  Ligne 4    |   ...
```

Sélection d'un mot de droite à gauche

Le prochain mot que vous voulez modifier est juste en dessous. Vous allez, là encore, aller au plus simple.

1. Amenez le point d'insertion à la fin de la ligne suivante, juste après le `u` de `couteau`, en utilisant les flèches de direction : un cran vers le bas [↓] et un cran à droite [→].

① Tapez ↓

```
un rayon de soleil|
une lame de couteau
```

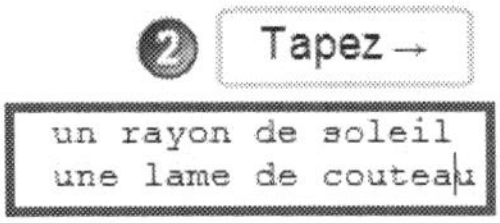

2. Sélectionnez le mot `couteau`, par exemple avec un [Maj]+clic juste sur le `o` de `couteau`.

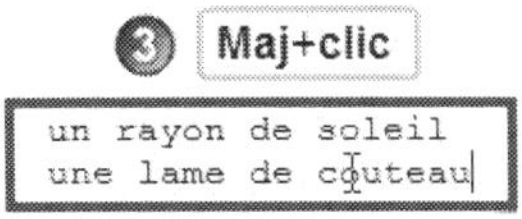

3. Tapez `fond`, qui remplace la sélection. Le point d'insertion est, comme d'habitude à la droite du dernier caractère tapé : le `d` de `fond`.

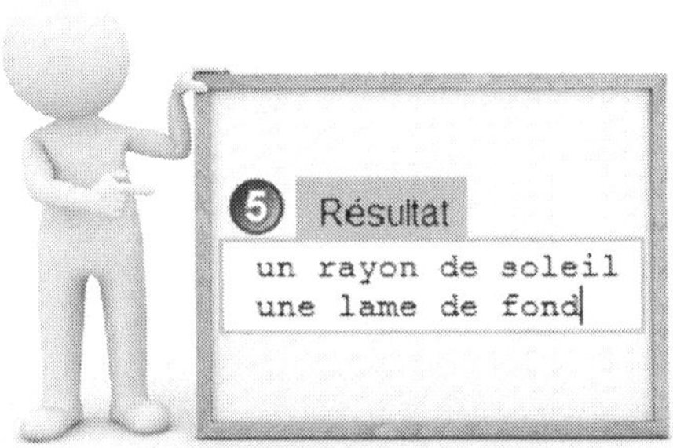

REMARQUE

Début et fin de sélection

Quand vous définissez la sélection en marquant son début et sa fin, le début est toujours le premier endroit où vous avez placé le point d'insertion, et la fin l'endroit où vous l'avez placé avec la touche [Maj] enfoncée. Le début de la sélection peut donc être la fin d'un mot, et vice-versa, comme on vient de le voir. C'est exactement le même principe que pour la sélection par premier et dernier élément d'une liste.

Sélection d'un mot par double clic

Attention maintenant ! Pour remplacer les `néophytes informaticiens` par des `musiciens`, vous allez découvrir un nouvel usage du doucle clic.

1. Placez le pointeur n'importe où entre le `n` du début et le `s` de la fin de `néophytes` et faites un double clic. Et voilà ! Le mot `néophyte` tout entier est sélectionné.

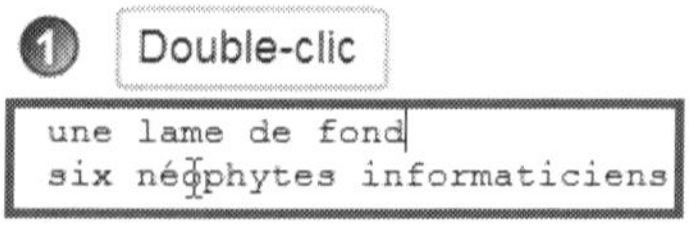

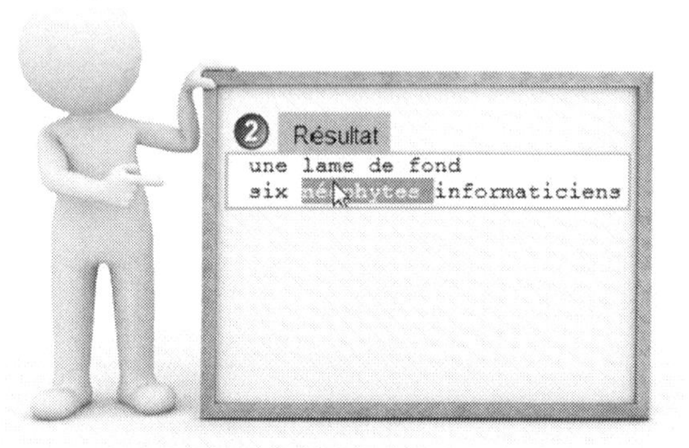

2. Étendez maintenant la sélection vers la droite en maintenant la touche [Maj] enfoncée et en utilisant la flèche [→], pour qu'elle se termine juste entre le `t` et le `i` de `informaticiens`.

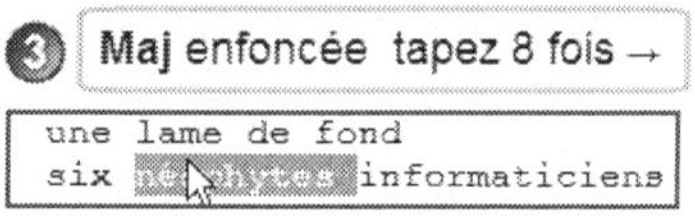

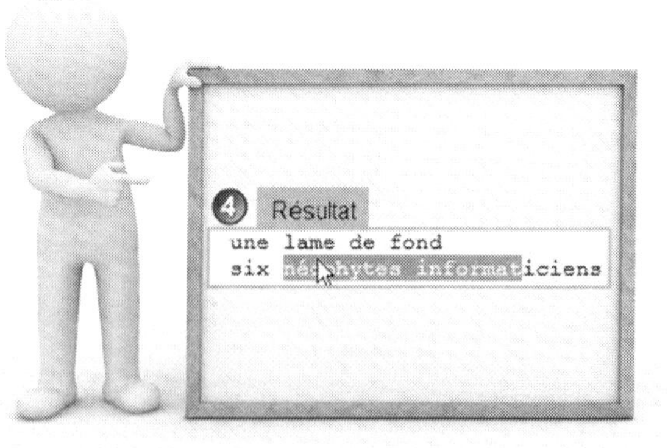

3. Tapez à la place `mus` et le tour est joué. Le point d'insertion est entre le `s` et le `i` de `musiciens`.

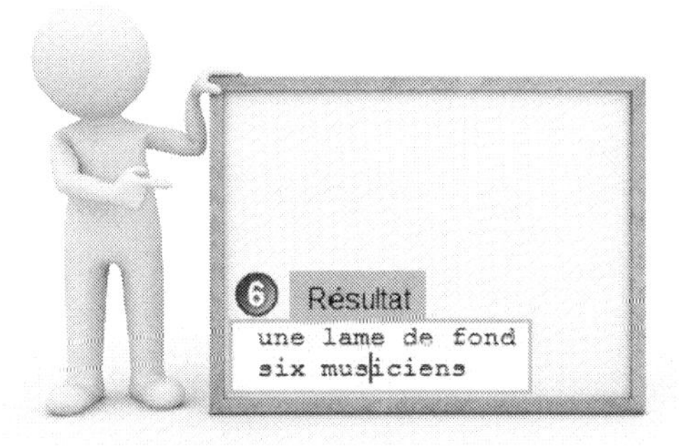

Sélection de plusieurs mots par cliquer-glisser et recopie

Vous voulez ajouter, comme touche finale, `un autre chaton râleur`. Comme il en existe déjà un, vous allez simplement le recopier.

1. Double-cliquez sur le `un` au début de la ligne du chaton râleur, mais *maintenez le bouton de la souris enfoncé après le deuxième clic*. (Appuyez, relâchez et appuyez, très vite et sans déplacer le pointeur !)

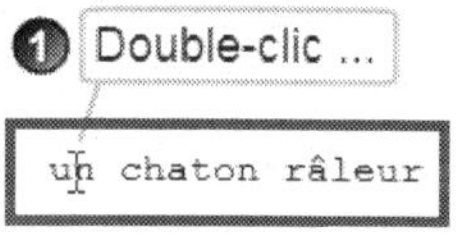

2. Faites ensuite glisser le pointeur vers la droite jusqu'à ce que la ligne entière soit sélectionnée.

   Comme vous avez d'abord sélectionné un mot entier, la sélection s'étend ensuite mot par mot et non pas caractère par caractère.

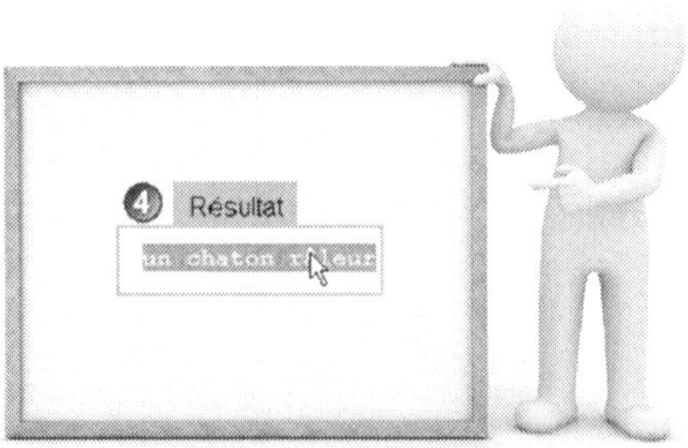

3. Copiez maintenant la sélection (clic droit puis **Copier**, ou Ctrl+C, comme vous voulez).

4. Placez alors le point d'insertion tout à fait à la fin du texte, après le `r` de `honneur`.

   Vous ne pouvez pas aller plus loin : c'est la fin du texte et après il n'y a plus rien. Notez que la sélection a disparu dans l'opération, mais ça n'est pas grave, Eugène a noté ce qu'il fallait dans le Presse-papiers.

5. Tapez deux fois sur la touche Entrée pour insérer deux fins de ligne, donc deux nouvelles lignes vides.

   Le point d'insertion se déplace alors naturellement au début de la dernière ligne vide.

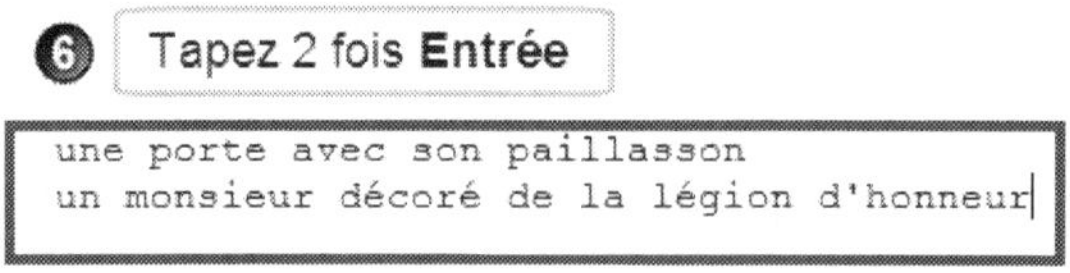

6. Maintenant, exécutez la commande **Coller** comme bon vous semble (Ctrl+V, par exemple) pour faire apparaître `un chaton râleur` à la fin du poème.

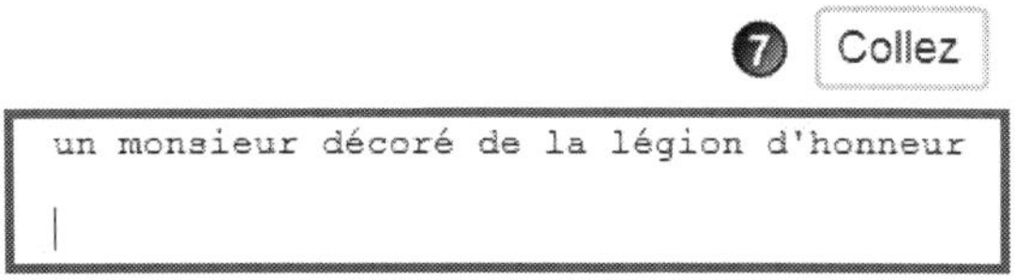

7. Il ne vous reste plus qu'à placer le point d'insertion avant le `c` de ce `chaton` et à taper `autre`, suivi d'un espace.

REMARQUE

Pour les amateurs de sensations fortes

Quand vous avez voulu copier `un chaton râleur`, vous avez sélectionné tous les mots de la ligne. Il existe un moyen amusant de faire cette sélection très facilement. Si un triple saut périlleux ne vous fait pas peur, essayez donc le triple clic. Placez le pointeur à un endroit quelconque de la ligne et appuyez trois fois de suite, très vite, sur le bouton gauche de la souris : ***toute la phrase est sélectionnée***. Impressionnant !

Si vous n'êtes pas aussi intrépide, vous trouverez, dans le menu **Edition**, une commande moins acrobatique mais qui s'avère parfois bien pratique : **Sélectionner tout**. Comme son nom l'indique, elle permet de sélectionner tout le texte du début à la fin. Elle s'active aussi par le raccourci Ctrl+A.

Recherche de texte

Vous êtes assez satisfait de votre œuvre, mais vous vous demandez soudain si vous n'avez pas oublié un citron dans votre inventaire. Plutôt que de relire attentivement votre texte, au risque de vous fatiguer les yeux et de ne pas être sûr de votre résultat, vous allez demander l'aide d'Eugène qui, lui, ne laissera absolument rien passer. Il y a, dans tous les logiciels manipulant du texte, une fonction de recherche et de remplacement que vous allez utiliser. Vous trouverez parfois de petites différences dans la présentation et des variantes sont possibles, mais le principe reste le même.

1. Commencez par remettre le point d'insertion tout au début de votre poème puis allez dans le menu **Edition** (cliquez d'abord sur l'onglet **Accueil** pour l'afficher) et cliquez sur le bouton **Rechercher**.

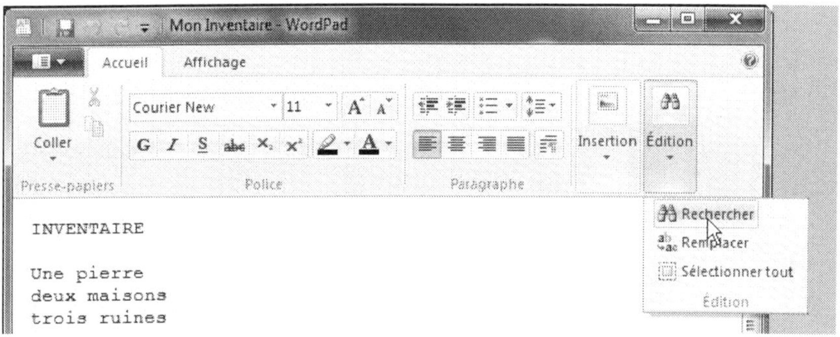

À la recherche…

2. Une petite fenêtre s'ouvre, avec une zone de saisie. Tapez le texte à rechercher : `citron`. Cliquez sur le bouton **Suivant** et, aussitôt, vous voyez qu'une zone de votre texte a été sélectionnée, et, merveille, c'est le texte `citron` qui s'y trouve. Vous voilà rassuré !

REMARQUE

Si vous ne voyez pas la zone sélectionnée, c'est qu'elle est cachée par la fenêtre de recherche : déplacez-la un peu et vous verrez l'élément recherché dans le texte.

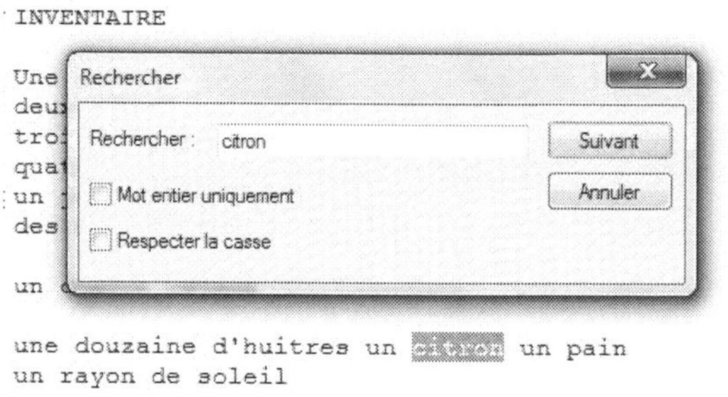

... d'un citron

3. Cliquez de nouveau sur **Suivant** dans la fenêtre de recherche : cette fois ça ne marche plus : une fenêtre de dialogue vous avertit qu'il n'y a plus rien à voir. Eugène a fini de lire le texte et n'a pas trouvé d'autre `citron`.

> **REMARQUE**
>
> Contrairement à ce qui se passe quand vous soumettez un terme à un moteur de recherche, ici c'est une comparaison stricte qui est effectuée. Si vous faites une faute de frappe et tapez `citrob`, Eugène vous dira qu'il n'a rien trouvé. Faites donc bien attention à taper ***exactement*** le texte recherché.

La zone de recherche vous permet de rechercher non seulement des mots, mais aussi des lettres isolées, ou des groupes de mots, en fait, n'importe quelle suite de caractères. Cherchez par exemple s'il y a un `z` dans l'inventaire : vous en trouverez un dans la `douzaine`. Il y a également un `x` et un seul : cherchez-le. Par contre il n'y a pas de `y` : vérifiez-le !

Remplacement de texte

Maintenant, pour parfaire votre œuvre, vous voulez remplacer les chatons râleurs par un animal plus original.

1. Commencez par remettre le point d'insertion au tout début de votre poème et, cette fois, dans le menu **Edition** cliquez sur le bouton **Remplacer**. La fenêtre qui s'affiche est une fenêtre de recherche avec, en plus, une zone de saisie du texte de remplacement.

2. Dans la zone **Rechercher**, tapez `chaton râleur` et, dans la zone **Remplacer par**, tapez `raton laveur`.

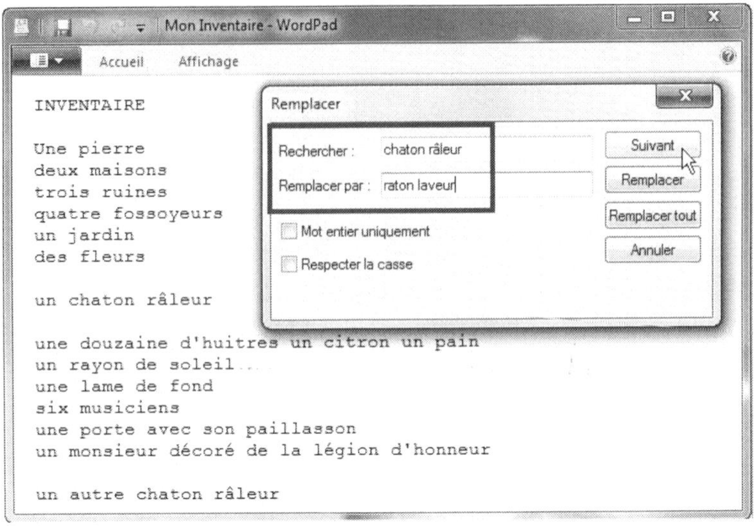

3. Cliquez sur **Suivant** pour trouver le premier `chaton râleur` et sur **Remplacer** pour opérer la substitution.

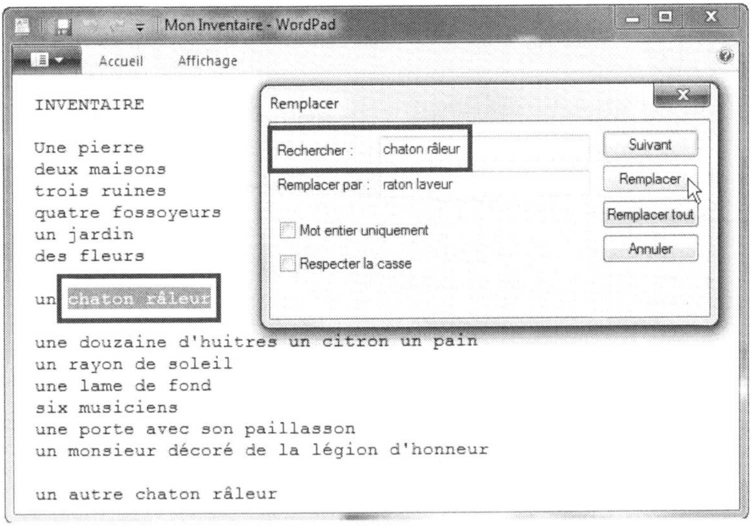

Voyez le résultat : la zone sélectionnée est maintenant sur le deuxième `chaton`.

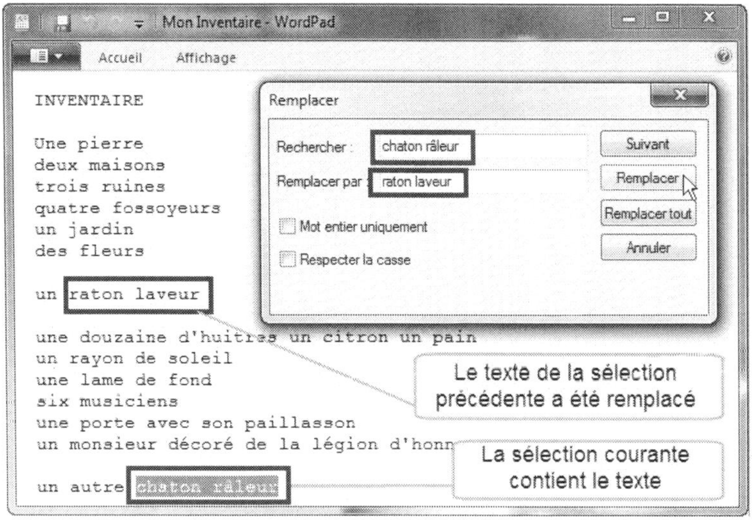

4. Il ne vous reste plus qu'à cliquer à nouveau sur **Remplacer**, et ainsi de suite, jusqu'à la fin du document.

Vous avez ainsi la possibilité d'examiner chaque élément trouvé et de décider de le remplacer ou non. Pour le laisser inchangé, il vous suffit de cliquer sur **Suivant**. Si, par contre, vous êtes certain de tout vouloir remplacer, cliquez sur **Remplacer tout**. Eugène va alors lire tout le texte et, chaque fois qu'il trouvera un `chaton râleur`, il le remplacera par un `raton laveur` sans rien vous demander.

Maintenant que vous savez tout sur les manipulations de texte, vous pouvez enregistrer votre poème pour en garder un souvenir. Toutefois, ne fermez pas la fenêtre *WordPad*, car vous en aurez encore besoin pour un prochain exercice.

REMARQUE

Menu ou onglet ?

Pour enregistrer votre poème, ne cherchez pas le menu **Fichier** dans WordPad : il n'y en a pas. À sa place, c'est-à-dire tout à fait à gauche, juste avant **Accueil**, il y a un onglet sans texte qui contient les boutons du menu **Fichier**. Question de mode !

REMARQUE

Vous pouvez aussi utiliser directement le bouton dans la barre de titre avec une image de disquette qui signifie **Enregistrer**.

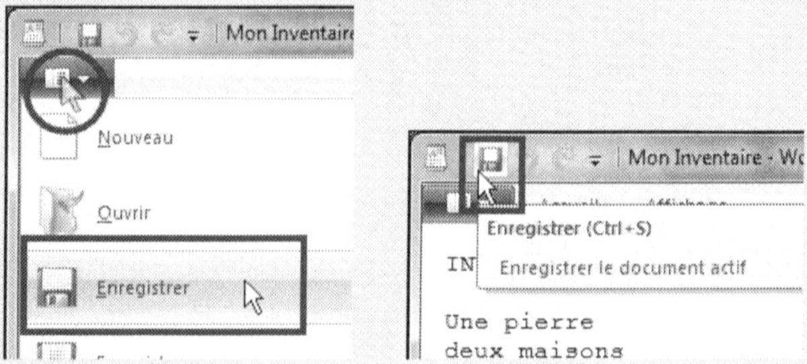

5.5. Annulez les dernières actions

Malgré toute votre application, il vous arrivera parfois de cliquer sur le mauvais bouton, déclenchant ainsi une petite catastrophe. Vous voudriez bien revenir à l'état précédent. Vous vous rappelez que le raccourci Ctrl+Z permet de demander à Eugène d'annuler la dernière action effectuée.

Prenez donc le temps de vous exercer un peu, à froid, pour bien maîtriser ce mécanisme et sa mise en œuvre, avant d'en avoir besoin dans l'urgence.

Les différentes manières d'annuler

- Bouton **Annuler** du menu **Edition**.

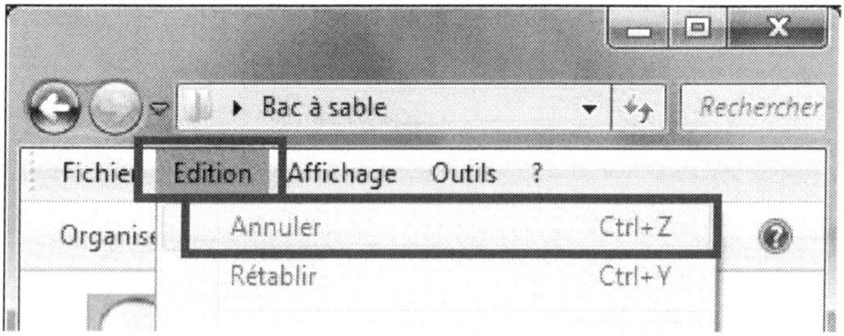

C'est le bouton **Annuler** du menu **Edition** qui active l'annulation de la dernière action effectuée. Il est généralement situé tout en haut du menu et est présent dans quasiment toutes les applications. Le plus souvent, le texte du bouton affiche l'action qui sera annulée. Il peut aussi vous apparaître comme un bouton avec une flèche courbe qui suggère un retour en arrière. Quand il n'y a rien qui puisse être annulé, le bouton est inactif.

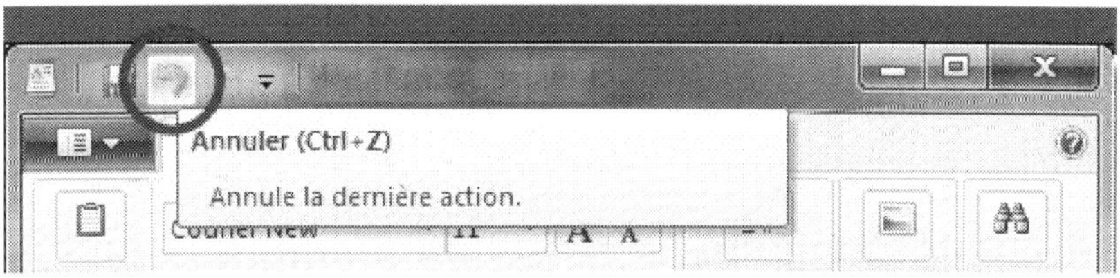

- Raccourci Ctrl+Z.

  C'est le moyen rapide d'activer le bouton **Annuler**. Et si vous n'êtes pas friand des raccourcis clavier, retenez au minimum Ctrl+Z. En effet, même si la barre de menus n'est pas affichée ou si vous ne trouvez pas le bouton **Annuler**, vous pouvez toujours faire Ctrl+Z pour déclencher l'annulation.

  Un autre avantage, c'est que, si vous vous êtes trompé, il vaut mieux annuler immédiatement. Cliquer sur des menus pour trouver le bouton **Annuler** risque de vous faire faire une autre erreur, qui s'ajoutera à la précédente et rendra la correction plus difficile. Ctrl+Z est immédiat !

Annuler la toute dernière action

Exercez-vous dans le dossier *Bac à sable*. Sélectionnez le document *Génie* et supprimez-le. (Utilisez la touche Suppr du clavier ou le bouton **Supprimer** du menu contextuel et répondez **Oui** à la demande de confirmation.) Le document disparaît du dossier.

Un Génie a disparu !

Maintenant regrettez vivement votre geste.

Pour revenir à l'état antérieur, appuyez, par exemple, sur le bouton **Annuler** du menu **Edition**. Notez au passage qu'il s'intitule maintenant **Annuler la suppression**. Aussitôt, le document réapparaît : le mal est réparé.

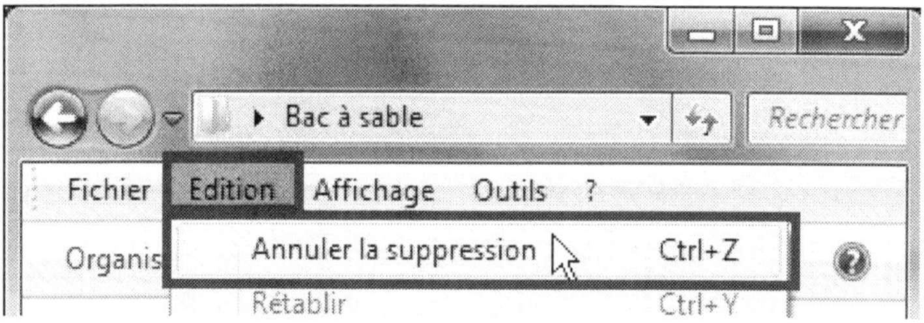

Annulez la disparition !

Maintenant sélectionnez les deux documents *Fenêtre* et *Ordinateur* et, par un cliquer-glisser, déplacez-les sur le Bureau. Vous pouvez vérifier que le bouton d'annulation s'intitule cette fois **Annuler le déplacement**, mais ne l'utilisez pas.

Fenêtre et Ordinateur sont partis au Bureau...

Réduisez alors la fenêtre : vous ne voyez plus sur le Bureau que les icônes des deux documents que vous venez d'y placer et aucun menu **Edition** n'est directement accessible. Cette fois-ci, utilisez le raccourci clavier Ctrl+Z.

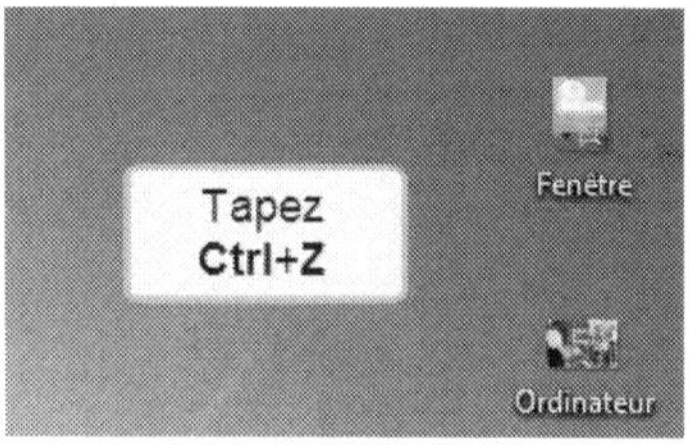

... Ctrl+Z...

Comme l'action consistait à déplacer les deux documents, vous constatez que son annulation les enlève du Bureau, mais vous ne les voyez pas encore réapparaître, car Eugène les a recopiés dans le dossier *Bac à sable* que vous avez réduit. Il vous suffit de réafficher la fenêtre *Bac à sable* pour vous convaincre qu'ils y sont bien revenus.

... Fenêtre et Ordinateur sont revenus

Annuler une autre dernière action

L'annulation de la dernière action est toujours relative à l'application en cours d'exécution : c'est un Eugène l'Acteur qui va l'exécuter.

Imaginez, par exemple, que vous travaillez en même temps sur votre poème et sur les documents dans le dossier *Bac à sable*. Commencez par supprimer le document *Génie* de *Bac à sable*. Activez ensuite la fenêtre *WordPad* et, à la fin de votre poème, ajoutez un `éléphant rose`.

Revenez maintenant dans le *Bac à sable* et activez **Annuler**. Le résultat de l'opération sera le retour du *Génie* et non pas la disparition d'un `éléphant rose`. La toute dernière action que vous ayez exécutée est bien l'ajout d'un `éléphant rose`, mais la dernière dans le *Bac à sable*, c'était la suppression du *Génie*. Vous pourrez bien sûr faire disparaître cet `éléphant rose` de cauchemar avec votre souris, en cliquant sur la commande **Annuler** dans WordPad.

Annulation en cascade

Eugène mémorise généralement toutes les actions que vous faites, et pas seulement la dernière. Vous pouvez ainsi remonter le temps en annulant successivement toutes vos mauvaises actions. Essayez de le faire avec votre poème. Ce sont d'abord les ratons qui redeviennent chatons. Ensuite le `autre` du deuxième chaton qui disparaît, puis le deuxième chaton tout entier, et ainsi de suite.

Continuez jusqu'à ce qu'il n'y ait plus rien à annuler et vous retrouvez votre poème dans son état de départ.

ALLONS PLUS LOIN

Annuler l'annulation

Si vous vous êtes trompé et avez annulé quelque chose par erreur, vous avez encore la possibilité de vous rattraper. De même qu'il note toutes vos actions, Eugène note aussi toutes les annulations que vous avez effectuées. Il vous suffit donc, si besoin, de lui dire de refaire l'action.

Le bouton d'annulation de l'annulation s'appelle **Répéter** ou **Rétablir**. Il est toujours placé sous le bouton **Annuler** du menu **Edition**.

Vous pouvez également utiliser la flèche recourbée vers la droite, à droite de celle de l'annulation.

Vous pouvez aussi utiliser le raccourci clavier Ctrl+Y, qui vous est rappelé sur le bouton **Répéter**.

Enfin, de la même façon que vous pouvez annuler en cascade, vous pouvez répéter en cascade. Essayez de rétablir votre poème dans son état final en répétant toutes les actions que vous venez d'annuler !

REMARQUE

Eugène ne conserve l'historique de vos actions et de vos annulations que sur ses ardoises magiques et les efface quand vous fermez l'application. Si donc vous enregistrez votre poème dans son état final et fermez WordPad, vous pourrez toujours retrouver votre poème dans l'état où vous l'avez enregistré, mais ne pourrez plus annuler les modifications précédentes qui sont définitivement oubliées.

6.

Mettez de l'ordre dans vos dossiers

Ce chapitre vous dévoile tous les mystères des fichiers et des dossiers ainsi que des méthodes pour les organiser et les ranger.

Vous allez d'abord comprendre les difficultés auxquelles est confronté Eugène le Bibliothécaire, face au nombre colossal d'éléments qu'il doit organiser, puis vous entreprendrez une visite guidée de sa grande bibliothèque en commençant par les supports de stockage. Ce sera pour vous l'occasion de découvrir l'Explorateur de fichiers.

Ensuite, un nouvel examen des documents que vous avez précédemment créés vous éclairera sur la méthode de rangement des fichiers et dossiers.

Vous en apprendrez alors davantage sur les fichiers : leur nature, leur nom avec leur extension, leur contenu et leurs propriétés. Vous ferez de même avec les dossiers et découvrirez émerveillé comment ils permettent de créer des arborescences de manière quasi illimitée. Vous ferez aussi connaissance avec les dossiers prédéfinis de votre ordinateur.

Le chapitre suivant sera consacré à l'exploration de l'Explorateur de fichiers. Vous passerez en revue les différentes façons de le lancer et apprendrez à reconnaître les éléments principaux de sa fenêtre : la barre d'adresse, le volet de navigation et la zone d'affichage. Et surtout, vous verrez comment tous ces éléments sont liés et vous permettent de vous balader dans n'importe quelle arborescence.

Enfin, vous expérimenterez deux utilisations majeures de l'Explorateur de fichiers : la création de structures de rangement pour y enregistrer vos fichiers et la recherche de documents dans tout votre ordinateur.

Une dernière section reviendra sur l'ouverture et l'enregistrement des fichiers par les applications en faisant le lien avec ce qui précède.

6.1. Les supports de stockage et la méthode de rangement

Vous avez vu la différence entre les objets éphémères et les objets permanents et vous avez compris que pour conserver les résultats de votre travail, vous devez le sauvegarder en tant qu'objet permanent. Pour reprendre les termes de notre métaphore favorite, vous devez demander à Eugène d'écrire tout ce que vous voulez conserver dans un des livres de sa grande bibliothèque.

◆ La grande bibliothèque d'Eugène

Un nombre énorme de documents à ranger

Vous avez déjà créé quelques dossiers sur le Bureau, ainsi que quelques documents que vous avez placés sur le Bureau ou dans des dossiers.

Au fil de vos activités informatiques, vous allez être amené à créer beaucoup de documents et de dossiers et vous serez vite confronté au problème de leur organisation : comment ranger et retrouver les objets qui vous intéressent et comment exprimer vos souhaits à Eugène pour qu'il fasse bien ce que vous voulez ?

Imaginez en effet que, dans votre maison, vous ayez rangé dans une vraie bibliothèque et sur des étagères vos livres, vos photos, vos disques de musique, vos livres de comptes, vos dessins, le livre d'initiation à l'informatique que vous venez d'acheter, et bien d'autres choses encore. Vous êtes dans votre fauteuil et vous voulez vérifier les ingrédients nécessaires à la confection d'une omelette norvégienne. Vous savez précisément dans quel livre de cuisine se trouve la recette et demandez gentiment à votre mari d'aller vous le chercher. S'il ne sait pas comment vous avez rangé tous vos documents, il risque de mettre longtemps à trouver, sauf si vous lui dites précisément que vous voulez un livre de cuisine, lui en donnez le titre, et lui indiquez sans ambiguïté l'étagère ou le rayon où il se trouve.

Eugène se trouve exactement dans la même situation. De surcroît, il n'est pas rare qu'il ait dans sa grande bibliothèque des dizaines, voire des centaines, de milliers d'objets : les vôtres, évidemment, mais aussi tous les programmes qu'il exécute pour faire fonctionner votre ordinateur et répondre à vos ordres.

Visite guidée

Commençons par visiter la grande bibliothèque d'Eugène. On y trouve tout d'abord la salle principale dite Salle du disque dur. Elle est toujours ouverte. L'ouvrir est d'ailleurs une des premières choses que fait Eugène quand vous le réveillez. C'est là qu'il va chercher les instructions pour tout mettre en route, dans un grand livre cabalistique appelé *Système d'exploitation*.

REMARQUE

Le système d'exploitation

Le système d'exploitation est constitué de l'ensemble des programmes qui permettent à votre ordinateur de faire quelque chose quand vous l'allumez. Si, d'aventure, Eugène ne pouvait pas ouvrir la Salle du disque dur, il ne pourrait pas démarrer votre ordinateur et vous devriez sans doute faire appel à un réparateur.

Windows 7, Windows 8, Windows Vista, Windows XP, Mac OS ou Linux sont des systèmes d'exploitation.

La grande bibliothèque d'Eugène peut également contenir des salles annexes, qu'il n'ouvre que si vous en avez besoin. Nous mentionnerons parmi les plus connues la salle du CD, la salle du DVD et la mystérieuse salle USB.

Chacune des salles de la grande bibliothèque correspond à un support de stockage d'objets permanents de votre ordinateur. Ce qui les différencie, c'est le moyen physique d'enregistrer les informations : sur le disque dur, on utilise des moyens électromagnétiques et un minuscule électroaimant ; sur les CD et DVD, des moyens optiques et un laser ; sur les clefs USB, des moyens électroniques très sophistiqués.

ALLONS PLUS LOIN

Le nom des salles de la grande bibliothèque

Sur les systèmes d'exploitation Windows, toutes les salles de la grande bibliothèque d'Eugène sont identifiées par une lettre majuscule. Le disque dur s'appelle traditionnellement ***C***. Les lettres ***A*** et ***B*** étaient utilisées originellement pour les disquettes et la lettre ***C*** pour le disque dur. Les disquettes ont disparu et le disque dur a conservé la lettre ***C***.

Les autres salles – ou les supports périphériques qu'elles symbolisent – sont ensuite généralement nommées dans l'ordre alphabétique : ***D***, ***E***, etc.

Sur certains ordinateurs, vous pouvez avoir deux disques durs : ils s'appellent alors ***C*** et, le plus souvent, ***D***. Cela

ALLONS PLUS LOIN

revient, pour Eugène, à avoir deux salles du disque dur : la Salle du disque dur ***C*** et la Salle du disque dur ***D***. La salle principale qui contient le livre cabalistique ***Système d'exploitation*** s'appelle toujours Salle du disque dur ***C***.

Pour continuer cette visite de la grande bibliothèque, allons jeter un coup d'œil aux salles annexes. Contrairement à la Salle du disque dur qui est toujours ouverte, celles-ci ont la plupart du temps leur porte fermée. Si vous demandez à Eugène le Bibliothécaire de vous en ouvrir une, le plus souvent il vous le refusera, pour la simple raison qu'il n'y a rien derrière la porte. Les portes des salles annexes sont simplement des sas qui permettent à la grande bibliothèque de communiquer avec le monde extérieur. Et qu'y a-t-il à l'extérieur de la grande bibliothèque : tout simplement des sortes de bibliobus, ces espèces de bibliothèques ambulantes installées dans une camionnette. Quand un bibliobus s'arrime à la bibliothèque d'Eugène, il peut alors ouvrir la porte de la salle correspondante, pénétrer dans la camionnette et consulter les objets qu'elle contient.

Les bibliobus, vous l'avez compris, ce sont les CD, DVD, clefs USB et autres cartes mémoire. Quand vous les branchez, leur contenu devient accessible à votre ordinateur.

Pour maintenant voir de vos yeux comment est organisé votre propre ordinateur, vous allez lancer une application qui s'appelle l'*Explorateur Windows*. C'est elle qui vous permet de vous balader à votre guise dans la grande bibliothèque avec l'aide d'Eugène le Bibliothécaire.

Vous pouvez la lancer de la même manière que le Bloc-notes. (Pour mémoire : bouton **Démarrer**, **Tous les programmes**, **Accessoires** et finalement **Explorateur Windows**.) Mais comme elle est d'un usage courant, il y a, dans le menu **Démarrer**, un bouton d'accès direct nommé **Ordinateur**. C'est plus rapide !

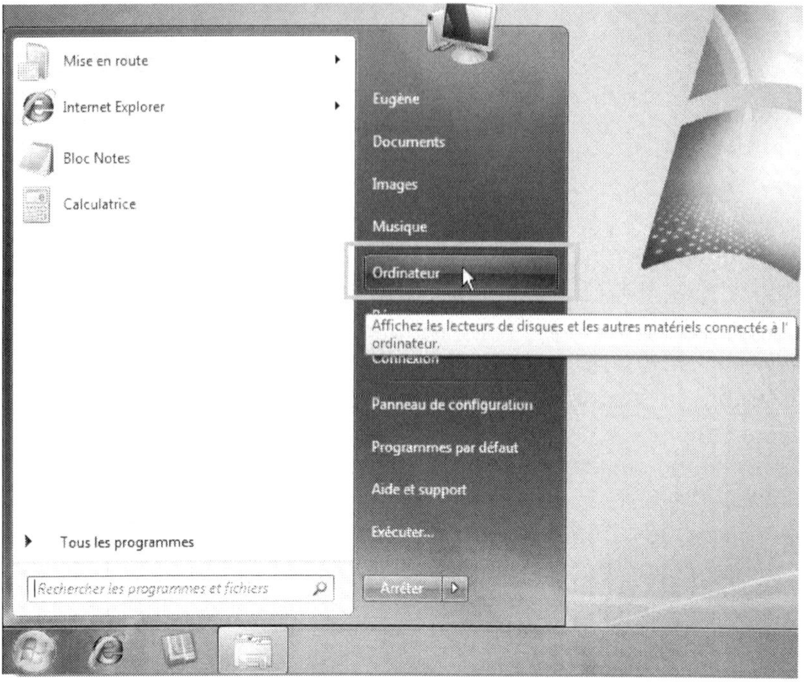

Le bouton Ordinateur lance l'Explorateur Windows

Vous obtenez une fenêtre semblable à celle de l'illustration où vous voyez que la grande bibliothèque est constituée de quatre salles. Tout d'abord deux salles principales, *C* et *E*, correspondant aux disques durs nommés *Système* et *Data*. Ensuite deux salles annexes. La première, *D*, correspond à un lecteur de DVD où est installé le film de Woody Allen : *Manhattan*. Sur la seconde, *F*, il y a une clef USB nommée *EUGÈNE*.

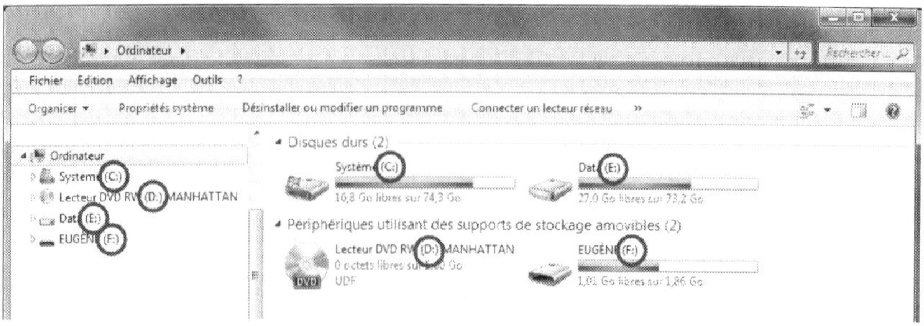

L'Explorateur Windows affiche le contenu de l'ordinateur

L'allure de cette fenêtre vous semble peut-être familière. Cela n'a rien de surprenant : c'est exactement celle que vous avez déjà utilisée pour vous exercer dans le dossier *Bac à sable*. Et il n'y a là aucun mystère : un dossier est en effet un objet géré par Eugène le Bibliothécaire et, lorsque vous l'ouvrez, c'est l'application Explorateur Windows que vous lancez pour qu'il vous en affiche le contenu.

REMARQUE

Le volet de navigation

Dans l'Explorateur Windows, tel qu'il est affiché ici, notez, à gauche de la fenêtre, le ***volet de navigation*** que l'on appelle aussi ***volet d'exploration***. Pour le moment, son contenu est identique à celui de l'espace de travail, bien que la présentation en soit légèrement différente. Vous verrez bientôt pourquoi !

À propos, vous rappelez-vous comment afficher ou masquer le volet de navigation ?

Bouton **Organiser**, puis **Disposition**, et enfin **Volet de navigation**.

VAGABONDAGE

Votre appareil photo : un support de stockage accessible par une salle USB

Votre appareil photo numérique contient une carte mémoire. Quand vous prenez des photos, celles-ci y sont enregistrées en tant qu'objet permanent. Quand vous branchez votre appareil photo sur l'ordinateur, par un connecteur USB qu'on appelle couramment un ***port*** USB, sa carte mémoire devient alors accessible à Eugène le Bibliothécaire via une salle annexe USB. Depuis votre ordinateur, vous avez alors accès aux photos qui sont stockées dans votre appareil.

Vous pouvez aussi retirer la carte de votre appareil photo et l'insérer dans un lecteur de carte spécifique, si votre ordinateur en est équipé. C'est dans cette salle annexe que vous irez alors chercher vos photos.

Dans l'illustration suivante, le DVD ***Manhattan*** a été retiré du lecteur ***D*** et un appareil photo a été branché sur le périphérique ***F*** à la place de la clef USB ***EUGÈNE***.

VAGABONDAGE

Remarquez que l'appareil photo est simplement étiqueté ***Disque amovible***, et que dans le volet de navigation, le disque ***D*** n'apparaît plus : Eugène le Bibliothécaire a fermé la salle annexe ***D***.

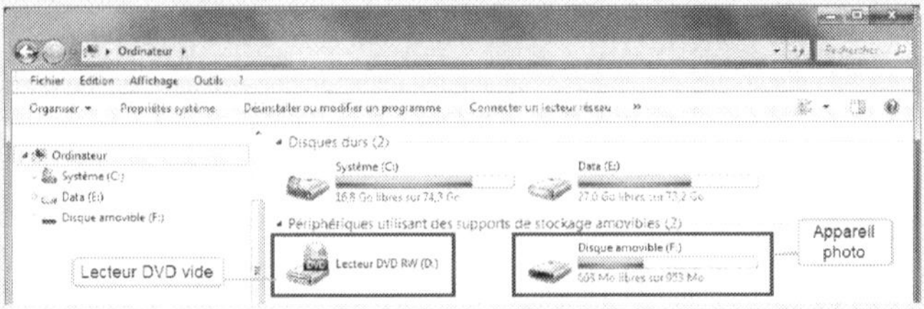

Un autre contenu du même l'ordinateur

◆ La méthode de rangement

Ce qui nous frappe tout de suite quand nous pénétrons dans la majestueuse Salle du disque dur, c'est sa taille : 200 Go, 500 Go, 1 To, c'est-à-dire 200, 500 ou 1 000 milliards d'octets. De quoi stocker de l'ordre de 100 000 à 500 000 photos de très bonne qualité, de 2 à 10 millions de lettres de deux pages ou encore quelques milliers de livres comme celui-ci.

Eugène le Bibliothécaire, avec ses lorgnons, sa blouse grise, son dos voûté vous accueille et vous explique son organisation pour s'y retrouver dans un tel volume. Sa méthode est très simple et se résume à trois principes : ignorer le contenu et la nature des objets, les étiqueter avec un nom unique et les regrouper en paquets.

Ignorer le contenu

Eugène le Bibliothécaire est un génie méticuleux et un brin maniaque. Jamais il ne laisse personne pénétrer dans sa bibliothèque : c'est lui et lui seul qui assure le rangement des objets qu'on lui confie, et sa méthode de rangement est indépendante de leur contenu et de leur nature. Il peut très bien, sans problème, mettre côte à côte, sur la même étagère, un livre, une lettre et une photo : la nature des objets qu'il range ne l'intéresse pas et il ne veut surtout pas avoir à s'en mêler.

Pour Eugène le Bibliothécaire, tout objet qu'il range dans sa bibliothèque est simplement un fichier.

Étiqueter

Pour repérer les objets qu'il range, Eugène Bibliothécaire a une méthode infaillible : il les étiquette, c'est-à-dire qu'il leur associe un nom. Quand vous avez écrit votre poème, vous avez d'abord enregistré un document *Mon Poème*. Vous avez ensuite enregistré les modifications dans un autre document : *Mon Inventaire*. La seule chose qui intéresse Eugène le Bibliothécairc, c'est qu'il doit ranger deux fichiers nommés *Mon Poème* et *Mon Inventaire*.

Vous comprenez aisément que le nom d'un objet doit être unique pour qu'Eugène puisse savoir duquel il s'agit. Le poème que vous avez écrit, Eugène n'en connaît que l'étiquette *Mon Poème*. S'il trouvait dans une même étagère plusieurs documents étiquetés *Mon Poème*, il serait bien incapable de savoir lequel choisir. Par contre, il sait parfaitement distinguer deux objets de même nom, pour peu qu'ils soient rangés à des endroits différents.

À titre d'exemple, ouvrez à nouveau les dossiers *Bac à sable* et *Pataugeoire* que vous avez laissés sur votre Bureau. À la fin des manipulations, ils étaient dans l'état de l'illustration. Vous pouvez constater que trois documents existent avec le même nom dans chaque dossier : *Ordinateur*, *Princesse* et *Spam*.

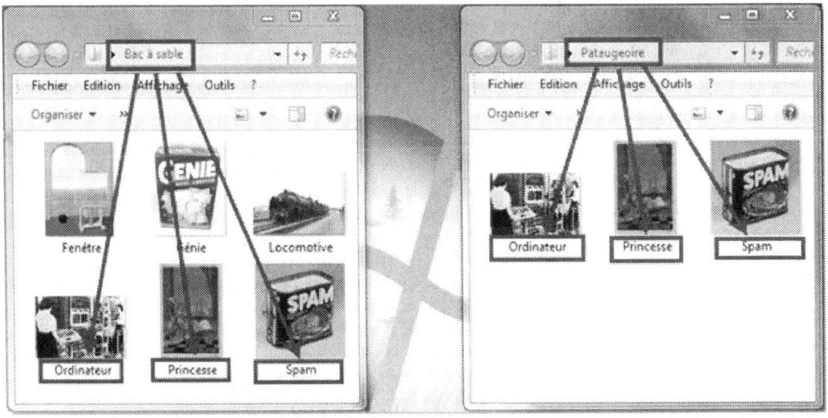

Des fichiers de même nom dans des dossiers différents

Copiez maintenant *Spam* du dossier *Pataugeoire* et collez-le dans le même dossier. Eugène le Bibliothécaire ne va pas aller à l'encontre de ses principes en créant deux fichiers du même nom. Il devrait vous refuser une telle opération, mais comme elle s'avère parfois fort utile, il l'exécute quand même, mais renomme d'autorité le nouveau fichier *Spam – Copie*, pour éviter toute ambiguïté. La règle est ainsi toujours respectée !

Dans un même dossier, tous les fichiers ont des noms différents

Regrouper

Plutôt que de laisser tous les objets en vrac, par exemple sur le Bureau, Eugène vous permet de les grouper dans des paquets que vous manipulez ensuite comme d'autres objets. L'avantage, c'est que lorsque vous déplacez ou copiez un paquet, vous déplacez ou copiez en même temps tout son contenu. Ces paquets, vous les connaissez déjà : ce sont les dossiers. Vous découvrirez bientôt tout leur intérêt.

Ainsi, après votre dernière manipulation, le paquet, ou plutôt le dossier, *Pataugeoire* contient les quatre fichiers *Ordinateur*, *Princesse*, *Spam – Copie* et *Spam*.

Les dossiers sont généralement représentés par une icône évoquant un dossier cartonné. Il peut en exister des variantes selon le contenu du dossier.

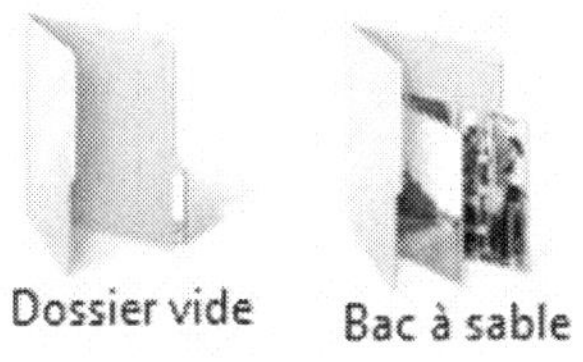

Des icônes représentant des dossiers

6.2. Les fichiers et les dossiers

Nous avons vu qu'Eugène le Bibliothécaire ne s'intéresse absolument pas à la nature des objets qu'il manipule. Pour lui, ils sont tous équivalents ; il ne va donc pas s'embêter à parler d'une lettre, d'une photo ou encore d'une application : il va utiliser, et nous aussi, le terme général de *fichier* pour désigner un objet rangé dans sa bibliothèque, et celui de *dossier* pour un paquet de fichiers.

C'est tout cela que nous allons maintenant examiner plus en détail.

◆ Les fichiers : des objets à ranger

La nature

Jusqu'à présent, nous vous avons présenté un fichier comme un livre de la grande bibliothèque d'Eugène. De même qu'un livre contient une histoire, un fichier contient des informations. Et, comme dans une vraie bibliothèque, le bibliothécaire ne s'intéresse pas au contenu du livre, mais simplement aux références qui lui permettent de savoir où le ranger et le rechercher. C'est pourquoi on associe au fichier, un nom qui permet de l'identifier de façon unique dans l'ordinateur.

Un fichier peut donc être n'importe quel objet utilisé ou créé par une application. Un programme exécutable est lui aussi un fichier.

On associe également à chaque fichier une icône pour l'identifier visuellement, sur le Bureau ou dans une fenêtre. Cette icône est généralement choisie pour vous renseigner sur le type d'information contenue dans le fichier. Dans le cas des images, elle peut même contenir une vue miniature.

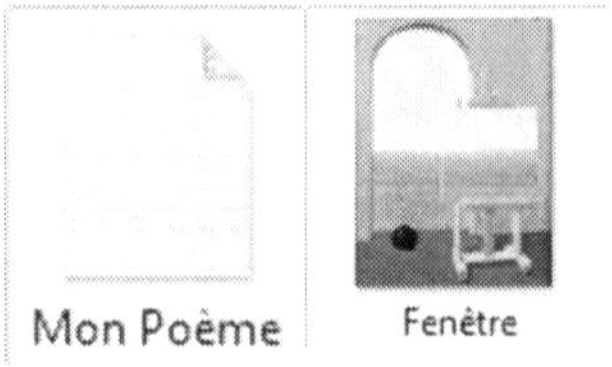

Des icônes représentant des fichiers : du texte et une image

Des icônes représentant des fichiers : de la musique et un programme

ALLONS PLUS LOIN

De quoi est fait un fichier ?

Pour vous présenter les choses progressivement, on vous a d'abord parlé des objets manipulés par Eugène, en évoquant sous ce terme des choses bien réelles comme un livre ou une photo.

Dans un système informatique, au contraire, tout ce que vous manipulez est complètement immatériel. C'est seulement un ensemble d'informations, codées sous forme de bits que l'on vous a déjà présentés, de manière imagée, comme des petites pastilles noires ou blanches. Les informaticiens préfèrent se les représenter comme les deux chiffres 0 et 1, parce que ça leur permet de faire plus facilement des calculs, mais c'est exactement la même chose !

Un fichier, ce n'est donc qu'une longue suite de pastilles noires ou blanches. Bien sûr, pour que cette suite d'informations soit conservée, il faut l'enregistrer sur un support physique, disque dur, CD ou autre. Mais ce qui est l'essence même du fichier, c'est la suite d'informations, pas l'emplacement physique précis où celle-ci est enregistrée.

ALLONS PLUS LOIN

De façon analogue, imaginez un fascicule où est imprimée la fable de La Fontaine ***Le Loup et l'Agneau.*** Ce qui en est l'essence, ce n'est pas le papier, c'est l'histoire de ce loup bavard qui croit devoir argumenter longuement avant de déguster un succulent agneau. Pour conserver l'histoire – l'information – il faut l'écrire sur du papier, mais elle reste la même, qu'elle soit imprimée en édition de luxe, manuscrite sur une page de cahier d'écolier ou enregistrée dans un livre électronique.

Pour bien vous convaincre qu'un fichier est complètement immatériel, imaginez que vous vouliez envoyer à un ami le poème que vous avez écrit, c'est-à-dire le fichier ***Mon Poème***. Vous pouvez le joindre à un message électronique (vous apprendrez plus tard à le faire si vous ne savez pas encore) et votre ami pourra l'enregistrer dans son ordinateur. Ce qui a été transmis, dans les fils du téléphone ou par des ondes radio, ce sont seulement des signaux électriques représentant la suite de 0 et de 1, pas le disque ni la clef USB. Et pourtant, vous avez bien transmis le fichier dans son intégralité : votre ami peut lire le poème.

La nouveauté, avec les systèmes informatiques, c'est qu'avec une suite quasi interminable de 0 et de 1, on peut tout aussi facilement ***représenter*** une fable de La Fontaine, une photographie de Doisneau ou une chanson des Beatles. Pour Eugène le Bibliothécaire, ça reste une suite de 0 et de 1 dont il ignore le sens et qu'il écrit où il trouve de la place sur le support physique. Ce qui lui importe, c'est de savoir à quel endroit précis il l'a enregistrée et comment elle est étiquetée.

Le nom et l'extension

Le nom

Le nom d'un fichier a une simple fonction d'étiquetage. Le choix que vous en faites est totalement arbitrairc. Il n'y a aucune dépendance entre le nom et les informations – les données – du fichier. Changer le nom ne modifie pas plus les données que modifier les données n'a d'influence sur le nom. Le nom, c'est l'affaire d'Eugène le Bibliothécaire. Les données, c'est l'affaire d'Eugène l'Acteur.

L'extension

Il existe cependant une petite exception à cette règle d'indépendance entre le nom et les données : c'est l'extension du nom. Vous l'avez déjà rencontrée quand vous avez enregistré le poème sous le nom : *Mon Poème.txt*. L'extension est constituée des derniers caractères précédés d'un point dans le nom du fichier. Elle indique à la fois le type du fichier, qui correspond normalement au format des données, et l'application utilisée pour ouvrir le fichier.

REMARQUE

L'extension fait partie du nom qui sert d'étiquette au fichier, par exemple ***Mon Inventaire.txt***. Si vous preniez une photo de tous les objets cités dans l'inventaire, vous pourriez aussi l'appeler ***Mon Inventaire***, mais son suffixe serait alors ***.jpg*** et l'étiquette d'identification ***Mon Inventaire.jpg*** : il s'agirait, sans équivoque de deux fichiers différents.
Il est possible que votre ordinateur soit configuré pour afficher les noms sans leurs extensions. Dans ce cas, les deux fichiers vous seront présentés sous le même nom apparent ***Mon Inventaire*** et vous risquez de prendre l'un pour l'autre. Eugène le Bibliothécaire, qui, lui, prend toujours en compte l'extension, fait très bien la différence et ne juge jamais utile de vous prévenir.

L'extension pour ouvrir un fichier avec l'application par défaut

Votre poème *Mon Inventaire.txt* est enregistré sur le Bureau. Pour l'ouvrir, vous savez lancer le Bloc-notes ou WordPad et cliquer sur la commande **Ouvrir** du menu **Fichier** ou de l'onglet équivalent. Vous trouverez bien vite que c'est un peu long : faites donc un clic droit sur l'icône de votre fichier *Mon Inventaire.txt* et Eugène vous affiche le menu, avec, en haut et en gras, la commande **Ouvrir**. Allez-y : le Bloc-notes s'ouvre et affiche le poème. (Vous pouvez aussi faire la même chose en demandant le service express par double clic.)

Comment Eugène le Bibliothécaire a-t-il su qu'il fallait lancer l'application Bloc-notes pour afficher les données de ce fichier ? Tout simplement parce que, dans un petit cahier, il a une liste des extensions et des applications qui leur correspondent. En face de l'extension *.txt*, il a noté l'application Bloc-notes et le tour est joué. Bloc-notes est l'application *par défaut* associée à l'extension *.txt*. À défaut d'indication contraire, c'est toujours elle qui sera utilisée.

Si vous double-cliquez sur un fichier dont il n'a pas noté l'extension dans son petit cahier, ou qui simplement n'a pas d'extension (ça n'est pas interdit), Eugène le Bibliothécaire vous demandera dans une fenêtre de dialogue quelle application vous voulez utiliser et vous en proposera même une liste.

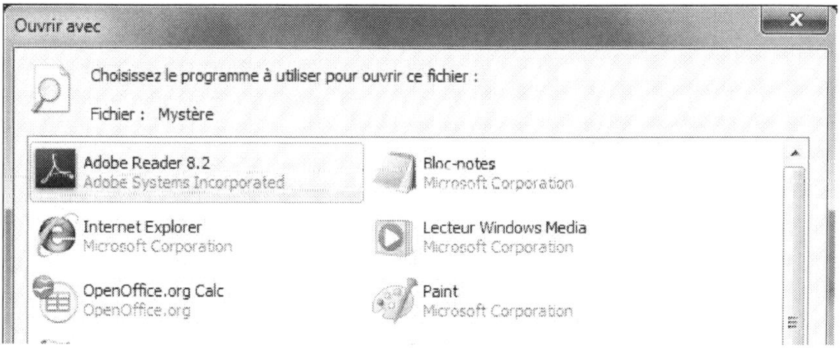

ALLONS PLUS LOIN

Plusieurs applications pour ouvrir un même type de fichier

Si vous ouvrez ***Mon Inventaire.txt*** en double-cliquant sur l'icône du Bureau, c'est Bloc-notes qui s'ouvre, parce que c'est l'application associée au suffixe ***.txt***.

Cependant, il existe plusieurs applications capables de manipuler le texte. Si ce n'est pas l'application par défaut que vous voulez, vous pouvez d'abord lancer celle que vous souhaitez et ensuite lui demander d'ouvrir le fichier, mais cette procédure est lourde.

Vous pouvez, plus simplement, ouvrir le menu contextuel associé au document (clic droit sur l'icône ***Mon Inventaire.txt***) et afficher le sous-menu **Ouvrir avec** qui vous propose une liste d'applications capables de travailler avec ce type de fichier. Choisissez WordPad et le tour est joué.

Remarquez que l'application par défaut est en tête de la liste.

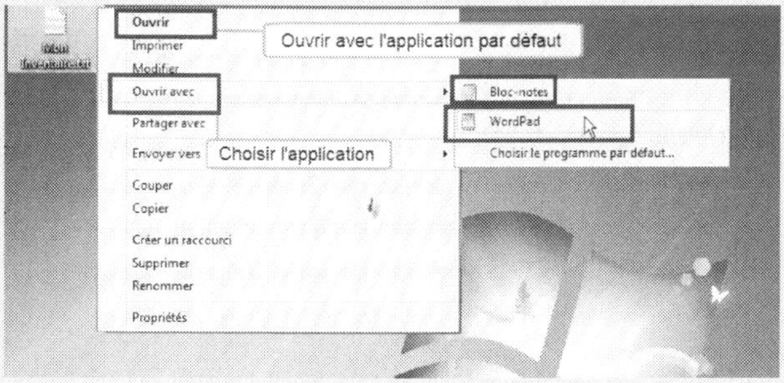

Le contenu

Un fichier contient essentiellement les données qui représentent l'objet que vous avez enregistré (lettre, photo…). Il y a pourtant un peu plus que cela : une infime petite partie supplémentaire, ajoutée par Eugène – comme une étiquette collée sur un paquet – et qui contient des informations intéressantes concernant le fichier. Ces informations vous sont présentées comme les *propriétés* du fichier. Vous pouvez les consulter et en modifier certaines en utilisant le bouton **Propriétés** qui se trouve généralement tout en bas du menu contextuel associé à son icône.

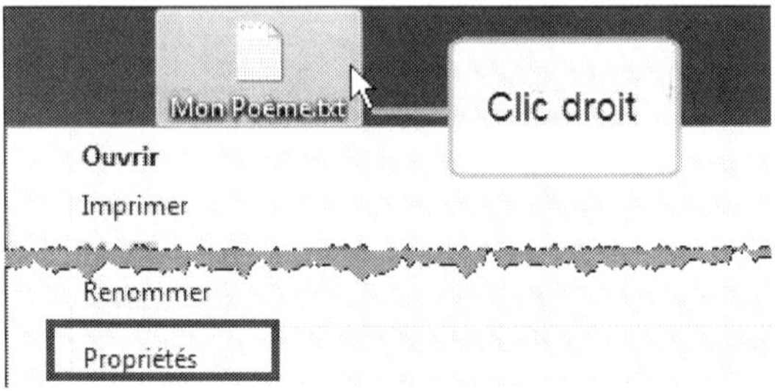

Pour afficher les propriétés d'un fichier

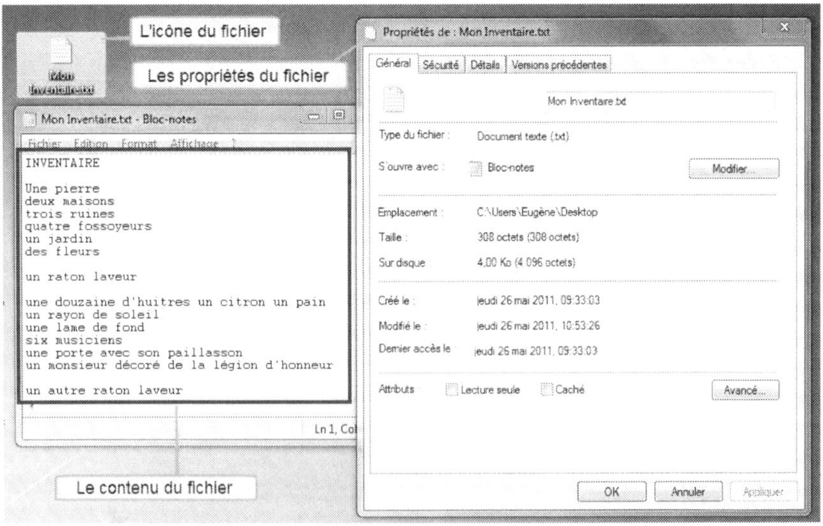

L'icône, le contenu et les propriétés d'un fichier

ALLONS PLUS LOIN

Les propriétés des fichiers

Les propriétés d'un fichier, ce sont des informations qui concernent son contenu, mais cependant s'en distinguent. Prenez, par exemple, le dernier roman que vous avez acheté ; vous l'avez payé le prix indiqué en dernière page de couverture. Ce prix a quelque chose à voir avec le livre, mais reste hors du sujet du livre : c'est, en quelque sorte, une propriété du livre. Tous les livres, qu'ils parlent d'informatique, de navigation ou de recettes de cuisine, possèdent cette propriété : le prix.

Tous les fichiers possèdent un certain nombre de propriétés de base, comme la taille, la date de création, qui sont calculées automatiquement par Eugène le Bibliothécaire.

D'autres sont calculées par l'application comme le nombre de mots d'un fichier texte ou les caractéristiques de prise de vue d'une photo.

D'autres, enfin, sont à votre disposition, comme les commentaires ou les résumés.

VAGABONDAGE

Tout savoir sur les fichiers

Les notions que nous vous avons présentées sur les fichiers devraient vous suffire pour vos débuts. Si toutefois vous voulez en savoir plus, vous connaissez le moyen : allez chercher sur Internet et sélectionnez les sites qui vous plaisent le mieux.

Voici quelques idées de mots-clés à taper dans la zone de recherche de votre navigateur : `fichier informatique`, `type fichier`, `extension fichier`, `format données`.

ALLONS PLUS LOIN

Le format des données et l'extension

L'extension, qui fait partie du nom du fichier, indique son type et correspond normalement au format des données. C'est Eugène l'Acteur qui vous propose celle qui convient quand vous créez un fichier.

Le format des données du fichier, c'est la manière dont les informations, les suites de 0 et de 1, sont organisées, pour que l'application sache les utiliser correctement. Des fichiers de nature différente (texte, photo, musique) ont bien sûr des formats différents, mais il existe aussi de multiples formats de fichier dans chaque catégorie.

Mais un nom de fichier est une simple étiquette indépendante du format des données et vous pouvez le modifier en utilisant le bouton **Renommer** du menu contextuel associé à l'icône du fichier. Imaginez qu'en voulant changer le nom du fichier qui contient le poème, vous supprimiez par erreur

ALLONS PLUS LOIN

le point qui délimite l'extension et que votre fichier s'appelle maintenant : ***Poèmetxt***. Eugène le Bibliothécaire vous a averti du risque, mais vous avez persévéré et il a fait ce que vous lui demandiez.

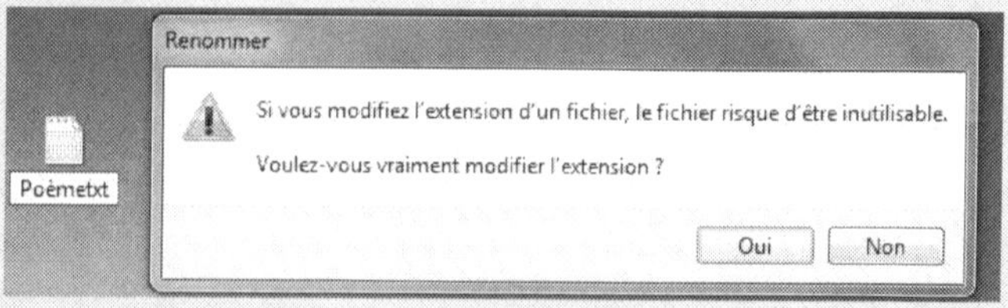

Si maintenant, vous double-cliquez sur l'icône ***Poèmetxt***, Eugène ne lance pas le Bloc-notes, car le nom de votre fichier ne contient pas d'extension, et il ne sait pas quelle application lancer et c'est pourquoi il doit vous le demander. Si, par contre, vous lancez directement l'application Bloc-notes, vous pouvez tout à fait ouvrir le fichier ***Poèmetxt***, car les données du fichier n'ont pas été modifiées et Eugène l'Écrivain sait parfaitement les déchiffrer.

À RETENIR

Les fichiers

Un fichier est un ensemble d'informations identifié par un nom unique.
L'extension indique le type des données ainsi que l'application qui ouvre le fichier.

◆ Les dossiers : des outils de rangement

La nature et le contenu

Pour faciliter le rangement et la recherche dans sa grande bibliothèque, Eugène le Bibliothécaire, sait regrouper les fichiers par paquets. Il ne le fait, évidemment, que sur votre demande.

De même qu'il ignore le contenu des objets qu'il manipule, il ne veut rien savoir du contenu des paquets qui les regroupent : pour lui, ces paquets – les dossiers – sont des boîtes de rangement qui peuvent contenir des fichiers. Et comme Eugène le Bibliothécaire est un malin, dans ses dossiers il sait ranger non seulement des fichiers, mais aussi d'autres dossiers : des *sous-dossiers*.

Dans les systèmes Windows, une boîte de rangement est un *dossier*. Dans d'autres systèmes, c'est un *répertoire* et ce nom évoque plus justement sa nature. En effet, un dossier ou répertoire, ce n'est qu'un petit fichier d'un type particulier, que seul Eugène le Bibliothécaire sait créer, lire ou modifier et où est notée la liste des éléments qu'il contient. Pour lui, mettre un fichier dans un dossier, c'est simplement ajouter son nom dans la liste.

> **REMARQUE**
>
> Un dossier peut bien sûr rester vide. C'est intéressant de créer des dossiers vides pour préparer le classement de ses documents.
> Un dossier peut contenir seulement des fichiers, seulement des dossiers, ou les deux.
> L'emboîtement des dossiers les uns dans les autres peut se répéter quasiment à l'infini, mais en trop grand nombre, cela devient difficile à gérer. N'en abusez pas !

Un exercice pratique

Pour vous familiariser avec l'usage des dossiers, voici un petit exercice.

1. Créez un nouveau dossier sur le Bureau et appelez-le *Terrain vague*. Il est vide.
2. Ensuite, déplacez *Mon Poème* et *Mon Inventaire* dans *Terrain vague*.
3. Maintenant, mettez *Pataugeoire* dans *Bac à sable*.
4. Finissez en déplaçant *Bac à sable* dans *Terrain vague*.

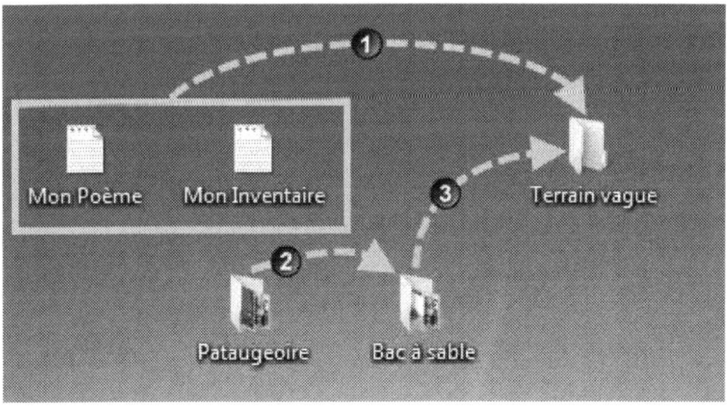

Le remplissage du dossier Terrain vague

Vous pouvez faire toutes ces opérations par cliquer-glisser ou par couper-coller à partir des menus contextuels. Vous n'avez pas besoin d'ouvrir les dossiers. Votre Bureau est maintenant plus dégagé.

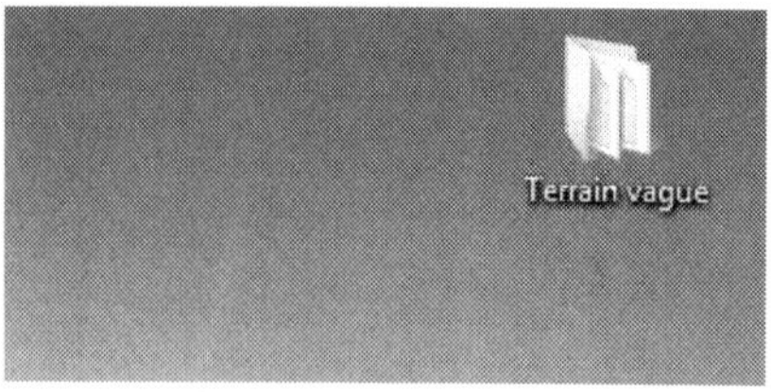

L'icône du dossier Terrain vague sur le Bureau

Rassurez-vous, vous n'avez rien perdu : vous allez tout retrouver, bien rangé, dans le dossier *Terrain vague*. Ouvrez-le ! Il contient les fichiers *Mon Inventaire* et *Mon poème* ainsi que le dossier *Bac à sable*.

Ouvrez *Bac à sable* à l'aide du bouton du menu contextuel associé **Ouvrir dans une nouvelle fenêtre**, juste sous le bouton **Ouvrir**. (L'utilisation du bouton **Ouvrir** afficherait *Bac à sable* à la place de *Terrain vague*, dans la même fenêtre.) Ouvrez de la même façon *Pataugeoire*.

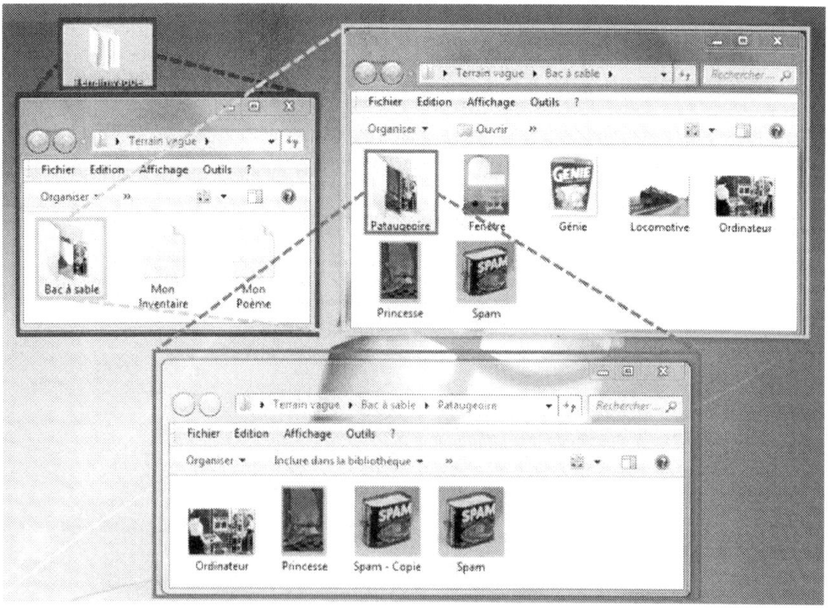

Le contenu du dossier Terrain vague et de ses sous-dossiers

VAGABONDAGE

Les propriétés des dossiers

Tout comme les fichiers, les dossiers possèdent quelques propriétés de base, comme la taille, la date de création et le nombre d'éléments (dossiers et fichiers) qu'ils contiennent. Ces propriétés sont calculées automatiquement par Eugène le Bibliothécaire.

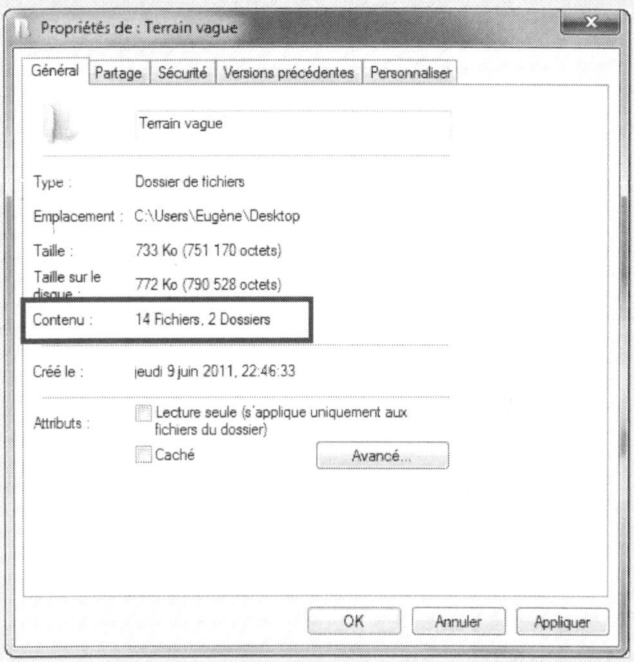

Voici, par exemple, les propriétés du dossier Terrain vague

Eugène le Bibliothécaire a calculé qu'il y avait dans ce dossier 14 fichiers et 2 dossiers, ce qui peut vous sembler bizarre. En réalité Eugène le Bibliothécaire a tout compté, non seulement le dossier ***Bac à sable*** mais aussi le dossier ***Pataugeoire*** qu'il contient.

Pour les fichiers, c'est un peu plus compliqué : si vous faites le total, vous en voyez seulement 12. Eugène est un peu cachottier : il utilise quelques fichiers pour son usage personnel. Il ne vous les montre pas, mais les compte quand même !

Le nom et l'arborescence

Le nom local

Chaque dossier, comme tout objet de la grande bibliothèque d'Eugène, doit avoir un nom unique, une étiquette qui sert à l'identifier dans son environnement immédiat.

Dans notre exemple, il ne peut exister qu'un seul *Bac à sable* dans *Terrain vague*, mais rien ne vous interdit de créer un autre *Bac à sable* dans *Pataugeoire*, ou même dans *Bac à sable*.

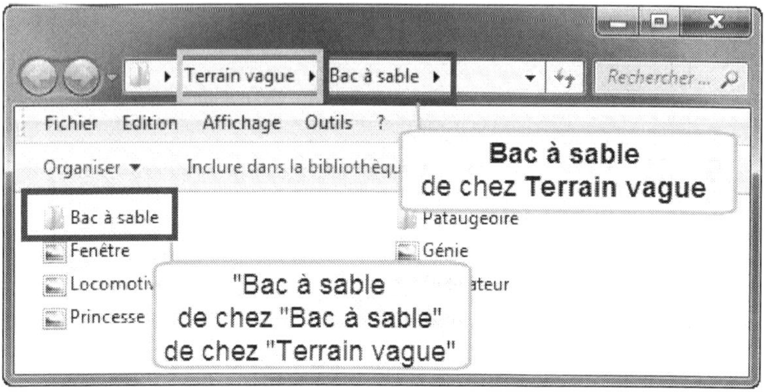

Un sous-dossier Bac à sable dans un dossier Bac à sable !

> **REMARQUE**
>
> Il n'existe pas différents types de dossiers, comme c'est le cas pour les fichiers. Le nom des dossiers ne comporte donc pas d'extension. Mettre un point **.** dans le nom d'un dossier ne poserait pas de problème, mais il vaut mieux l'éviter pour ne pas risquer de vous embrouiller.

L'arborescence et le nom complet

L'emboîtement des dossiers, comme des poupées gigognes, permet très facilement de créer des *arborescences* de dossiers et de fichiers, qui sont un moyen pratique et puissant d'organiser vos documents. À partir d'un seul point d'accès, appelé la *racine*, vous pouvez vous balader dans toute l'arborescence et ne travailler que sur la partie limitée qui vous intéresse. Ainsi, *Terrain vague* est la racine d'une arborescence qui, avec les deux *Bac à sable*, se schématise comme sur l'illustration. Les éléments encadrés sont des dossiers ; les autres sont des fichiers.

REMARQUE

Pour nommer une arborescence, on utilise le nom de sa racine. Ainsi, on parlera, par exemple, de l'arborescence ***Terrain vague*** pour désigner l'arborescence de racine ***Terrain vague***

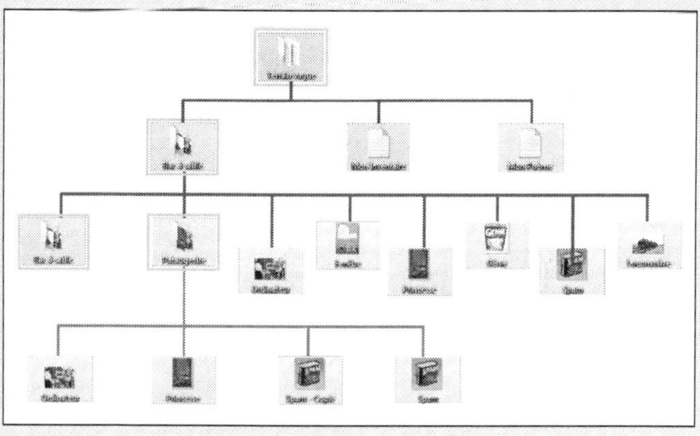

L'arborescence Terrain vague

Le nom local que vous connaissez est à lui seul insuffisant pour identifier sans ambiguïté un élément dans une arborescence. Il y a, par exemple, deux *Bac à sable* dans *Terrain vague*. Il faut donc un moyen de préciser duquel on veut parler. Celui retenu consiste à utiliser un *nom complet* en énumérant systématiquement tous les dossiers depuis la racine de l'arborescence, et en les séparant par une barre oblique inversée (anti-slash). Ainsi, les noms complets de chacun des deux *Bac à sable* sont *Terrain vague\Bac à sable et Terrain vague\Bac à sable\Bac à sable.*

Terrain vague\Bac à sable\Pataugeoire\Princesse est le nom de la princesse de la pataugeoire !

ALLONS PLUS LOIN

Comprendre l'écriture des noms de dossier et de fichier

Dans les systèmes Windows, le nom complet commence toujours par la désignation du support de stockage de l'élément concerné.

Si, pour simplifier, on suppose que le dossier ***Terrain vague*** est créé directement sur le disque dur ***C***, le fichier de la princesse à la pataugeoire sera nommé : ***C:\Terrain vague\Bac à sable\Pataugeoire\Princesse***.

La lettre majuscule suivie du caractère ***:*** indique le support des dossiers et du fichier (la salle de la grande bibliothèque). La barre oblique inversée (anti-slash) sépare les noms des dossiers. Le fichier ***Princesse*** est dans le dossier ***Pataugeoire***, qui est lui-même dans le dossier ***Bac à sable***, lui-même contenu dans ***Terrain vague*** qui est sur le disque ***C***, noté ***C:***. Rien ne manque !

À RETENIR

Les dossiers

Un dossier est une boîte de rangement qui peut contenir :

- des fichiers ;
- d'autres dossiers.

Les dossiers de votre ordinateur

Vous pouvez créer, modifier et supprimer des dossiers à votre guise, pour organiser les informations (vos photos, vos lettres, votre musique…) que vous conservez sur votre ordinateur. C'est tout cela qui constitue vos documents personnels.

Mais il n'y a pas que cela dans votre ordinateur. Si vous voulez vous faire une idée de tout ce qu'il contient, lancez l'Explorateur Windows à partir du bouton **Ordinateur** du menu **Démarrer**. Affichez le volet de navigation et cliquez, juste sous le bouton **Ordinateur**, sur le bouton **Système (C:)**. (Sur votre système, le nom peut être différent. C'est souvent le nom de fabricant de matériel. Mais dans tous les cas, il y a, à la fin **(C:)**.)

Le contenu du disque *C* s'affiche alors dans la zone de travail de la fenêtre. Vous remarquerez qu'il contient déjà, dès l'origine, un nombre considérable de dossiers, eux-mêmes pleins de sous-dossiers et de fichiers. C'est là qu'Eugène va chercher les instructions qui lui permettent de jouer tous ses rôles de génie. Vos documents personnels, eux, sont rangés dans le dossier *Utilisateurs*.

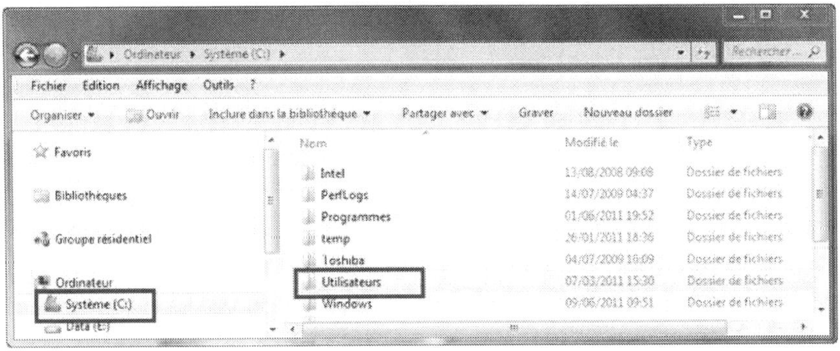

Quelques dossiers du système

Voici quelques dossiers usuels qu'il est bon de connaître. Vous verrez bientôt comment y avoir accès facilement.

Ordinateur

Ordinateur n'est pas réellement un dossier, puisqu'il ne contient pas directement de fichiers ni de dossiers. C'est une sorte de super-dossier ou de pseudo-dossier qui représente l'ensemble de la grande bibliothèque d'Eugène : il contient tous les supports de stockage de votre ordinateur, et donc, indirectement tous les fichiers. C'est donc bien pratique de le considérer comme un dossier.

Ordinateur est en quelque sorte la racine de l'arborescence que constituent tous les dossiers et fichiers de votre ordinateur et à partir de laquelle vous pouvez toujours y avoir accès.

À RETENIR

Ordinateur

Dans ***Ordinateur***, il y a tous les dossiers et fichiers et tous les supports de stockage accessibles depuis votre ordinateur.

Mes documents, Mes images, Ma musique, Mes vidéos

Ces quatre dossiers, *Mes documents*, *Mes images*, *Ma musique* et *Mes vidéos*, sont mis à votre disposition pour que vous y rangiez à votre convenance tous vos fichiers, selon leur nature. Vous pouvez organiser leur contenu comme bon vous semble.

Vous pouvez vous représenter chacun de ces dossiers comme une grande armoire qu'Eugène le Bibliothécaire met à votre disposition dans la Salle du disque dur *C* de sa grande bibliothèque.

> **REMARQUE**
> En rangeant tous vos objets personnels dans un de ces dossiers « prêts à l'emploi », vous limiterez les risques de les égarer dans votre ordinateur ou de perturber les livres d'instructions d'Eugène, mais rien ne vous y oblige.

Bureau

Ce dossier représente le Bureau de votre ordinateur qui s'affiche sur votre écran. Il contient tous les objets qui s'affichent sur votre Bureau. Tout ajout ou suppression d'un objet sur votre Bureau se traduit par l'ajout ou la suppression du même objet dans le dossier *Bureau*. Réciproquement, tout ajout ou suppression d'un objet dans le dossier *Bureau* se traduit par l'affichage ou non de cet objet sur le Bureau.

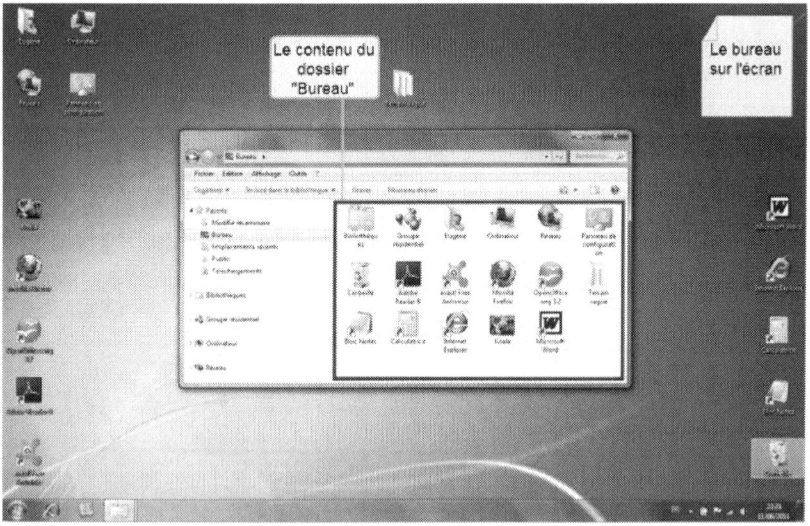

Le dossier Bureau affiché sur le Bureau !

6.3. L'Explorateur de fichiers

Vous savez presque tout sur les fichiers et les dossiers et vous avez commencé à vous familiariser avec l'Explorateur Windows. Vous êtes maintenant en état d'en apprendre davantage pour en exploiter toute la richesse, ce qui vous permettra d'explorer la grande bibliothèque d'Eugène et de l'organiser à votre guise.

L'Explorateur Windows est le nom donné dans les systèmes Windows à ce que l'on appelle plus généralement un explorateur de fichiers. Sur les systèmes Mac, par exemple, l'explorateur de fichiers s'appelle Finder, mais il joue exactement le même rôle.

Contrairement à tous les autres, ce programme n'utilise ni ne produit de fichiers : il permet simplement de tous les manipuler. Ce qu'il utilise, ce sont tous les dossiers et fichiers de votre ordinateur et ce qu'il produit, c'est un peu d'ordre ou beaucoup de désordre, à l'image de ce que vous lui faites faire.

◆ Lancement et visite guidée

Lancer l'Explorateur de fichiers

Les moyens de lancer l'Explorateur Windows ne manquent pas.

Vous pouvez toujours passer par le bouton **Démarrer**, puis **Tous les programmes**, **Accessoires** et enfin **Explorateur Windows**. L'info-bulle associée vous indique que ce programme affiche les dossiers et fichiers présents sur votre ordinateur. Lorsque vous procédez ainsi, c'est le contenu du dossier de documents associé à votre compte d'utilisateur Windows qui s'affiche.

Dans le menu qui s'affiche avec le bouton **Démarrer**, vous pouvez aussi cliquer sur le bouton **Ordinateur** (il s'appelait autrefois **Poste de travail**.). C'est toujours l'Explorateur Windows que vous lancez, mais cette fois c'est le contenu des supports de stockage de votre ordinateur qui s'affiche. C'est ce que vous annonce l'info-bulle associée, légèrement différente de la précédente.

Vous pouvez enfin ouvrir, par un double clic ou via le bouton du menu contextuel, un dossier particulier directement depuis votre Bureau, si une icône le représentant s'y trouve. C'est ainsi que vous avez déjà ouvert *Bac à sable*, *Pataugeoire* et *Terrain vague*. Là encore, c'est l'Explorateur Windows qui est lancé, mais c'est le dossier sélectionné qui est affiché.

REMARQUE

Une icône du pseudo-dossier ***Ordinateur*** peut être affichée sur votre Bureau. Elle vous permet de lancer l'Explorateur Windows sans passer par le bouton du menu **Démarrer**.

La fenêtre de l'Explorateur de fichiers

Pour continuer la visite de l'Explorateur Windows, vous allez l'ouvrir, par un double clic, à partir du dossier *Terrain vague* qui est sur votre Bureau. Modifiez éventuellement la disposition pour afficher la barre de menus et le volet de navigation en les sélectionnant (**Disposition** à partir du bouton **Organiser**).

La fenêtre de l'Explorateur de fichiers

Vous connaissez la barre de menus. Notez simplement que dans Windows 7, elle est souvent masquée au profit de la barre de boutons.

Cette barre des boutons est juste en dessous et elle contient des boutons dont le rôle est symbolisé par une icône. Tous les boutons qui y figurent se trouvent déjà dans un des menus de la barre des menus. Ce qu'elle apporte, c'est seulement un plus grand confort, en mettant à portée de clic les fonctions les plus courantes.

La *barre d'adresse* est au-dessus de la barre de menus. Elle affiche le nom de l'élément sélectionné et affiché dans la fenêtre.

La *zone de travail* est constituée d'une zone d'affichage toujours présente et de plusieurs autres zones facultatives, selon la disposition que vous choisissez.

La *zone d'affichage* présente le contenu de l'élément sélectionné, dont le nom figure dans la barre d'adresse. Dans Windows 7, il y est aussi fait référence sous le terme *Liste de fichiers*.

Le *volet de navigation* présente une vue des arborescences de dossiers et fichiers de votre ordinateur. Celle-ci vous permet de sélectionner les éléments qui vous intéressent et de passer facilement des uns aux autres.

REMARQUE

Comme le volet de navigation vous présente une vue synthétique de votre ordinateur et la zone d'affichage le contenu de l'élément sélectionné, ne soyez pas surpris de retrouver certains éléments des deux côtés.

Notez enfin, dans la barre de boutons, tout à droite, le bouton **Aide** qu'il ne faut pas hésiter à utiliser.

VAGABONDAGE

En savoir plus sur la fenêtre

Vous voulez en savoir plus sur quelques accessoires de la fenêtre de l'Explorateur Windows dont l'usage ne présente aucune difficulté ? Le volet des détails, par exemple. Vous pouvez trouver tout cela vous-même à partir du bouton **Aide**.

VAGABONDAGE

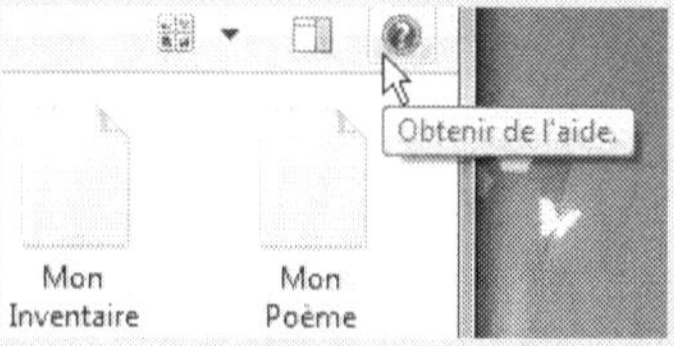

Un clic sur le bouton **Aide** affiche une fenêtre avec une rubrique d'aide qui est le plus souvent en rapport avec ce que vous faisiez quand vous avez appelé à l'aide. Si ça vous convient, vous pouvez l'utiliser ou suivre des liens qui affichent d'autres rubriques.
Sinon, vous pouvez aller à la page d'accueil de l'aide et afficher le sommaire pour trouver des rubriques qui vous conviennent mieux.

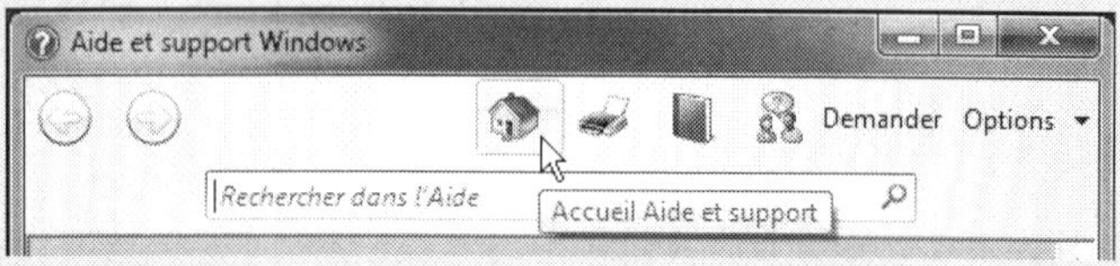

Essayez d'abord d'afficher le sommaire, puis la rubrique **Fichiers, dossiers et bibliothèques** et enfin **Utilisation des fichiers et des dossiers** pour trouver votre bonheur.

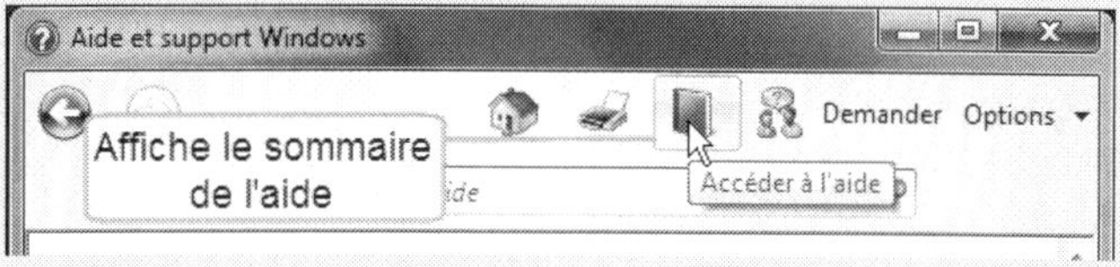

Le volet de navigation, la barre d'adresse et la zone d'affichage

Points de vue sur l'organisation et le contenu des dossiers

L'utilisation conjointe du volet de navigation, de la barre d'adresse et de la zone d'affichage vous permet de vous balader facilement entre dossiers et fichiers.

Pour mieux comprendre comment ça s'organise, nous vous proposons de modifier d'abord la manière dont le volet de navigation est présenté.

1. Utilisez pour cela le bouton **Options des dossiers et de recherche**. Il est accessible à partir du bouton **Organiser** ou du menu **Outils**.
2. Cochez la case **Développer automatiquement jusqu'au dossier actif**.
3. Validez (bouton OK).

La fenêtre de l'Explorateur Windows se présente alors comme sur l'illustration.

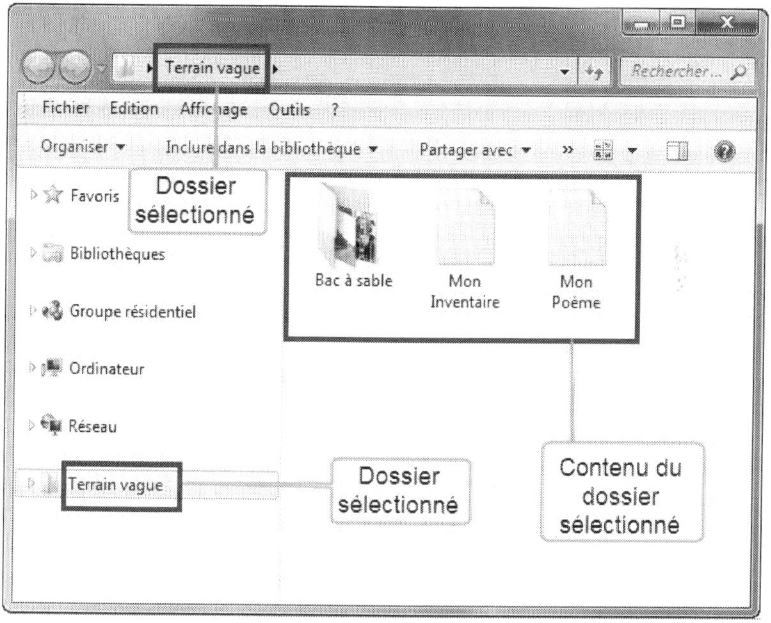

Exploration du Terrain vague

Le dossier sélectionné est *Terrain vague*. Son nom apparaît naturellement dans la barre d'adresse et son contenu (une liste de dossiers et fichiers) s'affiche dans la zone d'affichage.

Le volet de navigation, qui affiche des arborescences, contient maintenant lui aussi le nom du dossier sélectionné : *Terrain vague*. Les arborescences peuvent être affichées de façon plus ou moins développée, mais elles contiennent toujours au minimum leur racine.

Et comme vous êtes habitué à communiquer avec Eugène par l'intermédiaire du Bureau, c'est la racine des arborescences du Bureau qui est affichée dans le volet de navigation.

Le dossier *Terrain vague* est sur votre Bureau : il apparaît donc naturellement dans le volet de navigation en tant que racine d'une arborescence.

> **REMARQUE**
>
> Les arborescences présentées dans le volet de navigation se trouvent toutes dans le dossier ***Bureau***, mais comme il est possible de paramétrer l'affichage ou non de plusieurs d'entre elles, vous ne les voyez pas nécessairement toutes sur votre Bureau (l'écran).

Maintenant, dans la zone d'affichage, sélectionnez le dossier *Bac à sable* et ouvrez-le (double clic ou clic droit et **Ouvrir**). Ouvrez de même *Pataugeoire* et observez le résultat.

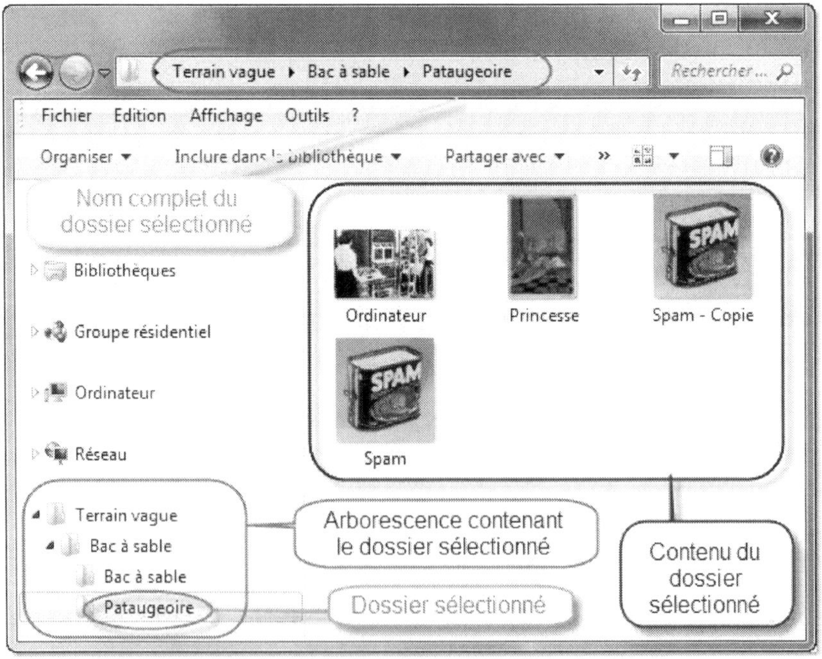

Exploration de la Pataugeoire

C'est le dossier *Pataugeoire* qui est maintenant sélectionné. Son contenu est donc visible dans la zone d'affichage. La barre d'adresse affiche son nom complet, depuis sa racine. Enfin, le volet de navigation affiche toute l'arborescence depuis sa racine.

Les schémas suivants vous montrent l'arborescence *Pataugeoire* complète. Chacun d'eux met en relief la partie de cette arborescence visible depuis les différentes zones de la fenêtre de l'Explorateur Windows.

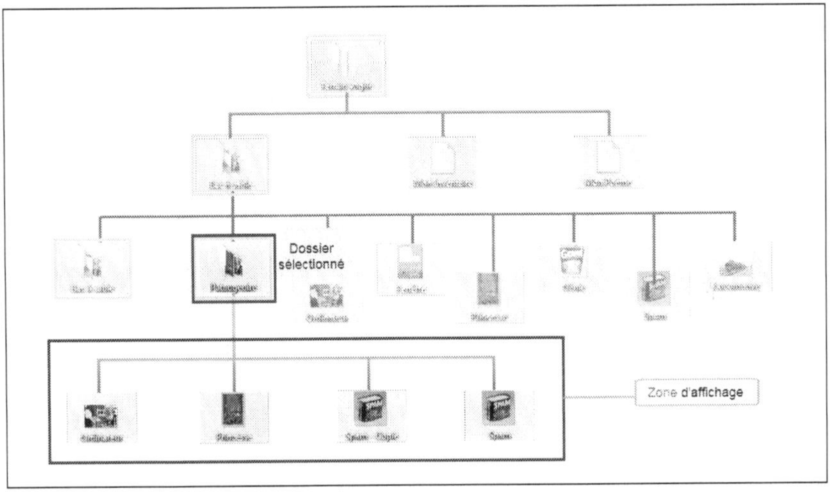

La partie d'arborescence vue de la zone d'affichage

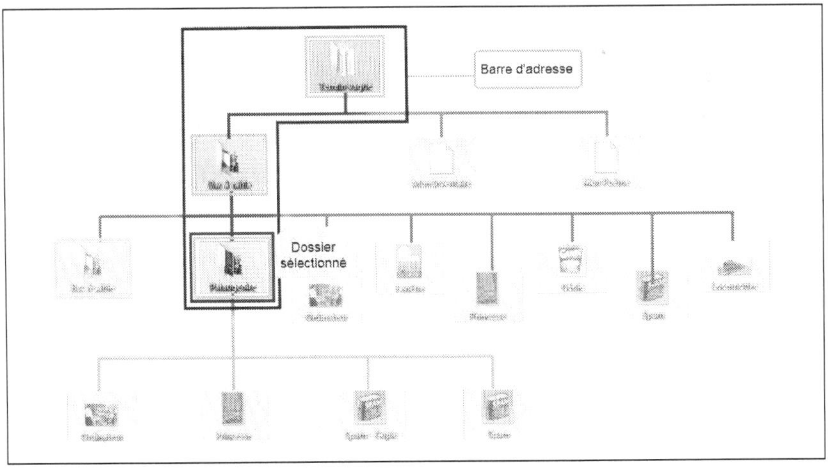

La partie d'arborescence vue de la barre d'adresse

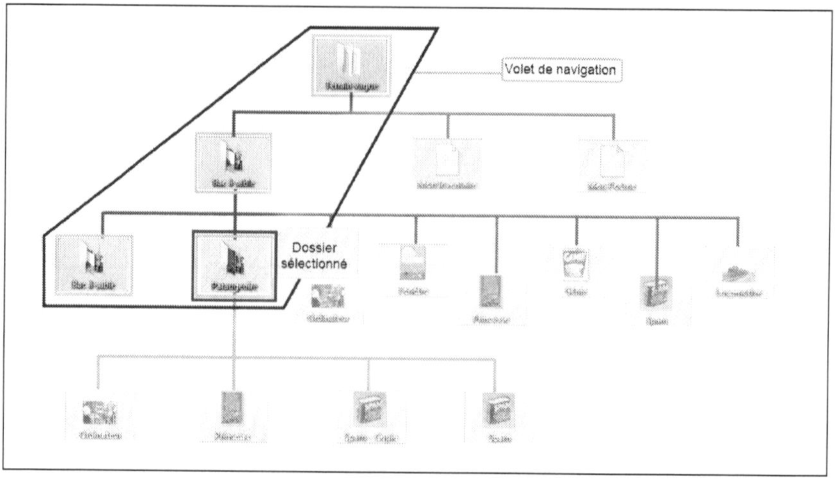

La partie d'arborescence vue du volet de navigation

Déplacements dans l'arborescence

C'est en utilisant ces différentes vues que vous allez pouvoir vous déplacer très facilement d'un dossier à l'autre.

À partir du volet de navigation, il vous suffit de sélectionner le dossier souhaité (d'un simple clic gauche, comme toute sélection). Il est aussitôt ouvert et son contenu affiché dans la zone d'affichage.

Cliquez par exemple sur le premier *Bac à sable*, et voyez le résultat.

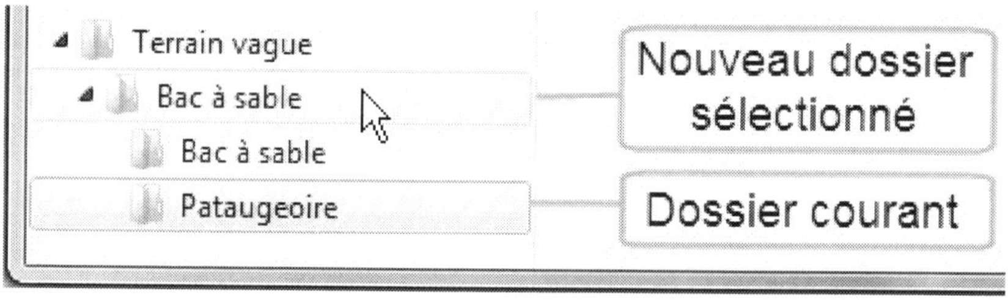

Sélectionnez le premier Bac à sable ...

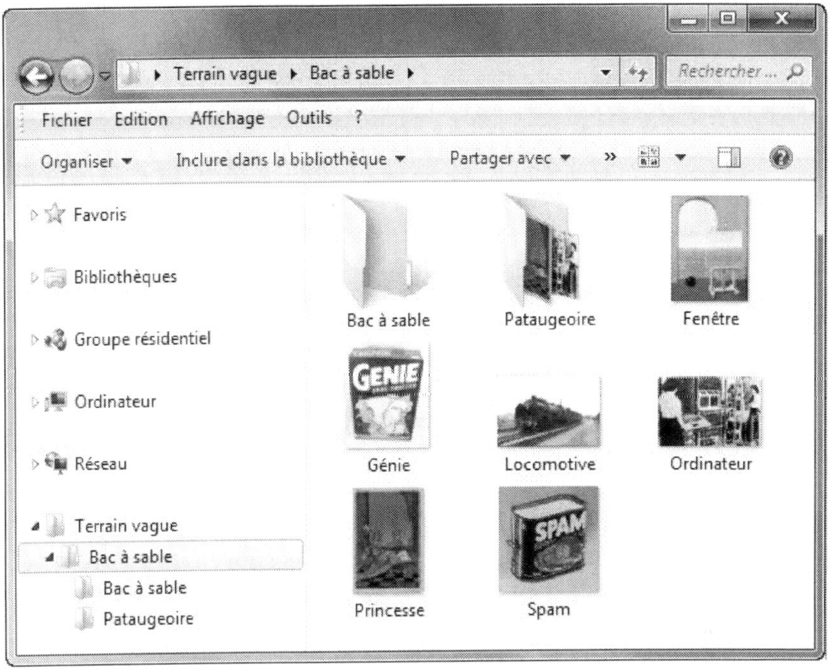

... et admirez le résultat

Notez que les dossiers *Bac à sable* et *Pataugeoire* sont visibles à la fois dans l'arborescence et dans la zone d'affichage.

La barre d'adresse a été mise à jour pour afficher le nom complet de la nouvelle sélection, mais vous pouvez également l'utiliser pour naviguer. Cliquer, par exemple, sur *Terrain vague* sélectionne ce dossier et modifie en conséquence la fenêtre d'affichage. Vous pouvez même cliquer sur la petite flèche noire, à droite de chaque nom de dossier de l'arborescence, pour afficher ceux du niveau immédiatement inférieur et les sélectionner ainsi.

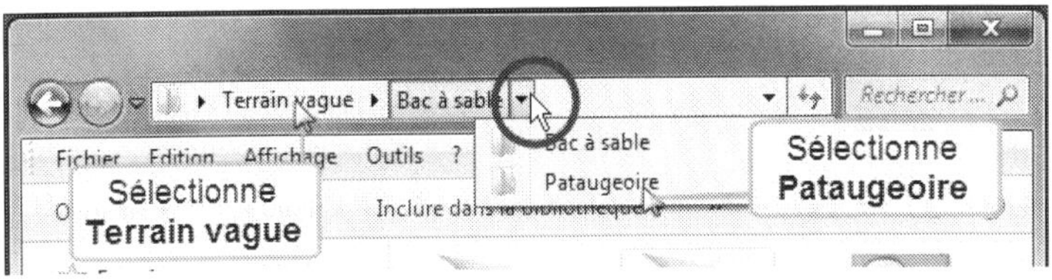

Sélection d'un dossier depuis la barre d'adresse

REMARQUE

Si vous regardez attentivement l'illustration où le dossier ***Pataugeoire*** est sélectionné, vous pouvez constater qu'il n'y a pas de petite flèche noire tout à fait à droite du nom. C'est simplement que ***Pataugeoire*** est au dernier niveau de l'arborescence et ne contient aucun sous-dossier. Il contient uniquement des fichiers.

En plus du volet de navigation et de la barre d'adresse, vous avez aussi la possibilité de revenir facilement à des dossiers que vous avez déjà visités, en utilisant les boutons de navigation dans l'historique.

En haut et à gauche de la barre des boutons, il y a deux boutons pour avancer et reculer. Ils fonctionnent exactement comme les boutons de défilement des pages dans l'explorateur Internet. Ils vous permettent de retrouver facilement un dossier que vous avez déjà ouvert. Le mieux est que vous les essayiez.

À droite de ces deux boutons, vous voyez une petite flèche vers le bas qui vous permet d'afficher l'histoire récente de votre exploration dans les dossiers, exactement comme vous affichez l'historique de votre navigation sur Internet. Il suffit simplement de cliquer dessus et ensuite de cliquer sur le dossier que vous voulez sélectionner.

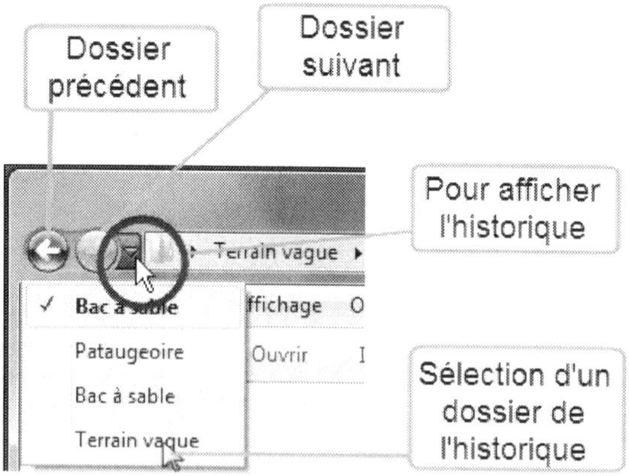

Sélection d'un dossier dans l'historique

Affichage de l'arborescence

Repartez de la situation où le dossier *Terrain vague\Bac à sable* est sélectionné et observez attentivement le volet de navigation. Vous voyez, à gauche de *Terrain vague* et de *Bac à sable*, une petite flèche noire en forme de triangle orientée à droite vers le bas, un peu comme dans la barre d'adresse.

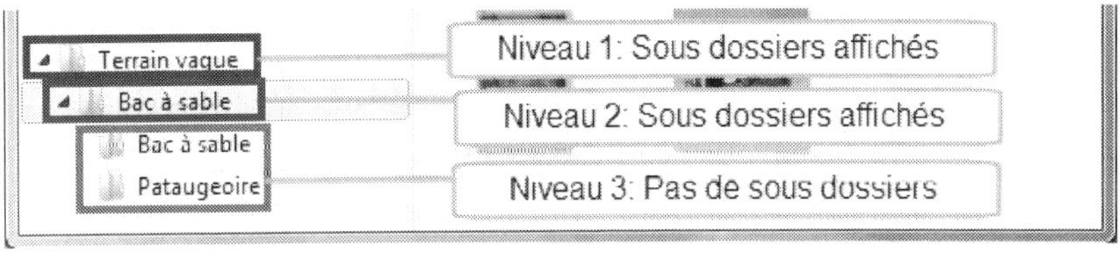

Les petites flèches indiquent l'existence de sous-dossiers

Ces petites flèches indiquent que le dossier correspondant contient des sous-dossiers et qu'ils sont affichés juste en dessous, avec un léger décalage vers la droite représentant un niveau de l'arborescence. S'il n'y a pas de flèche, le dossier est au dernier niveau de l'arborescence.

Ces petites flèches vous permettent également de modifier l'affichage de l'arborescence. Comment ? Découvrez-le en cliquant précisément sur la flèche noire de *Terrain vague*.

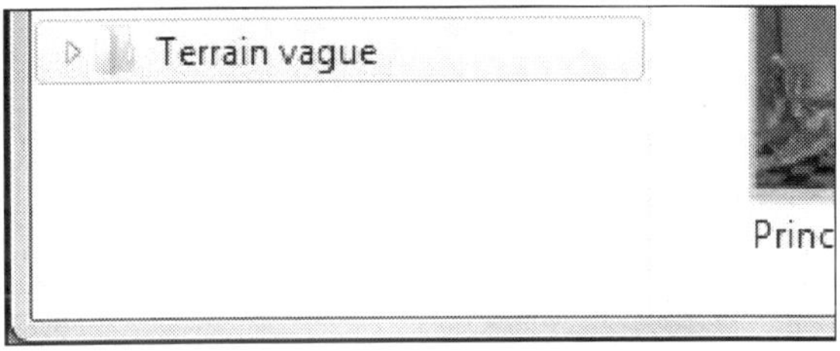

L'arborescence Bac à sable réduite...

La petite flèche noire se transforme en une flèche blanche pointée horizontalement vers la droite et les niveaux de l'arborescence sont masqués : vous avez *réduit* l'arborescence.

Pour la *développer* à nouveau, il vous suffit de faire l'opération inverse, à savoir cliquer sur la petite flèche blanche.

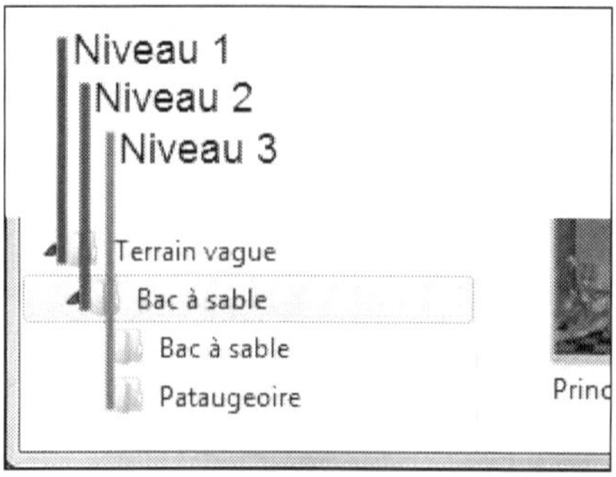

... et développée

Partout où, dans le volet de navigation, vous voyez une telle petite flèche blanche, cela vous indique qu'il existe des sous-dossiers masqués que vous pouvez afficher.

Remarquez enfin que réduire ou développer l'arborescence n'a aucun effet sur la barre d'adresse, ni sur la zone d'affichage. Cela ne change pas le dossier sélectionné.

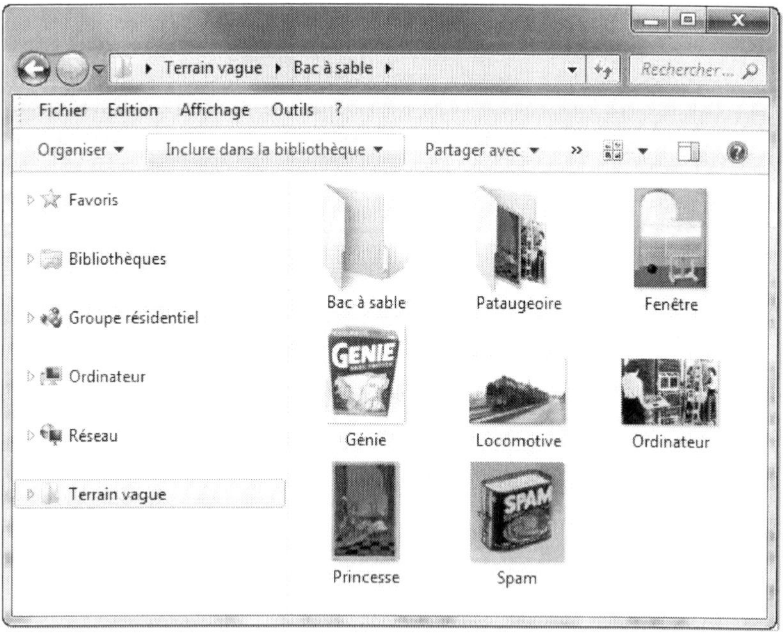

L'arborescence Terrain vague réduite mais Bac à sable toujours sélectionné

Développer est utile quand vous avez beaucoup de dossiers : vous pouvez examiner tranquillement la situation avant de modifier la sélection.

REMARQUE

Si la flèche de développement/réduction vous semble trop petite et que vous avez du mal à bien viser avec le pointeur, vous pouvez tout simplement faire un clic droit sur l'élément qui vous intéresse. Le menu contextuel qui s'affiche vous propose en haut le bouton **Développer** ou **Réduire**, selon ce qui est possible.
Attention à ne pas confondre développer/réduire et sélectionner.
Si, à partir de la situation précédente, vous cliquez sur la petite flèche blanche à gauche de ***Terrain vague***, vous développez l'arborescence et ne modifiez pas la sélection.
Si, au contraire, vous cliquez sur le nom ***Terrain vague***, vous ne modifiez pas l'affichage de l'arborescence, mais sélectionnez ***Terrain vague***, ce qui modifie la barre d'adresse et la zone d'affichage.

VAGABONDAGE

Un peu d'entraînement et de découverte

Vous avez maintenant tous les outils pour vous amuser un peu avec l'Explorateur de fichiers.
Commencez par jouer dans le ***Terrain vague*** pour vous faire la main. Rien ne vous empêche ensuite de créer ou de copier de nouveaux fichiers et dossiers pour compliquer un peu l'arborescence et explorer les situations qui vous intéressent.
Ne soyez pas trop surpris si de petits détails vous paraissent bizarres. Il y a quelquefois de légères différences de comportement, selon le déroulement des opérations. Les programmes ne sont pas parfaits !
Vous pouvez aussi développer l'arborescence de ***Ordinateur***. Vous y retrouverez le disque dur ***C*** dont vous pourrez regarder le contenu. Le ***Réseau*** et le ***Groupe résidentiel*** concernent la connexion et le partage d'ordinateurs : ne vous en souciez pas.
Les ***Bibliothèques*** sont des sortes de pseudo-dossiers que Windows vous propose pour afficher vos dossiers et fichiers par types prédéfinis (documents, images, musique et vidéos).
Enfin, les ***Favoris*** regroupent, à votre guise, des raccourcis vers vos dossiers et fichiers les plus utilisés.
Regardez, farfouillez, essayez et utilisez l'aide et Internet pour en savoir plus.

Personnaliser l'affichage

Mode d'affichage des éléments sélectionnés

Selon la nature des fichiers que vous manipulez et ce que vous voulez faire, vous pouvez afficher de différentes manières les éléments sélectionnés.

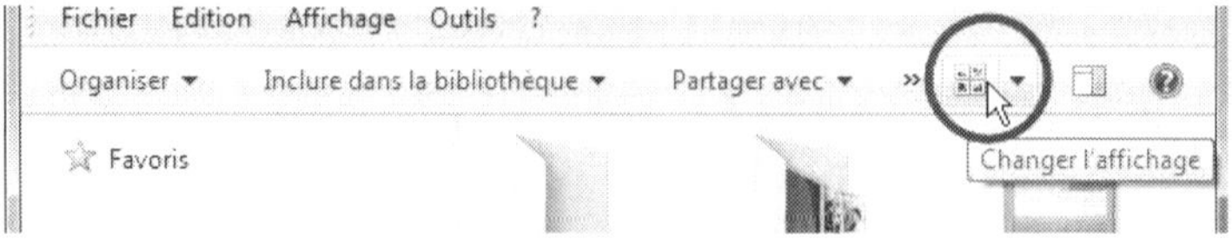

Pour changer le mode d'affichage…

En cliquant sur la petite flèche, à droite du bouton **Affichages**, dans la barre des boutons, vous faites apparaître une liste de modes d'affichage. Celui appliqué à la zone d'affichage est coché. Pour le modifier, cliquez simplement sur celui de votre choix, ou utilisez le curseur ou tout autre moyen mis à votre disposition, au gré des modes. La modification est immédiatement prise en compte. Essayez les différents modes et observez les changements.

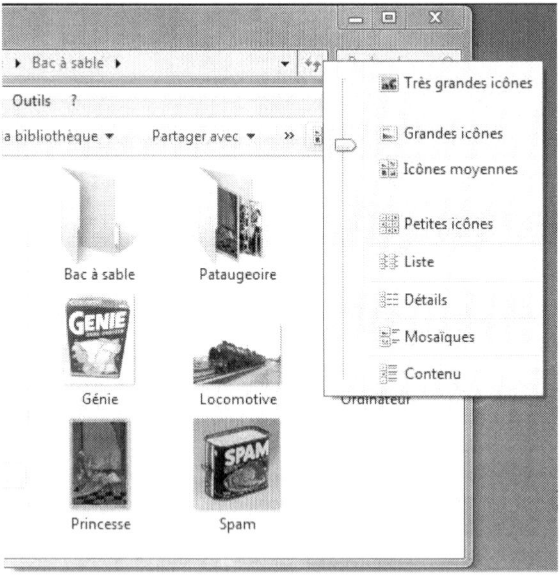

… grandes icônes…

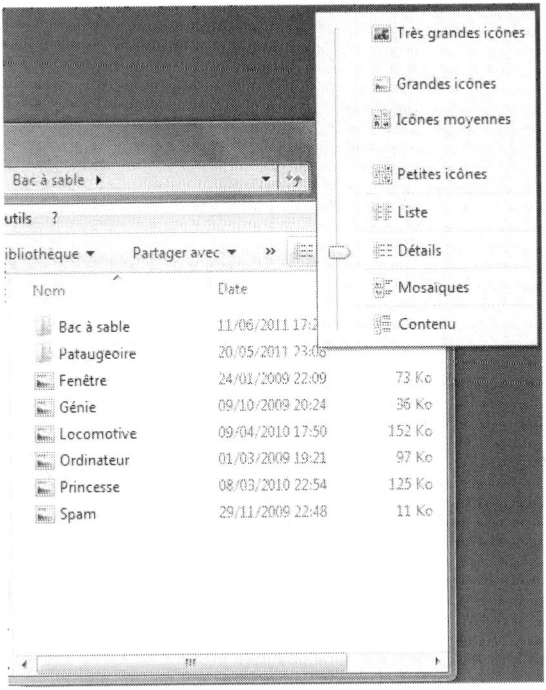

... détails ou autres

REMARQUE

Vous pouvez aussi obtenir la liste des modes d'affichage par le menu **Affichage** de la barre de menus. Rappelez-vous : il y a souvent bien des façons d'arriver au résultat recherché. Vous pouvez également avoir accès à la liste des modes d'affichage en faisant un clic droit dans l'espace de travail puis en cliquant sur le bouton **Affichage**.
N'oubliez jamais les menus contextuels !

ALLONS PLUS LOIN

Afficher les détails que vous voulez

Quand vous choisissez le mode d'affichage **Détails**, vous obtenez a priori le nom, la taille, le type et la date de modification des fichiers, ou quelque chose de voisin. La liste des propriétés disponibles est bien plus vaste et vous pouvez à votre guise modifier celles affichées. Pour cela, allez dans le menu **Affichage** puis cliquez sur le bouton **Choisir les détails**. Une petite fenêtre s'ouvre alors avec la liste des propriétés que vous pouvez choisir.

ALLONS PLUS LOIN

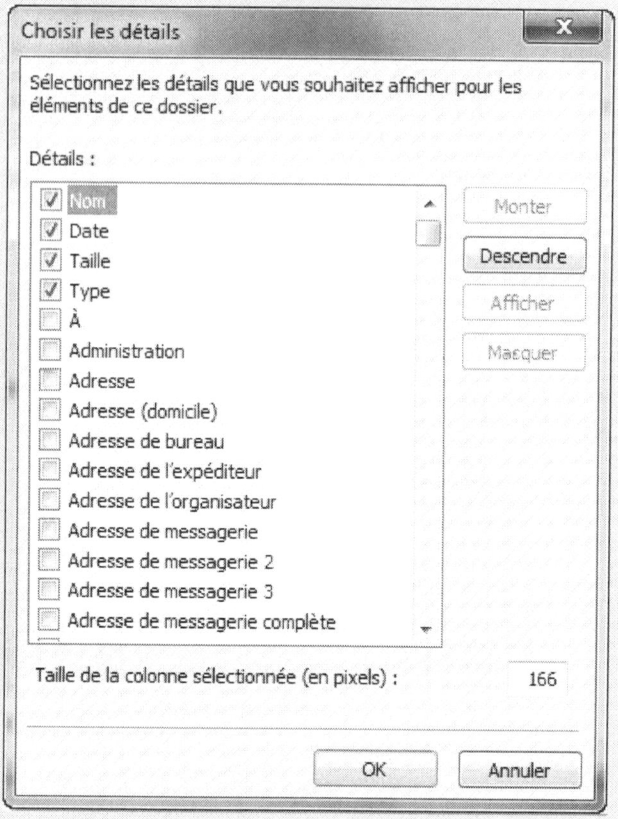

Choisissez les détails que vous voulez afficher

Un clic droit dans la ligne d'en-tête des propriétés affichées vous propose une liste réduite des propriétés, et le bouton **Autres** affiche la fenêtre de choix complète.
Les propriétés cochées dans la liste s'affichent ; les autres pas. En sélectionnant ou désélectionnant celles que vous souhaitez, vous modifierez les détails affichés dans la zone d'affichage. Vous pouvez également modifier l'ordre d'affichage. Essayez donc !

Affichage de l'extension du nom et autres réglages

Vous avez déjà vu comment afficher la fenêtre **Options des dossiers** pour personnaliser le volet de navigation, en demandant de **Développer automatiquement jusqu'au dossier actif**. Vous pouvez vous amuser à décocher la case pour faire le choix inverse et observer les modifications de comportement dans le volet de navigation. Il existe bien d'autres paramètres que vous pouvez régler. Même si à vos débuts vous en faites peu usage, il est intéressant que vous connaissiez ces modes de réglage, similaires dans toutes les applications et généralement accessibles à travers un bouton **Options** d'un menu **Outils**.

À titre d'exercice, vous allez modifier l'affichage du nom pour y inclure ou non l'extension.

1. Affichez d'abord la fenêtre **Options des dossiers**, puis l'onglet **Affichage**, puisque c'est là que ça se passe. Quand vous ne savez pas où c'est, il faut parfois chercher et tâtonner !
2. En déplaçant la barre de défilement vertical vers le bas, vous trouvez **Masquer les extensions des fichiers dont le type est connu**.

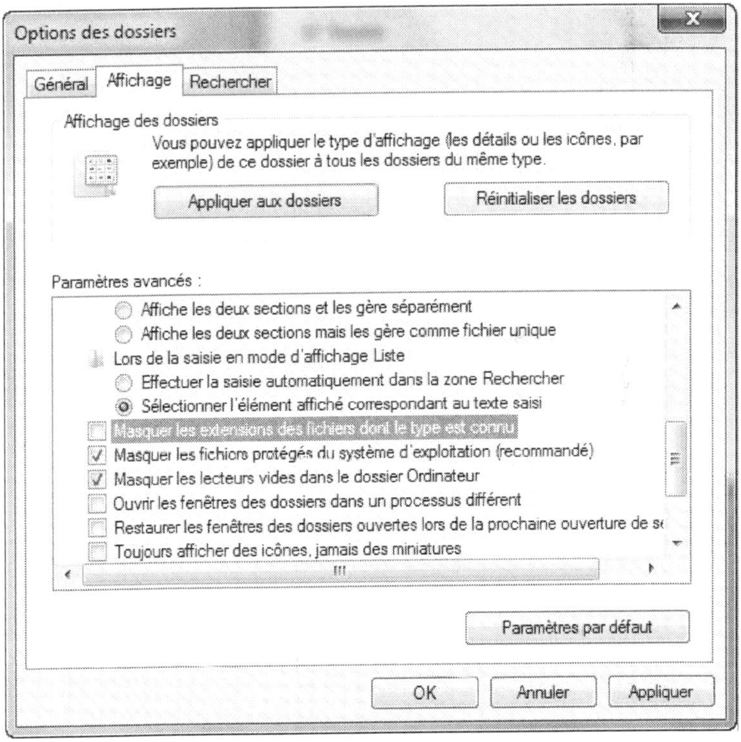

Les options d'affichage des dossiers

Si la case est cochée, l'extension des fichiers ne s'affiche pas. Vous verrez, par exemple, votre poème sous le nom *Mon Inventaire*.

Si la case n'est pas cochée, l'extension s'affiche et votre poème vous apparaîtra dans *Terrain vague* sous l'intitulé *Mon Inventaire.txt*.

Essayez ! C'est sans danger.

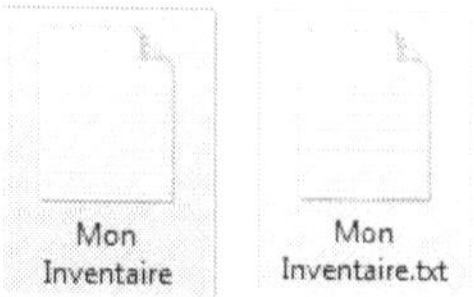

L'extension du nom masquée ou affichée

3. Cliquez sur le bouton OK, pour que la modification que vous souhaitez soit prise en compte.

   Cela ferme du même coup la boîte de dialogue.

REMARQUE

Si vous voulez essayer plusieurs modifications sans avoir à rouvrir à chaque fois la boîte, cliquez sur **Appliquer**. La modification est prise en compte, mais la boîte reste ouverte. C'est plus pratique.
Tant que vous n'avez fait aucune modification de la configuration, le bouton **Appliquer** reste inactif ; le texte est en grisé. Il devient actif dès que vous faites une modification.
Si vous avez fait des modifications qui ne vous plaisent pas, vous pouvez les annuler. Si vous ne savez plus où vous en êtes, vous pouvez cliquer sur le bouton **Paramètres par défaut** qui leur redonne leur valeur d'origine.

◆ Utilisation de l'Explorateur de fichiers

Vous êtes familiarisé avec les dossiers et les fichiers ; vous connaissez les méthodes de rangement et les manies d'Eugène le Bibliothécaire ; vous savez vous retrouver dans la grande bibliothèque en utilisant l'Explorateur de fichiers. Vous maîtrisez donc tout ce qu'il vous faut pour bien ranger tous vos documents dans votre ordinateur et les retrouver sans peine.

Bien ranger les documents

Créer de nouveaux dossiers

Pour bien ranger vos documents, vous devrez d'abord définir votre méthode de classement. Pour cela, nul besoin de votre ordinateur : il vous faut simplement définir selon quels critères et sous-critères vous voulez regrouper vos fichiers. Classez-vous vos lettres par date ou par type d'activité ? Enregistrez-vous vos photos par thème (vacances, famille...) ou par ordre chronologique ? Cela dépend uniquement de vos choix et Eugène ne pourra pas vous aider.

Ensuite, vous allez créer une arborescence de dossiers correspondant à vos critères. Vous l'avez déjà fait *à partir d'un menu contextuel* sur le Bureau. Vous ne le saviez alors pas, mais c'était déjà par le truchement de l'application Explorateur Windows que l'opération se réalisait.

REMARQUE

Où se trouve le dossier que vous créez ?

Quand vous avez créé un dossier sur le Bureau, vous l'avez naturellement retrouvé placé sur le Bureau.

Par contre, quand vous travaillez dans la fenêtre de l'Explorateur Windows, vous êtes à l'intérieur du dossier sélectionné. C'est là qu'est créé le nouveau dossier. Ce n'est pas nécessairement ce que vous souhaitiez !

Quand vous créez un dossier, pensez donc toujours à bien préciser où (dans quel dossier) vous voulez le faire.

Vous pouvez sélectionner le dossier de destination et voir son contenu dans la zone d'affichage. Faites un clic droit à un endroit neutre de cette zone et choisissez le bouton **Nouveau→Dossier**. Ensuite, vous connaissez !

Créez ainsi *Recettes* dans *Terrain vague*. Le nouveau dossier apparaît dans la zone d'affichage et dans le volet de navigation. Remarquez que le nouveau dossier apparaît au deuxième niveau de l'arborescence. C'est plus facile à voir quand tous les niveaux inférieurs sont réduits.

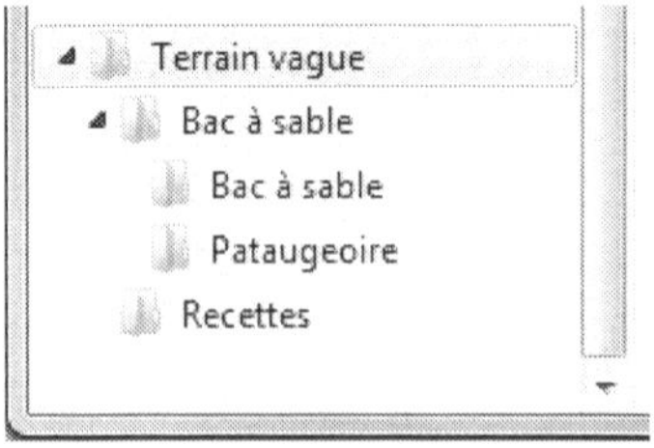

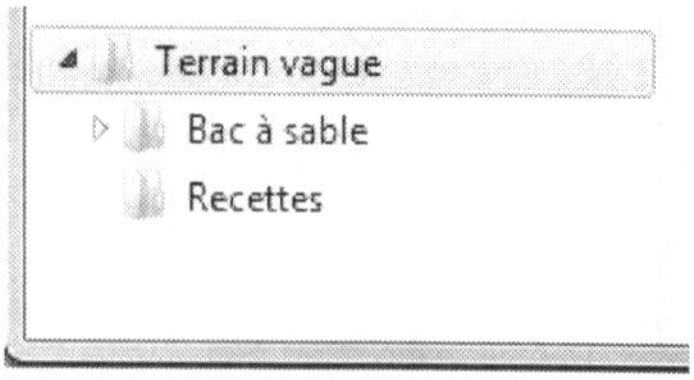

REMARQUE

Pour créer un nouveau dossier dans le dossier sélectionné, vous pouvez aussi utiliser le bouton **Nouveau** du menu **Fichier**. Ça marche exactement de la même façon.

Vous pouvez aussi créer de nouveaux dossiers directement dans le volet de navigation, sans modifier la sélection. Il vous suffit d'afficher le menu contextuel en faisant un clic droit sur le dossier cible dans le volet de navigation. Après c'est toujours pareil.

Créez ainsi *Gâteaux* dans *Recettes*.

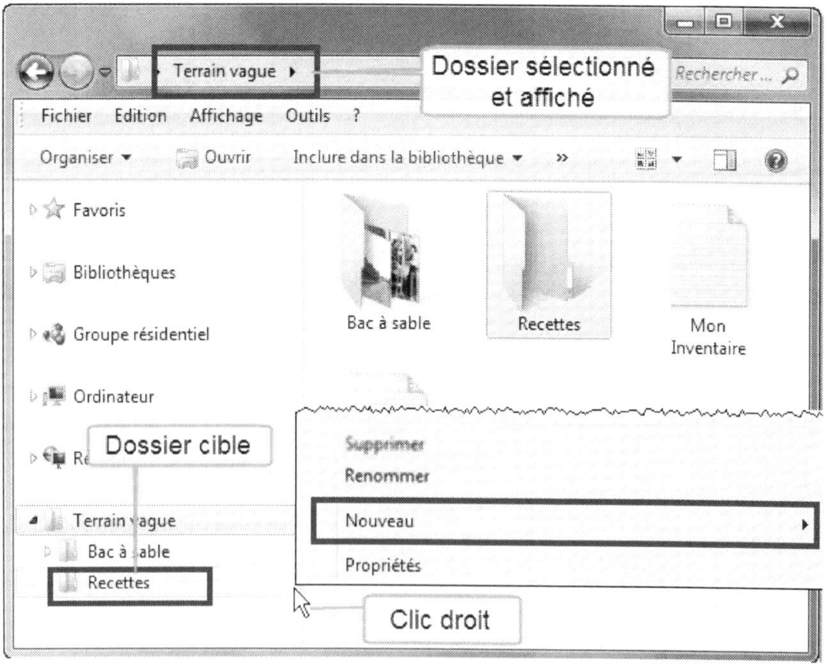

Gâteaux apparaît dans le volet de navigation, au troisième niveau, mais c'est toujours le contenu de *Terrain vague* qui occupe la zone d'affichage.

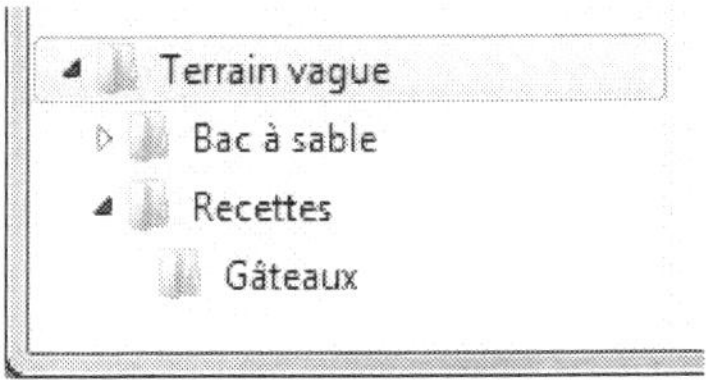

ALLONS PLUS LOIN

Renommer un dossier ou un fichier

Quand vous créez un dossier, si vous validez précipitamment avant d'avoir modifié le nom, vous vous retrouvez avec un ***Nouveau dossier*** et cela vous chagrine. Il est simple d'y remédier. Sélectionnez ***Nouveau dossier*** et demandez le menu (clic droit) : vous trouverez, vers le bas, le bouton **Renommer**. Un clic et vous revoilà dans la même situation qu'à la création : l'intitulé ***Nouveau dossier*** est sélectionné dans une zone de saisie délimitée par un fin cadre et vous pouvez le modifier.

Vous pouvez, de la même façon, renommer vos fichiers.

Où ranger les documents ?

Vous pouvez très bien créer un dossier sur votre Bureau, comme vous l'avez fait à titre d'exercice avec *Terrain vague*, mais aussi lui donner un nom plus sérieux, par exemple *Mon Placard*, et mettre tous vos documents dedans, en y créant dossiers et sous-dossiers à votre guise.

Vous pouvez aussi utiliser les dossiers prédéfinis proposés par votre système. Vous n'aurez pas à les créer, mais cela ne vous dispensera pas d'y créer des sous-dossiers selon vos besoins.

Windows 7 vous propose quatre dossiers, correspondant aux principaux types d'activités : *Mes documents*, *Mes images*, *Ma musique* et *Mes vidéos*. Ils sont créés au fin fond de la grande bibliothèque d'Eugène et vous n'y accédez pas directement. Vous les trouvez sous la rubrique *Bibliothèques* du volet de navigation de l'Explorateur Windows. Développez-en l'arborescence et vous les découvrirez. (Dans les versions plus anciennes de Windows, les bibliothèques n'existaient pas, mais simplement les dossiers *Mes documents…*)

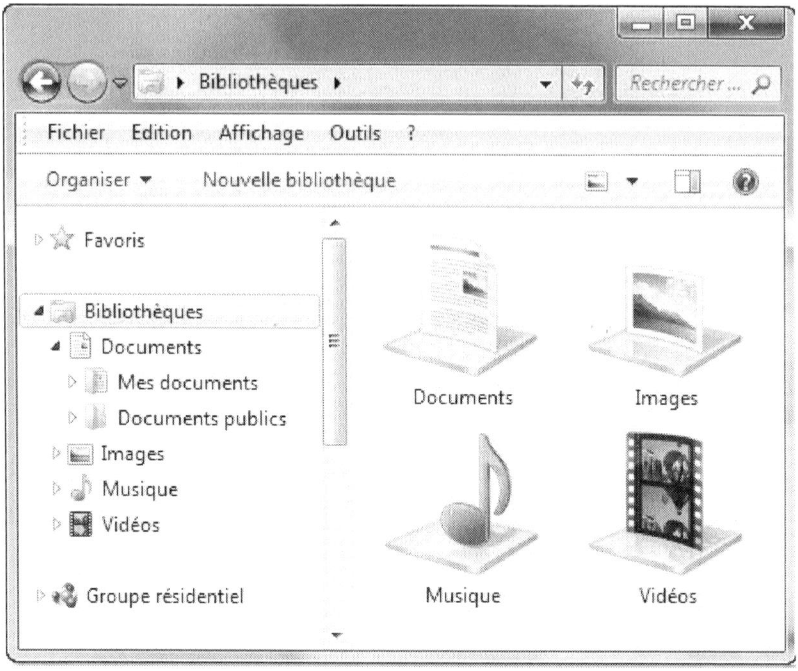

Les dossiers prêts à l'emploi de Windows

Classer les fichiers dans les dossiers

Une fois vos premiers dossiers créés, vous aller y créer ou y déplacer des fichiers, selon vos besoins. Pour cela, soit vous utiliserez les commandes **Enregistrer sous** de vos applications, soit vous déplacerez les fichiers d'un dossier à un autre en utilisant l'Explorateur de fichiers.

Vous pourrez aussi compléter et enrichir votre arborescence. Si le contenu d'un dossier devient trop volumineux, n'hésitez pas à créer quelques sous-dossiers et à y ventiler le contenu initial.

Quel que soit votre choix d'organisation, les manipulations que vous connaissez vous suffisent pour le réaliser.

Des raccourcis pour vos dossiers ou fichiers d'usage fréquent

ALLONS PLUS LOIN

Vous savez déjà créer des raccourcis vers des applications pour les avoir facilement sous la main. Vous pouvez faire la même chose avec les dossiers et les fichiers : la procédure est exactement la même.

Ainsi, vous pouvez, par exemple, créer un raccourci vers la dernière photo de vacances de vos petits-enfants et le placer sur votre Bureau. Vous pouvez de la sorte l'afficher très facilement, alors qu'elle est bien rangée au plus profond de l'arborescence que vous avez créée pour ranger vos photos. Et quand vous le voudrez, vous supprimerez le raccourci. Votre photo restera toujours présente là où vous l'avez rangée.

Supprimer fichiers ou dossiers inutiles

Quand vous aurez créé beaucoup de fichiers et de dossiers, il vous paraîtra peut-être nécessaire de faire un peu de ménage en supprimant tout ce qui ne vous sert plus. Ce deuxième dossier *Bac à sable* qui est vide, vous voudriez bien vous en débarrasser. C'est très simple : il vous suffit de demander à Eugène le Bibliothécaire de le mettre à la Corbeille. Comment ? D'abord, sélectionnez-le. Que ce soit dans le volet de navigation, dans la zone d'affichage de l'Explorateur de fichiers ou sur votre Bureau, cela importe peu. Ensuite, utilisez le premier bouton **Supprimer** qui vous tombe sous la main – dans un menu contextuel, dans la barre de boutons, dans un menu de la barre des menus – ou même une des touches d'effacement de votre clavier, et le tour est joué. Eugène toujours prévenant vous demande, par l'intermédiaire d'une boîte de dialogue, de confirmer la suppression. Sur réponse affirmative de votre part, il enlève l'objet encombrant de son emplacement originel pour le mettre dans le dossier *Corbeille*.

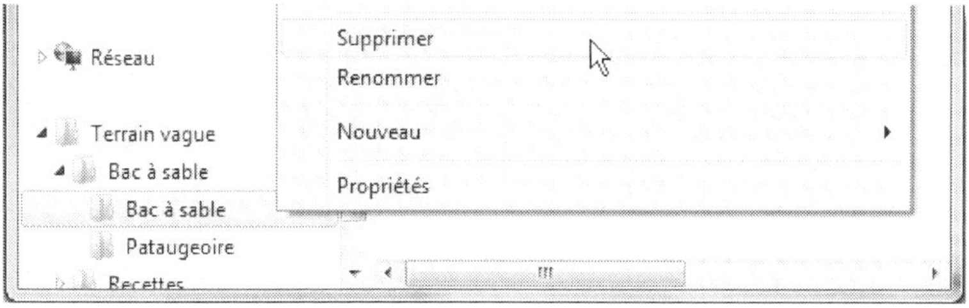

Vous allez supprimer un dossier gênant

Si vous êtes curieux et ouvrez la Corbeille (il y a une icône sur le Bureau), vous y verrez bien votre dossier *Bac à sable*.

La Corbeille est un dossier comme un autre. À ce titre, c'est donc naturellement dans l'Explorateur de fichiers que son contenu s'affiche. Et quand vous supprimez un dossier, vous ne faites que le déplacer dans le dossier *Corbeille*. Vous pouvez d'ailleurs supprimer un objet en le déplaçant simplement dans la Corbeille.

La barre des boutons de la Corbeille vous propose deux boutons spécifiques :

- **Restaurer tous les éléments** remet tous les éléments de la Corbeille à leur emplacement originel. Tout revient comme avant ! C'est la bouée de sauvetage en cas d'erreur. Selon le contexte, ce bouton propose de restaurer le ou les éléments sélectionnés.
- **Vider la Corbeille** vous débarrasse définitivement de tous les éléments de la Corbeille. Ça a le même effet définitif que le passage du camion de collecte des ordures ménagères : plus rien n'est récupérable.

Au lieu d'agir sur toute la Corbeille, vous pouvez le faire sur les seuls éléments sélectionnés.

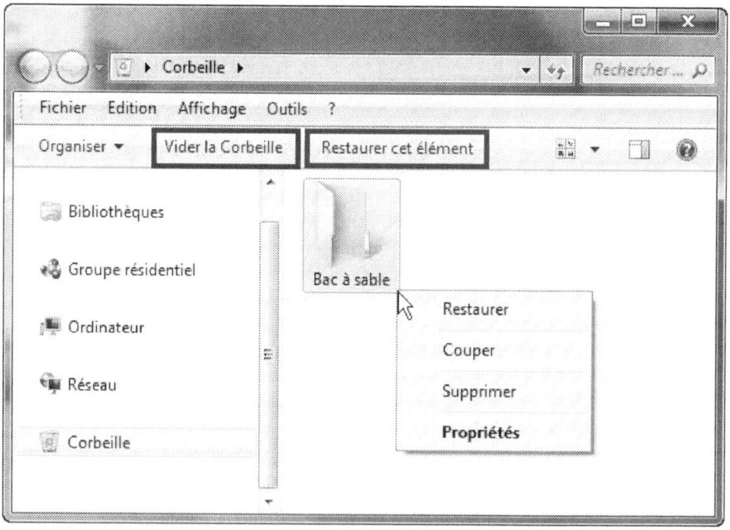

Le dossier Corbeille

REMARQUE

Si vous supprimez un dossier, c'est bien sûr le dossier qui est mis à la Corbeille, mais également tout son contenu : sous-dossiers et fichiers.
La Corbeille est représentée par deux icônes différentes selon qu'elle est vide ou non.

Trouvez la Corbeille vide

Retrouver un document

Même si vous rangez vos documents avec le plus grand soin, il vous arrivera peut-être de ne plus savoir où vous avez enregistré un précieux fichier. Vous pourriez, bien sûr, examiner minutieusement, l'un après l'autre, tous vos dossiers, mais ce serait long, fastidieux, et vous risqueriez de vous tromper. Pourquoi ne demanderiez-vous pas à Eugène Le Bibliothécaire de vous aider : il possède, dans son attirail, un outil de recherche très efficace.

Supposons que vous vouliez retrouver un document et que vous vous rappeliez seulement son nom – *Spam* – et le dossier dans lequel il est enregistré – *Terrain vague*.

Ouvrez le dossier *Terrain vague* et regardez en haut, à droite de la fenêtre. Vous y voyez une zone de saisie, semblable à la zone de recherche rapide de votre navigateur, dans laquelle est écrit en italique *Rechercher*.

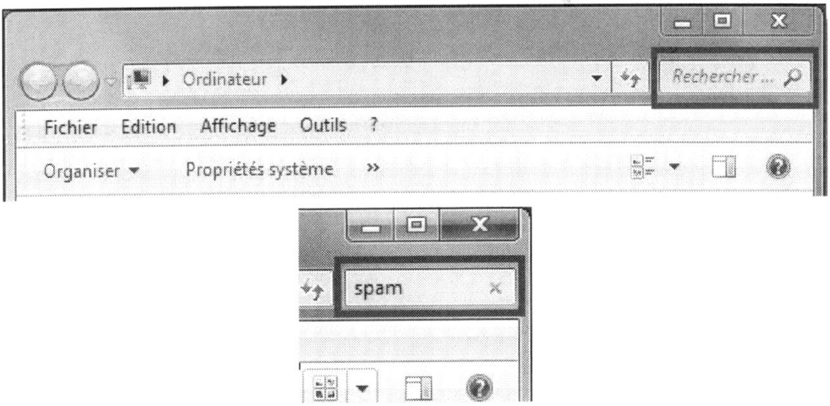

La zone de recherche de l'Explorateur Windows

Il vous suffit de mettre le pointeur dans la zone de recherche et de cliquer pour y placer le point d'insertion. Vous pouvez alors taper tout ou partie du nom du fichier ou du dossier que vous recherchez. Eugène le Bibliothécaire se charge de faire le boulot. Et comme c'est *Terrain vague* qui est sélectionné, c'est uniquement là qu'il va chercher.

Qu'il ait trouvé ou non, il vous indique où il a cherché et affiche toujours le résultat de ses investigations. Vous voyez qu'il a bien trouvé deux fichiers *Spam* et un *Spam – Copie*. Vous pouvez alors les ouvrir. Si vous voulez simplement savoir précisément où ils sont rangés, affichez les propriétés ou modifiez la présentation de la zone d'affichage pour voir les détails et le nom complet des fichiers.

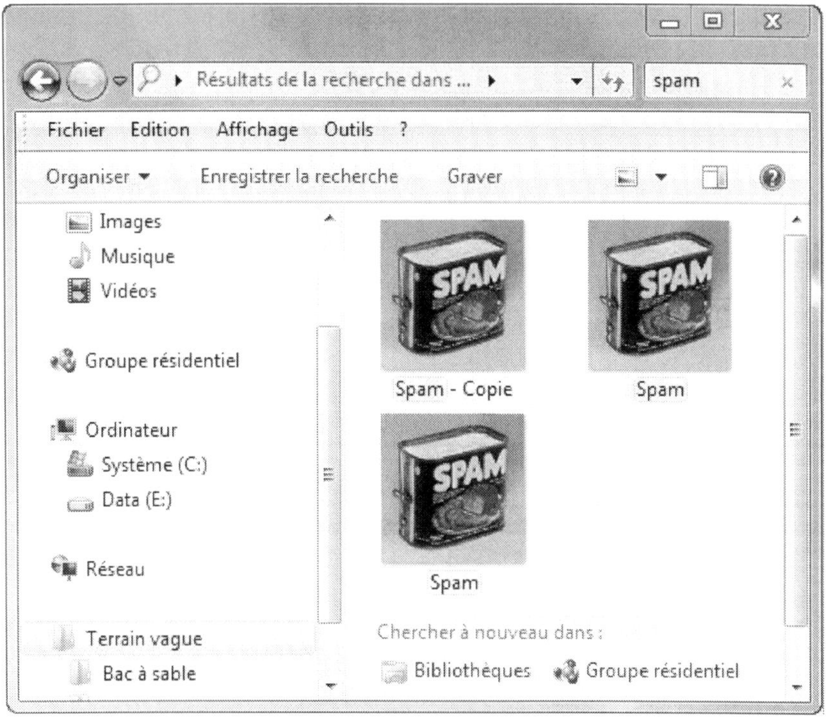

Il y a trois fichiers dont le nom contient Spam

Selon le résultat de la recherche (pas ou trop de résultats), vous ferez une investigation plus poussée en indiquant d'autres dossiers où chercher ou bien vous définirez des filtres de recherche.

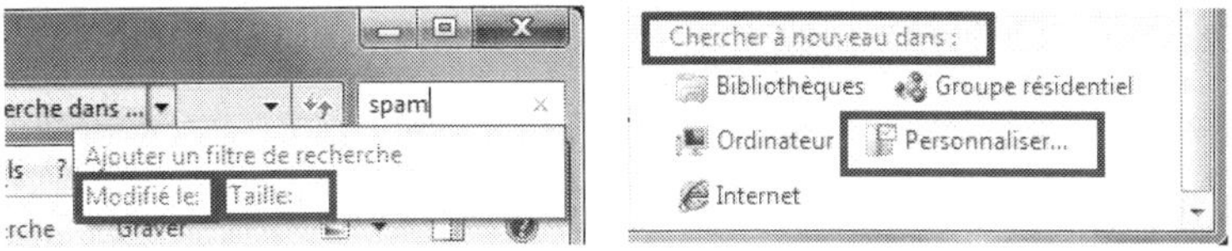

Les moyens d'affiner la recherche

REMARQUE

Les paramètres de recherche et leur présentation varient d'une version à l'autre du système. Il est donc inutile de chercher à les retenir. Les plus courants ont trait au nom de l'objet recherché, à son emplacement (tout le disque ou seulement un ou plusieurs sous-dossiers), à sa taille, et à ses dates de création ou modification.

VAGABONDAGE

Où est donc passé ce fichier que je viens de créer ?

Vous venez de créer un nouveau fichier en utilisant la commande **Enregistrer sous** et tout s'est apparemment bien passé.

Et pourtant ! Vous ne trouvez pas le fichier dans le dossier où vous pensiez l'avoir mis. Peut-être avez-vous été inattentif et votre fichier est-il allé se cacher dans un autre dossier sélectionné par mégarde. Peut-être aussi avez-vous fait une erreur de frappe et le nom de votre fichier n'est pas celui que vous croyez. Que faire pour le retrouver ?

Une utilisation judicieuse des filtres de recherche va vous aider. Comme vous ne savez pas où se trouve votre fichier, vous allez devoir chercher dans tout votre ordinateur, mais vous pouvez demander à ne chercher que les fichiers créés le jour même : ceux ainsi trouvés seront en nombre beaucoup plus limité et vous avez toutes les chances de repérer facilement celui qui vous intéresse.

6.4. Les fichiers et les applications

Vous vous rappelez que les applications utilisent des documents, c'est-à-dire des fichiers, enregistrés dans la grande bibliothèque d'Eugène. Pour que vous puissiez travailler et conserver les résultats de vos activités, les applications savent ouvrir et enregistrer des fichiers.

◆ Les applications accèdent aux fichiers

Comme ces opérations d'ouverture et d'enregistrement ne dépendent pas des applications, celles-ci les sous-traitent à Eugène le Bibliothécaire. Comparez, pour vous en convaincre, la fenêtre de l'Explorateur Windows, la fenêtre **Ouvrir** de Bloc-notes et la fenêtre **Enregistrer sous** de WordPad. À l'exception des zones de saisie du nom de fichier, c'est la même chose. Les fenêtres **Ouvrir** ou **Enregistrer sous** sont comme le guichet à travers lequel Eugène l'Acteur et Eugène le Bibliothécaire échangent leurs informations, chacun restant maître chez lui.

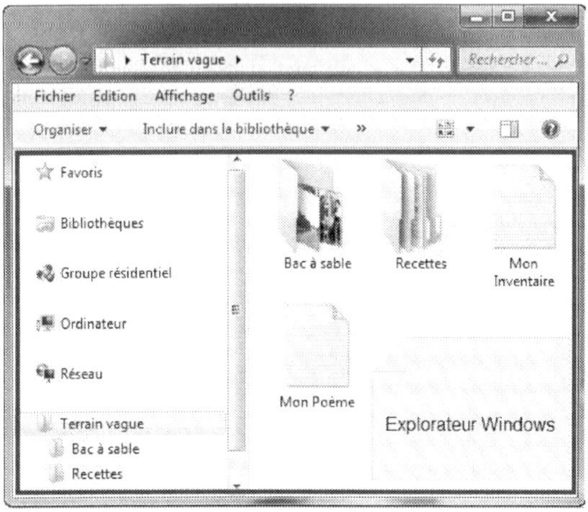

La fenêtre de l'Explorateur Windows

La fenêtre Ouvrir de Bloc-notes

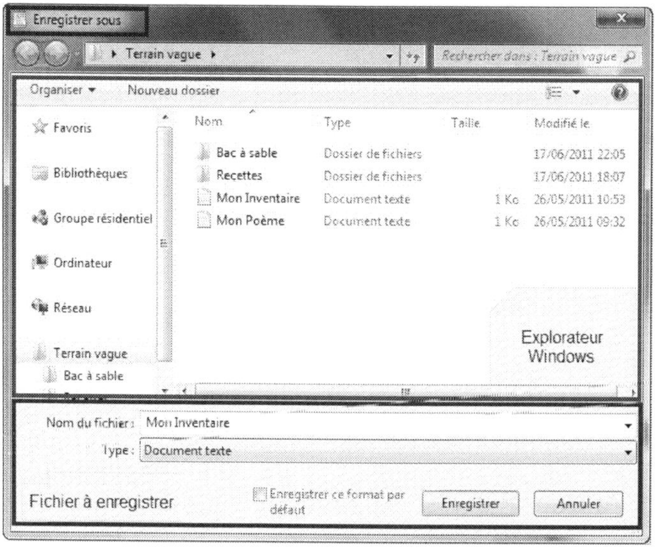

La fenêtre Enregistrer sous de WordPad

Les rôles sont bien répartis : Eugène l'Acteur, dans son application, reçoit une copie des fichiers ouverts que vous pouvez consulter ou modifier ; Eugène le Bibliothécaire recherche les fichiers demandés. À l'ouverture, il en fournit une copie sur des ardoises magiques ; à l'enregistrement, il écrit les modifications qui lui sont demandées. Il veille toujours jalousement au rangement de sa grande bibliothèque.

◆ Ouvrir, enregistrer et enregistrer sous

Les schémas suivants vous résument les opérations d'ouverture, modification et enregistrement des fichiers, quelle que soit l'application utilisée. Vous avez déjà expérimenté pratiquement toutes ces situations. Il n'y a donc là rien de vraiment nouveau.

Il s'agit simplement, maintenant que vous connaissez bien Eugène le Bibliothécaire, de vous présenter un nouveau point de vue qui pourra, par exemple, vous aider à mieux comprendre la différence entre les opérations **Enregistrer** et **Enregistrer sous**.

Ouvrir un fichier

Votre point de vue

Dans une application, vous ouvrez un fichier pour en afficher le contenu et le consulter.

Les points de vue d'Eugène

Eugène l'Acteur demande à Eugène le Bibliothécaire de lui ouvrir le fichier dont il lui donne le nom.

Eugène le Bibliothécaire recopie le nom et le contenu du fichier sur les ardoises magiques d'Eugène l'Acteur.

Eugène l'Acteur affiche, selon vos désirs, le contenu de ses ardoises magiques.

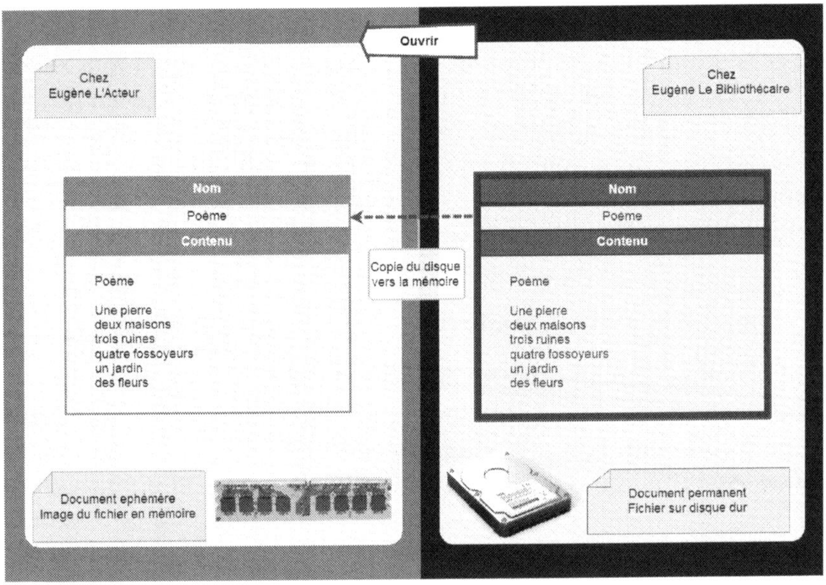

Faire des modifications dans une application

Votre point de vue

Dans une application, vous modifiez le contenu d'un fichier.

Les points de vue d'Eugène

Eugène l'Acteur effectue les modifications que vous lui demandez sur ses ardoises magiques. C'est en fait le document éphémère, copie du fichier, qu'il modifie.

Eugène le Bibliothécaire n'est pas concerné et n'est au courant de rien. Dans sa grande bibliothèque, il conserve le fichier inchangé.

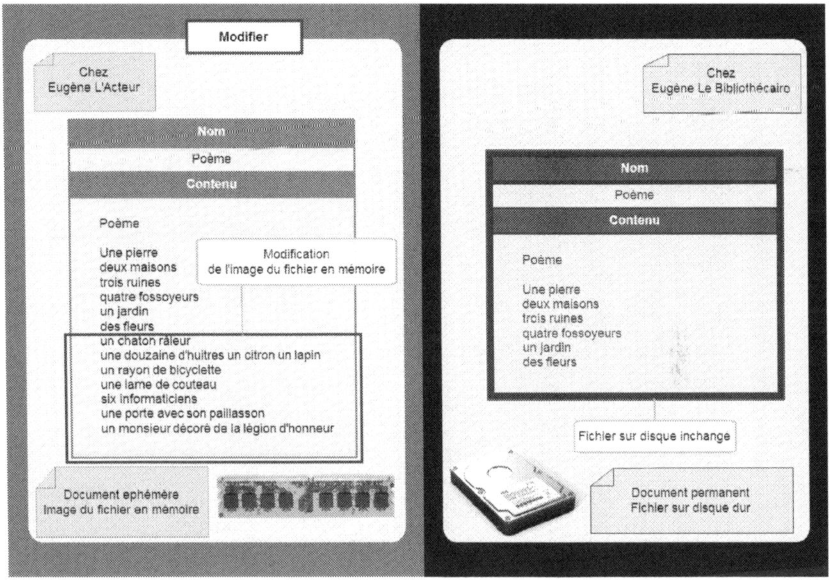

REMARQUE

Si, à ce moment, vous demandez à Eugène l'Acteur de fermer boutique sans enregistrer vos modifications, Eugène le Bibliothécaire reste à l'écart de tout cela et conserve le fichier inchangé dans sa grande bibliothèque. Les modifications que vous avez fait faire à Eugène l'Acteur sont perdues.

Enregistrer un fichier

Votre point de vue

Dans une application, vous enregistrez, dans le fichier que vous avez ouvert précédemment, les modifications que vous venez de réaliser.

Les points de vue d'Eugène

Eugène l'Acteur montre à Eugène le Bibliothécaire ses ardoises magiques avec le nom du fichier et son nouveau contenu.

Eugène le Bibliothécaire recopie les ardoises magiques dans le fichier concerné : les modifications sont enregistrées de façon irréversible et le contenu initial est perdu.

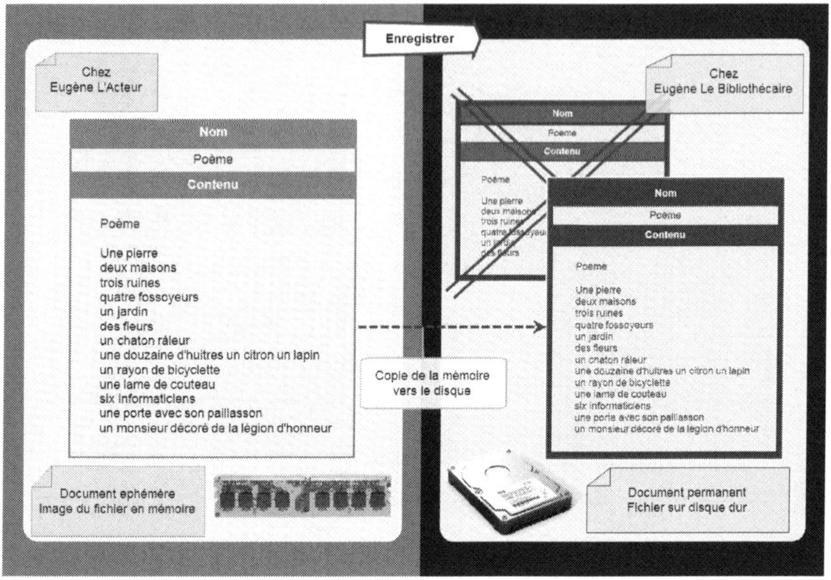

> **REMARQUE**
>
> Quand il enregistre les modifications, Eugène le Bibliothécaire modifie également les propriétés concernées du fichier, en particulier sa date de modification.

Enregistrer un fichier sous un autre nom

Votre point de vue

Dans une application, vous enregistrez, dans un fichier différent de celui que vous avez ouvert précédemment, les modifications que vous venez de réaliser.

Vous continuerez ensuite votre travail dans le document éphémère qui est maintenant une copie du nouveau fichier.

Les points de vue d'Eugène

Eugène l'Acteur montre à Eugène le Bibliothécaire ses ardoises magiques avec le nouveau nom du fichier et son nouveau contenu.

Eugène le Bibliothécaire qui n'a pas, dans sa grande bibliothèque, de fichier avec le nouveau nom, en crée un et y recopie les ardoises magiques : les modifications sont enregistrées de façon irréversible dans le nouveau fichier. Le fichier d'origine, qui n'a pas été affecté par l'opération, conserve le contenu originel. En fin de compte, les deux fichiers coexistent dans la grande bibliothèque.

Pour finir, Eugène l'Acteur note le nouveau nom du fichier sur ses ardoises magiques : son document éphémère devient ainsi une copie du nouveau fichier.

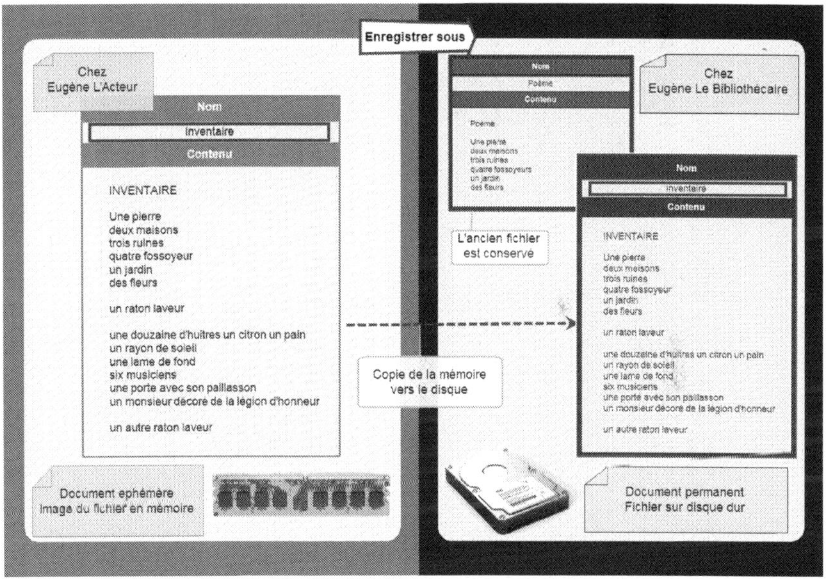

7.

Adoptez de bonnes attitudes

Vous connaissez maintenant tout le minimum technique. Mais pour être plus à l'aise, il vous faut aussi essayer d'adopter les attitudes adéquates face aux nouveautés ou difficultés que vous rencontrerez : c'est l'objectif de ce chapitre.

Pensez d'abord à demander de l'aide. Vous pouvez solliciter des amis, ou votre ordinateur ou encore Internet.

Prenez une assurance contre les catastrophes en sauvegardant vos données pour ne pas tout perdre le jour où votre ordinateur tombera en panne.

Soyez audacieux en explorant de nouveaux domaines pour accroître votre savoir-faire. Osez expérimenter, appuyer sur des boutons inconnus pour voir ce qui se passe.

Enfin, devant les imprévus, gardez votre sang-froid : un brin de réflexion, ajouté à tout ce que vous avez déjà appris, vous permettra le plus souvent de vous tirer d'affaire sans dommage.

Ce chapitre est illustré de nombreuses histoires, toutes véridiques ou librement inspirées de faits réels, mais les noms des protagonistes ont été modifiés pour préserver leur anonymat et leur tranquillité d'esprit.

7.1. Obtenez de l'aide

Quand vous ne savez pas, ou qu'une difficulté vous arrête, le plus simple et le plus efficace est encore de chercher de l'aide. Les moyens d'en obtenir sont nombreux.

◆ L'aide d'un ami

Si vous cherchez simplement la réponse à une question, même élémentaire, ou si vous êtes confronté à une difficulté sérieuse, l'aide d'un ami à qui vous exposerez votre problème suffira souvent à débloquer la situation.

HISTOIRE

Histoire d'€

Hélène veut taper le caractère €, mais ne se rappelle plus quelle combinaison de touches utiliser. Elle en a essayé diverses sans succès (Alt+E, Ctrl+E) et appelle Cl€m€nc€ qui lui explique que c'est Alt Gr qu'il faut utiliser, comme pour le caractère arobase.

Décrivez toujours votre problème factuellement, le plus précisément, le plus clairement et le plus complètement possible, sans en suggérer d'interprétation, pour éviter d'entraîner votre ami vers de fausses pistes.

Si vous envisagez des explications ou des solutions, exprimez-les comme telles, sans les confondre avec les faits observés.

Souvent, le fait même de formuler clairement votre difficulté vous mènera vers sa résolution.

VAGABONDAGE

La saisie d'écran : un dessin plutôt qu'un long discours

Pour bien décrire le problème qui vous préoccupe, un instantané de votre écran tel qu'il était au moment de l'incident vous simplifierait bien les choses.

Savez-vous que c'est à portée de votre main : c'est ce que l'on appelle la ***saisie d'écran***, ou ***impression d'écran***, ou encore ***capture d'écran*** (traduction en franglais de l'anglais ***screen capture***). Faire une saisie d'écran, c'est demander à Eugène d'enregistrer, de l'intérieur, ce qu'il a dessiné sur votre écran. De votre point de vue, c'est comme si vous aviez pris une photo de votre écran, ou en aviez fait un copier-coller.

Il existe de nombreux logiciels de saisie d'écran, offrant plus ou moins de facilités. Mais pour commencer, vous pouvez utiliser un moyen très simple : c'est la touche Imp écran, située généralement dans la zone en haut, à droite du clavier, à droite de la touche F12. Appuyez dessus et vous avez l'impression qu'il ne se passe rien. En réalité, Eugène a copié l'image de tout l'écran dans le Presse-papiers qu'il vous suffit ensuite de

VAGABONDAGE

coller dans un document ouvert avec un logiciel qui sait gérer des images. C'est le cas de WordPad, que vous connaissez déjà comme outil de traitement de texte et que vous pouvez utiliser pour essayer !
Il ne vous reste plus qu'à enregistrer le fichier pour le montrer à qui veut bien vous aider !
Notez que si vous appuyez sur Alt+Imp écran, c'est seulement la fenêtre active, et non tout l'écran, qui sera copiée.
Enfin, sachez que sur un clavier de Mac, il n'y a pas de touche Imp écran. Vous obtenez un résultat similaire avec la combinaison de touches Cmd+Maj+3 : un fichier avec l'image de votre écran est créé sur le Bureau.
La plupart des systèmes Windows offrent un petit logiciel de saisie d'écran appelé Outil capture. Lancez-le et jouez avec pour voir comment il fonctionne.

◆ L'aide de votre ordinateur

Si vous êtes seul et sans ami, il vous est toujours possible d'obtenir de l'aide de votre ordinateur, ce qu'on appelle l'aide en ligne : pratiquement tout ce que vous cherchez à savoir pour bien vous en servir s'y trouve déjà, ou est accessible via Internet. La difficulté est seulement de savoir comment obtenir cette aide.

Les info-bulles

Pour mémoire, ce sont ces courts textes explicatifs, qui apparaissent souvent sur les boutons, les icônes et autres objets quand on laisse traîner le pointeur dessus. C'est peu, mais souvent suffisant pour vous remettre sur la bonne piste. Ne les négligez pas.

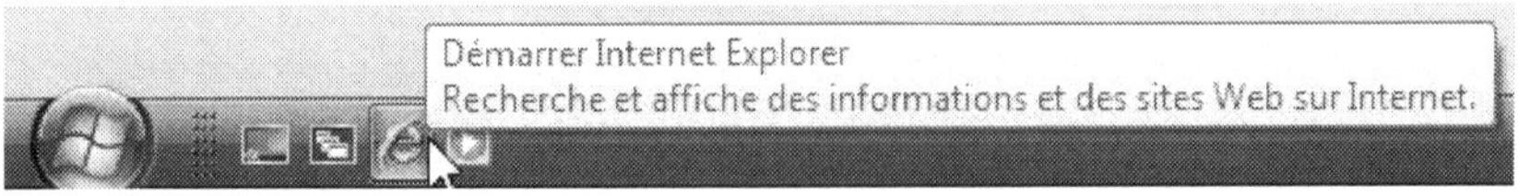

Une info-bulle

Le menu Aide ou la touche F1

La plupart des applications proposent un menu **Aide**, désigné aussi par **?** dans la barre de menus. En activant ensuite le bouton **Aide de xxx** du menu (où **xxx** est le nom de l'application), vous ouvrez la rubrique d'aide correspondante : c'est en quelque sorte la notice du programme que vous utilisez. C'est idéal pour trouver le sens d'un terme, d'un menu, ou le mode d'emploi d'un outil. Par contre, c'est généralement moins adapté si vous cherchez à comprendre une notion de base.

Demandez l'aide de Firefox

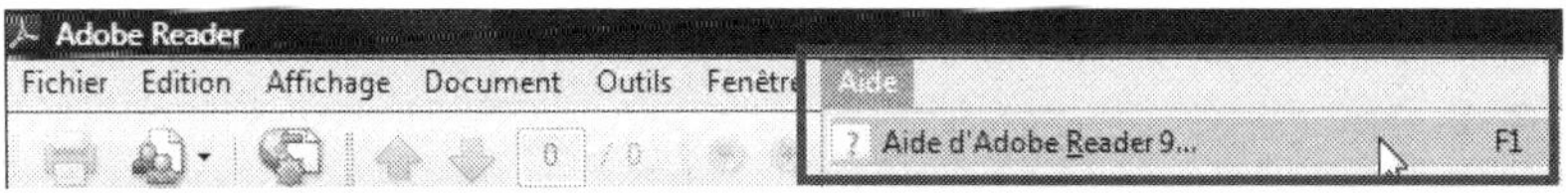

Demandez l'aide d'Adobe Reader

REMARQUE

Il n'y a aucun risque à consulter l'aide. Cela ne perturbe en rien votre travail en cours.
Dans toutes les applications, la touche F1 est un raccourci pour afficher la rubrique d'aide que vous avez ainsi toujours sous la main !

L'aide de toutes les applications se présente comme un document hypertexte, c'est-à-dire que vous pouvez vous y balader en suivant des liens, comme sur Internet.

Le plus souvent, trois moyens d'accès au contenu de l'aide vous sont proposés :

- L'onglet **Sommaire** vous présente une table des matières avec toutes les rubriques hiérarchisées.
- L'onglet **Recherche** vous permet de retrouver facilement toutes les rubriques contenant un mot ou groupe de mots.
- L'onglet **Index** vous permet de retrouver les rubriques correspondant à des sujets identifiés par des mots-clés prédéfinis.

Selon la nature de votre recherche et votre connaissance préalable de l'application, c'est l'un de ces trois moyens que vous utiliserez. Les rubriques que vous obtenez au final sont les mêmes.

Voici, à titre d'exemple, la fenêtre d'aide du traitement de texte OpenOffice.org Writer.

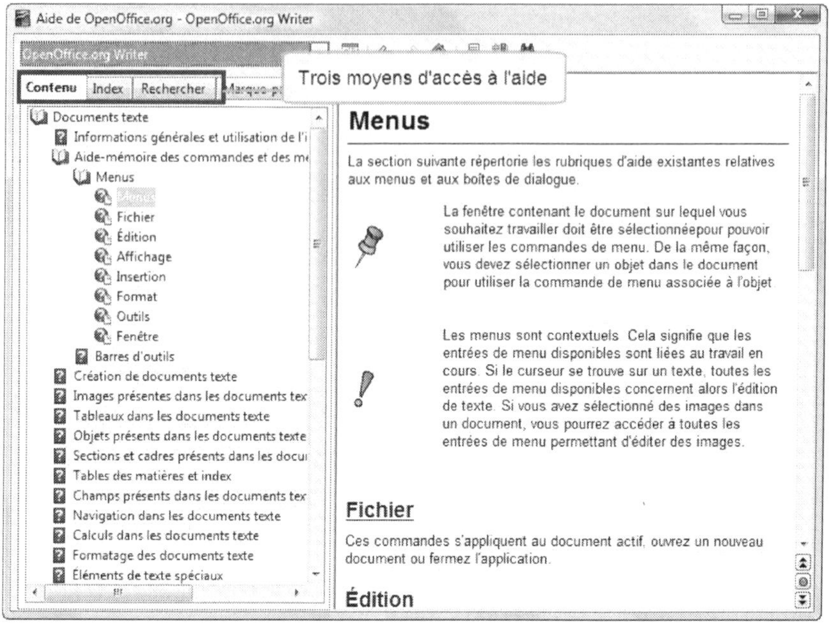

L'aide de OpenOffice.org Writer

REMARQUE

Il n'est pas toujours facile de trouver le bon terme pour obtenir l'aide escomptée. Si vous tapez un mot non indexé, vous n'obtiendrez aucun résultat à partir de l'index. Ainsi, dans un logiciel de traitement de texte, les mots ***image*** et ***dessin*** pourraient être indexés, mais pas ***photo***.
De nombreuses applications proposent une aide contextuelle, c'est-à-dire que la page initiale qui est affichée est directement en rapport avec l'opération que vous étiez en train d'effectuer et c'est la plupart du temps pertinent. De toute façon, où que vous soyez, vous pouvez toujours faire une autre recherche ou suivre des liens.

HISTOIRE

Histoire de la photo rognée

Gualbert, qui sait un peu utiliser le traitement de texte Word, veut illustrer un petit texte avec une photo qu'il voudrait recadrer. Il a déjà vu Agnan le faire, mais ne se rappelle plus très bien comment s'y prendre. Il cherche dans l'index `recadrer` mais n'obtient rien. Il va alors dans l'onglet **Aide intuitive** (c'est ainsi que s'appelle l'onglet de recherche dans le contenu, dans l'ancienne version de Word qu'il utilise) et cherche `recadrer photo`. Il n'obtient encore rien de tout à fait pertinent, mais sélectionne quand même la rubrique **À propos des images** où il remarque que l'on parle de redimensionnement. Il reformule alors sa recherche en `redimensionnement image`. Victoire ! Il se voit proposer une rubrique **Rogner une image** où il reconnaît l'icône de l'outil qu'Agnan avait utilisé et où la marche à suivre est clairement expliquée !

Autrefois, les informations d'aide étaient enregistrées sur le disque dur de votre ordinateur : vous n'aviez donc pas besoin d'être connecté à Internet pour les obtenir. De plus en plus fréquemment, cependant, elles sont stockées, au moins partiellement, sur un serveur web et la consultation de l'aide vous connecte automatiquement à ce serveur. L'avantage est que vous disposez en permanence d'informations maintenues à jour.

La recherche sur Internet

Il s'agit simplement de taper dans la zone de recherche de votre navigateur des mots caractéristiques de votre demande, par exemple `taper caractère euro`. Vous obtenez généralement un grand nombre de sites parlant du sujet parmi lesquels il vous faut trouver ce qui vous intéresse.

Si la question est simple ou intéresse beaucoup de gens, vous obtiendrez quasi immédiatement une réponse claire et précise.

HISTOIRE

Histoire d'@

M@rc a une petite pratique du Mac ; il passe sur un PC et n'arrive pas à taper le caractère arobase (sur le clavier du Mac, il y a une touche arobase spéciale). Il ne sort rien d'utile d'une rubrique d'aide qu'il réussit à afficher. Il passe alors sur Internet, inscrit `arobase` dans la zone de recherche. Un grand nombre de réponses s'affichent, depuis l'origine du symbole jusqu'à des sociétés dont la raison sociale contient le terme « arobase ». Le choix est bien trop vaste ! Il reformule sa demande : `taper arobase` et il a tout de suite la solution : taper sur les touches [Alt Gr] et [0] en même temps.

L'information qui apporte une réponse à votre question peut avoir des origines diverses.

Parfois, ce sera un article d'une encyclopédie ou d'un site traitant de votre sujet de préoccupation.

D'autres fois, vous trouverez votre bonheur sur un forum où un internaute a déjà posé la même question ; un autre a répondu ; un dialogue s'est engagé. Ce n'est pas toujours exactement ce que vous cherchez (ces internautes n'ont pas forcément la même expérience ni les mêmes logiciels que vous), mais généralement dans ce dialogue, vous saisissez quelques bribes qui vont vous permettre de trouver la solution ou vous mettre sur la voie. Souvent, les réponses contiennent des liens vers d'autres sites traitant du sujet, et il ne vous reste plus qu'à tirer la ficelle.

Enfin, vous tomberez aussi sur des tutoriels : il s'agit de petits textes qui proposent un enseignement de base sur le sujet. Il y en a dans tous les domaines et pour tous les niveaux. C'est idéal pour faire un premier tour d'horizon d'un sujet qui ne vous est pas familier. Vous pouvez rechercher directement de tels sites en ajoutant `tutoriel` à votre recherche. Essayez par exemple `tutoriel photo`, `Internet tutoriel`, etc.

REMARQUE

Il existe des sites spécialisés qui offrent de multiples services dans le domaine de l'informatique, parmi lesquels des forums et des tutoriels. Vous les découvrirez au fur et à mesure de vos recherches et pourrez ensuite consulter directement ceux

REMARQUE

qui vous conviennent le mieux. Ils contiennent tous un petit moteur de recherche intégré qui vous permet de naviguer facilement dans le site.

HISTOIRE

Histoire de l'e-mail écrit trop petit

Jean-Paul, qui voit mal les petites lettres, cherche à agrandir les caractères d'un e-mail pour le rendre plus lisible. Il en parle à Simone, sa petite-fille, qui, n'ayant jamais eu ce besoin, ne sait pas ce qu'il faut faire.

Alors il inscrit `agrandir mail` dans la zone de recherche de son navigateur et trouve une réponse satisfaisante : sur un forum, quelqu'un explique comment faire un zoom de ce qui s'affiche à l'écran, en maintenant la touche [Ctrl] enfoncée et en utilisant la roulette de la souris.

Jean-Paul voit également d'autres explications, mais celle-ci lui semble simple et lui convient. Et il se dit que si elle marchait aussi avec d'autres applications, ça serait super. Il essaiera.

À RETENIR

Comment trouver de l'aide ?

Demander à un ami.

Clic droit : menu contextuel.

Aide de l'application [F1] : sommaire, recherche, index.

Moteur de recherche Internet : article, forum, tutoriel.

7.2. Sauvegardez vos données

HISTOIRE

Histoire des photos d'Amérique

À son retour d'un très long voyage où il a visité le Grand Canyon avec son oncle d'Amérique, Christophe a transféré dans son ordinateur toutes les magnifiques photos qu'il a prises. D'un tempérament très expéditif, il a aussitôt effacé la carte mémoire de son appareil pour prendre des photos de l'anniversaire de Colombe, sa petite-fille.

Le week-end suivant, quand il veut trier et classer ses photos pour en faire un album, son ordinateur se bloque au démarrage. Son fils, « qui s'y connaît », fait quelques essais et manipulations mystérieuses, mais rien n'y fait ; maintenant l'écran ne s'allume même plus : c'est la panne.

Le réparateur qu'il consulte confirme :

— Oui, bien sûr, on peut vous le réparer, mais ça vous coûtera presque le prix d'un neuf. Et il faudra reformater le disque dur et réinstaller le système.

— Et mes photos ?

— Ben, elles seront effacées, évidemment, comme toutes vos données. Il faudra les restaurer à partir d'une sauvegarde.

Christophe, qui se rappelle soudain avoir entendu parler de sauvegarde sans jamais penser que cela le concernerait un jour, comprend son erreur. Son désespoir est grand car il tient beaucoup à ses photos.

Le réparateur lui explique qu'il est souvent possible de récupérer des données, mais que l'opération est très onéreuse.

Finalement, pour plus du double du prix de son nouvel ordinateur, Christophe a eu la chance de récupérer quasiment toutes ses photos. Il s'est également acheté un disque dur externe pour faire régulièrement la sauvegarde de ses données !

◆ Pourquoi sauvegarder ?

Une erreur de manipulation ou un accident peuvent détruire irrémédiablement ou rendre inutilisables vos documents personnels. La sauvegarde est, comme l'assurance, un moyen de minimiser les conséquences de telles catastrophes.

Sauvegarder vos données, c'est en faire régulièrement une copie, sur un support indépendant de votre ordinateur, que vous conserverez en lieu sûr. En cas d'accident, vous utiliserez cette copie pour reconstituer les données perdues. Avec cette assurance de pouvoir restaurer les documents qui auraient été détruits lors d'une erreur de manipulation, vous ne serez plus paralysé par la crainte.

◆ Que sauvegarder ?

De toutes les données qui peuvent disparaître lors d'un accident informatique, ce sont bien sûr vos documents personnels (votre courrier, vos photos le plus souvent) qui vous sont les plus précieux. Ce sont eux qu'il faut absolument sauvegarder.

D'autres éléments de votre ordinateur peuvent aussi être détruits ou endommagés, heureusement fort rarement : ce sont vos applications (Navigateur Internet, traitement de texte ou autre) ou le système d'exploitation (Windows), voire votre ordinateur lui-même. Il n'est pas nécessaire de sauvegarder vos applications dans la mesure où vous les retrouverez sans peine, soit sur un CD d'installation, soit en les téléchargeant sur Internet. Il est par contre prudent de faire une sauvegarde de votre système pour pouvoir le réinstaller complètement si cela s'avérait nécessaire. Votre ordinateur contient généralement un programme de création d'un tel disque de restauration (CD ou DVD). L'opération se réalise assez simplement en suivant les consignes qui sont données. Faites-le dès le premier usage de votre ordinateur et ainsi, vous serez paré.

Si, toutefois, vous subissez un jour un désastre tel qu'il vous faille acheter un nouvel ordinateur ou réinstaller le système d'exploitation, vous aurez sans doute besoin d'assistance. Nous ne développerons donc pas plus ce sujet.

◆ Comment sauvegarder et restaurer ?

Il existe des logiciels qui réalisent plus ou moins automatiquement des sauvegardes, mais leur utilisation n'est pas toujours simple. Pour commencer, le mieux est donc de réaliser vos sauvegardes à la main, en faisant un simple copier-coller. Sélectionnez, par exemple, votre dossier *Mes documents* ou *Mes images*. Copiez-le et collez-le sur un support externe : c'est tout !

La restauration sera tout aussi simple : copiez les dossiers ou les fichiers perdus depuis votre sauvegarde et collez-les sur votre disque dur, à l'emplacement qu'ils occupaient avant l'accident.

REMARQUE

Quand vous effectuez une sauvegarde, copiez tous les dossiers que vous voulez protéger. Ce sera plus simple et vous n'oublierez rien.
Pour une restauration, au contraire, ne recopiez, depuis la sauvegarde, que les éléments détruits ou endommagés.

ALLONS PLUS LOIN

Logiciels de sauvegarde et de restauration

Un logiciel de sauvegarde et de restauration ne fait qu'automatiser et optimiser les opérations que vous feriez sans cela à la main.
L'automatisation porte d'abord sur la nature des éléments à sauvegarder : vous les décrivez une seule fois et les enregistrez ensuite dans un ***profil de sauvegarde***. Pour exécuter la sauvegarde, il vous suffit de mentionner le profil de sauvegarde et le logiciel sauvegarde les fichiers et dossiers mentionnés. C'est la manière de décrire les éléments à sauvegarder qui peut être plus ou moins puissante et complexe.
L'automatisation porte ensuite sur le lancement des sauvegardes : vous pouvez planifier les opérations et enregistrer votre planning. Vos sauvegardes seront alors lancées automatiquement aux moments que vous aurez définis.
Lors de la création de la première sauvegarde, le logiciel de sauvegarde copie tous les fichiers et dossiers. Il optimise les sauvegardes ultérieures en ne copiant que les fichiers et dossiers modifiés : c'est beaucoup plus rapide.
Si vous utilisez de nombreux fichiers et dossiers que vous modifiez souvent, il pourra être judicieux d'envisager l'usage d'un tel logiciel.

◆ Où sauvegarder ?

Tous les supports d'enregistrement de données qui sont distincts de votre ordinateur peuvent être utilisés pour faire une sauvegarde : il faut simplement qu'ils ne soient pas altérés par une éventuelle destruction totale de votre ordinateur. Les supports de sauvegarde les plus utilisés changent au rythme rapide des évolutions technologiques.

Le disque dur externe, qui offre pour un coût raisonnable des capacités de stockage (de l'ordre de 500 Go ou 1 To) équivalentes à celles de votre disque dur, est aujourd'hui une excellente solution.

La mémoire flash sur clef USB qui offre des capacités de stockage de quelques gigaoctets à la centaine de gigaoctets est une autre solution. Mais si vous l'utilisez comme sauvegarde, évitez de la trimballer dans votre poche où elle risque d'être abîmée…

Le DVD qui offre des capacités de stockage plus limitées (4 à 8 Go) et doit être gravé, opération un peu moins simple que le copier-coller, peut aussi être utilisé.

Enfin, se développent également les offres de stockage sur Internet. De l'espace vous est proposé, où vous pouvez transférer vos données à protéger : c'est le *cloud*. Mais vous préférez peut-être garder chez vous, sous vos yeux, l'objet matériel où sont vos précieux documents !

◆ Quand sauvegarder ?

La sauvegarde, en cas d'accident, vous permet de retrouver vos données dans l'état où elles étaient…

… le jour où vous avez effectué la sauvegarde.

HISTOIRE

Histoire de l'écrivain distrait

Marcel, écrivain de renom, rédige ses souvenirs d'enfance. Samedi soir, comme tous les soirs, il a effectué une sauvegarde de son document qui contient déjà sept chapitres. Sujet à des crises d'insomnie, il s'est ensuite mis à écrire un volumineux chapitre sur sa première rencontre avec Isabelle. Au petit jour, épuisé, il s'est préparé un café, a mis sa souris dans sa tasse et versé le café dans son ordinateur.

…

Marcel s'est acheté un nouvel ordinateur. Il a restauré son document à l'état du samedi soir et récupéré les sept chapitres, mais la nuit prochaine, il devra quand même réécrire les souvenirs de sa rencontre avec Isabelle.

Il vous appartient donc de déterminer la fréquence de vos sauvegardes en fonction des pertes que vous jugez acceptables en cas d'accident et de votre évaluation du risque d'accident.

Vous pourrez ne sauvegarder qu'une fois les fichiers qui n'évoluent pas ou peu, par exemple des photos ; mais faites-le avant d'effacer la carte mémoire de votre appareil photo. En revanche, des lettres, des textes en cours de rédaction pourront nécessiter des sauvegardes plus fréquentes.

Ne minimisez pas le risque de perte de données. Vous ne savez pas encore quand cela vous arrivera, mais sachez que cela vous arrivera. Faites un minimum de sauvegarde.

VAGABONDAGE

Conservez un historique de vos modifications

Si, émule de Marcel, vous avez entrepris de rédiger un gros document, il sera prudent de sauvegarder régulièrement votre œuvre.

Vous serez ainsi à l'abri d'une perte totale du fruit de votre travail. Vous ne conserverez cependant ainsi que le dernier état de votre document. Si, après une série de modifications soigneusement sauvegardées, vous changez d'avis et décidez de revenir à votre première rédaction, c'est trop tard : elle est perdue.

Un moyen efficace de pallier cet inconvénient est d'identifier et d'enregistrer régulièrement des versions de votre document. Faites-le simplement en enregistrant votre document sous un nouveau nom.

Vous avez, par exemple, enregistré une première version de votre œuvre dans un fichier nommé ***Mémoires d'un génie V1***. Quand vous la complétez ou la modifiez, enregistrez une seconde version dans un autre fichier nommé cette fois ***Mémoires d'un génie V2***. Et ainsi de suite. Vous conservez de la sorte un historique de vos travaux tout au long de leur évolution.

Pour différencier les différents états, le plus simple est d'utiliser un numéro de version ou une date (***Mémoires d'un génie 2012-02-29***, par exemple).

7.3. Explorez l'inconnu

Un bon moyen pour progresser, c'est de partir à la découverte de ce qui vous est encore inconnu. Voici quelques pistes pour conduire efficacement cette exploration.

◆ Exploitez vos acquis

HISTOIRE

Histoire de l'ordinateur disparu

Pour lancer l'Explorateur Windows, Alceste est habitué à cliquer sur le bouton **Ordinateur** du menu **Démarrer** de son système Windows 7.

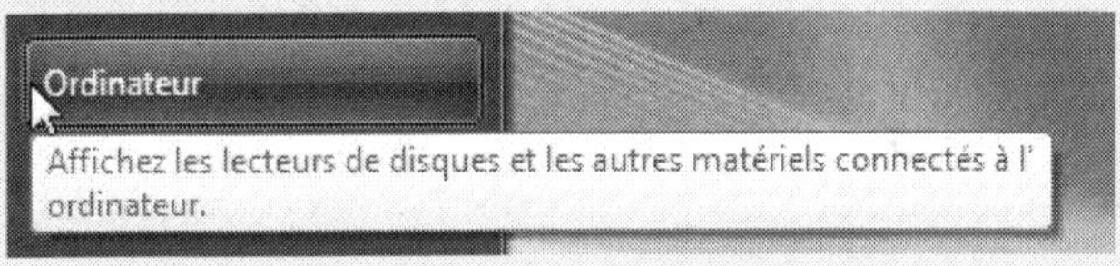

Il a été bien embêté pour copier une recette d'omelette norvégienne sur l'ordinateur de son vieil ami Clotaire depuis sa clef USB de recettes dont il ne se sépare jamais. En effet, Clotaire utilise encore Windows XP et il n'y a pas de bouton **Ordinateur** dans le menu **Démarrer**.

HISTOIRE

Sans perdre son sang-froid, Alceste a examiné attentivement les boutons du menu **Démarrer** qui a la même allure dans les deux systèmes. Le bouton **Poste de travail** avec une petite icône représentant un écran d'ordinateur a attiré son attention, et l'info-bulle associée l'a conforté dans son intuition : il a cliqué sur le bouton et l'Explorateur Windows s'est ouvert. Gagné !

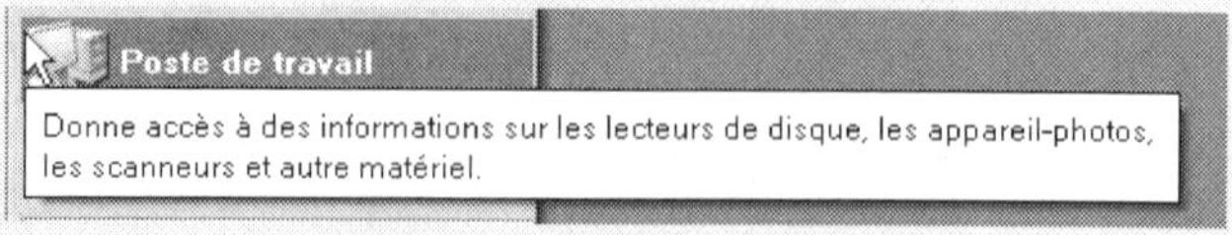

L'omelette norvégienne n'a maintenant plus de secret pour Clotaire, mais la raison des changements incessants dans l'univers informatique reste encore un mystère pour lui.

Vous savez déjà faire beaucoup de choses. Demandez-vous toujours si ce que vous cherchez ne ressemblerait pas, malgré de légères différences, à quelque chose que vous connaissez déjà.

Ainsi, vous découvrirez que les *favoris* d'un navigateur deviennent les *marque-pages* ou les *signets* chez d'autres, mais qu'au fond, c'est la même chose.

◆ Examinez votre écran plutôt deux fois qu'une

Ne vous précipitez pas uniquement sur ce qui saute aux yeux : ce qui pourra vous sauver est peut-être écrit en petits caractères ou dans un coin de votre écran.

Prenez aussi le temps de tout regarder attentivement : même si ce que vous voyez ne paraît pas avoir de lien direct avec votre préoccupation immédiate, cela peut vous donner des idées. Parfois, il vous arrivera ainsi de trouver une solution à un problème resté jusque-là sans réponse.

HISTOIRE

Histoire des fautes d'orthographe

Jane, une charmante vieille dame anglaise vivant en France, tape une lettre en français avec le traitement de texte Word. La vérification automatique de l'orthographe est activée et presque tous les mots de son texte sont pointés comme erronés.

Jane n'a jamais parfaitement maîtrisé l'orthographe française, mais quand même ! Quelque chose ne va pas ! Elle se demande si le vérificateur utilise la bonne langue. En tâtonnant un peu, elle découvre un bouton **Langue** dans un menu et, en l'ouvrant, s'aperçoit que c'est **Anglais** qui est sélectionné. C'est clair, pour une raison ou une autre, c'est un dictionnaire de vérification anglais qu'elle utilise.

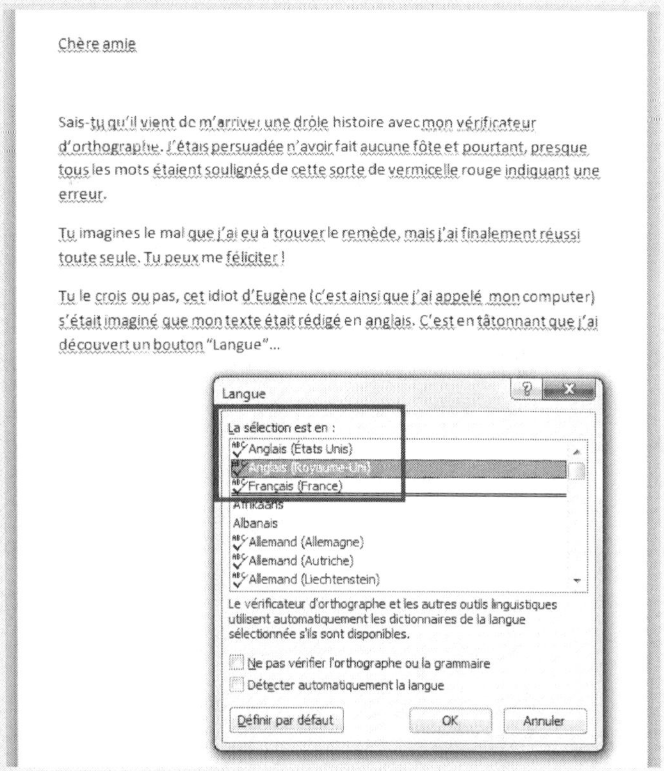

Elle corrige aussitôt en sélectionnant **Français** puis reprend son texte.

Surprise ! Tous les mots sont encore marqués comme erronés ! Elle recommence : c'est encore l'anglais qui est la langue sélectionnée, comme si elle n'avait rien fait. Elle sélectionne à nouveau **Français** mais cette fois-ci examine attentivement la fenêtre de langue et remarque alors, en bas, un bouton **Définir par défaut**. Elle clique dessus et une boîte de dialogue s'ouvre pour lui demander de confirmer qu'elle veut utiliser par défaut le français, ce qu'elle fait.

HISTOIRE

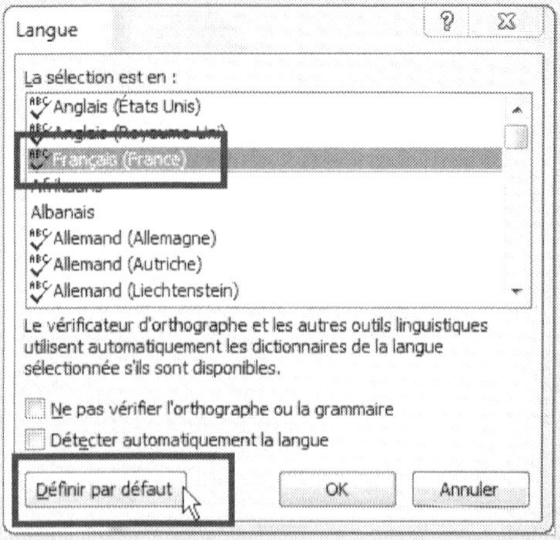

Elle revient à son texte. Ouf ! Tout est enfin correct, à l'exception d'une vraie ***fôte*** !

◆ Essayez

C'est le plus important : vous ne retiendrez bien que ce que vous aurez réellement fait. Vous ferez certainement des erreurs ; c'est un excellent moyen pour progresser. Mais comme vous savez prendre les précautions nécessaires (sauvegardes, essais à risque sur des copies de travail de vos données), vous pourrez le faire sans crainte. Voici quelques pistes, mais ne vous limitez pas !

Afficher systématiquement les menus

Vous connaissez quelques commandes de quelques menus. Explorez d'autres possibilités en affichant systématiquement les menus et sous-menus disponibles et en lisant les informations associées (pensez aux info-bulles et aux menus contextuels (clic droit)).

Cliquer sur des boutons

Dans les menus que vous explorez, dans les barres d'outils qui sont affichées, il y a des tas de boutons dont vous ignorez l'usage. Pourquoi ne pas les essayer ? Appuyez dessus pour voir ce qui se passe. Si le résultat vous surprend, n'oubliez pas que vous pouvez généralement tout annuler avec le fameux Ctrl+Z.

HISTOIRE

Histoire de la barre d'état escamotable

Olga, partenaire émérite d'un prestidigitateur célèbre, explore les possibilités de son ordinateur : elle va à la découverte des différents menus dans le navigateur ***Internet Explorer***. Dans **Affichage**, elle remarque que le bouton **Barre d'état** est coché. Elle clique pour voir ce qui va se passer et la barre d'état en bas de la fenêtre disparaît. À vrai dire, elle s'y attendait un peu !

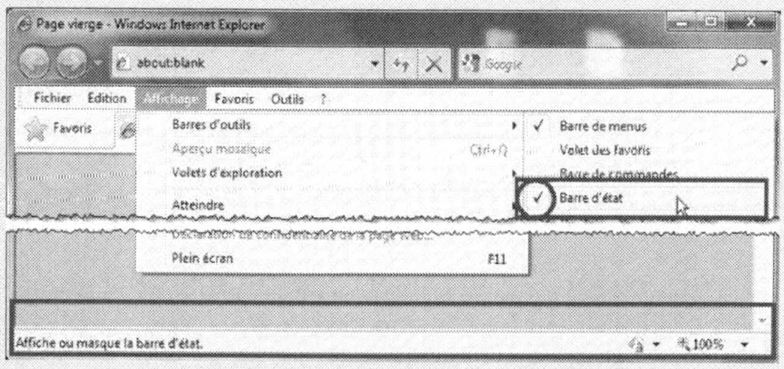

Elle veut ensuite la réafficher et, pour cela, sélectionne à nouveau l'option **Barre d'état**, qui n'était plus cochée, dans le menu **Afficher** : la barre d'état réapparaît à sa place. Olga est toute contente, elle a osé et ça a marché. Elle ne s'arrêtera pas en si bon chemin.

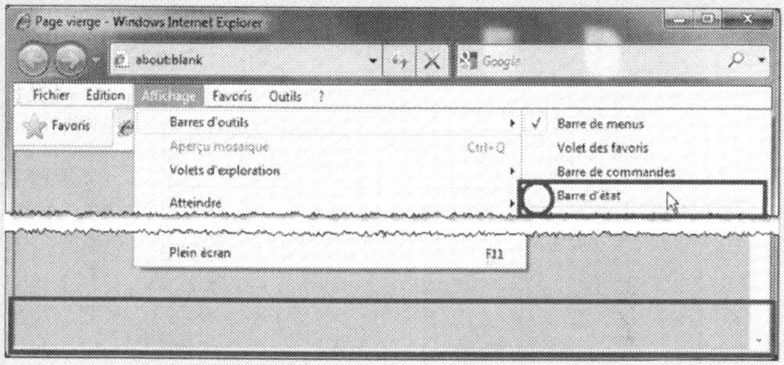

REMARQUE

Les boutons sont groupés par type de fonction. Si vous en connaissez déjà un d'un groupe, les autres déclenchent souvent des actions apparentées.

Aller à petits pas

Dans votre désir de connaître et votre appétit de découvrir, ne cherchez cependant pas à aller trop vite et évitez de vous disperser : vous en arriveriez à tout mélanger ! Essayez plutôt de délimiter votre champ d'investigation (un ou deux sujets principaux) et raccrochez-vous le plus possible à ce que vous connaissez et maîtrisez déjà bien.

7.4. Réagissez avec sang-froid

Que vous exécutiez une tâche de routine, ou que vous exploriez un nouveau domaine, vous risquez toujours d'être confronté à une situation nouvelle qui vous laissera perplexe. Voici quelques suggestions pour vous aider à vous sortir de ces mauvais pas éventuels.

◆ Réfléchissez avant d'agir

HISTOIRE

Histoire des photos en double

Tante Roberte, maniaque du rangement et du nettoyage, a passé sa soirée à mettre de l'ordre dans ses photos. Elle a créé des dossiers pour les classer à sa guise et les y a recopiées. Elle a, en particulier, un dossier ***Mes images\Famille\Sophie*** contenant les dernières photos de sa petite-fille. Pour pouvoir l'afficher et le montrer plus facilement à ses amies, elle a également créé sur le Bureau un raccourci qu'elle a simplement appelé ***Sophie***.

Après quelques heures de travail, quand elle a tout réorganisé à sa convenance, elle décide de finir par un grand nettoyage pour supprimer les photos en double qui lui prennent de la place inutilement. Tout se passe bien. Elle fait une dernière vérification rapide et constate qu'il y a deux dossiers ***Sophie***. Fatiguée, elle croit que les photos de sa petite-fille sont encore en double et, sans plus réfléchir, supprime le dossier qui se trouve dans ***Mes images\Famille*** pour ne garder que celui sur le Bureau. Satisfaite de son ménage, elle parfait l'opération en vidant la Corbeille…

Ce n'est que le lendemain, en voulant montrer ses photos, qu'elle constate que le raccourci ***Sophie***, toujours sur son Bureau, ne mène plus nulle part ! Elle pense à rechercher dans sa Corbeille, mais elle est vide. Et elle se rappelle alors qu'elle n'a pas fait de sauvegarde depuis fort longtemps.

Si quelque chose vous semble anormal, ne vous précipitez pas pour corriger au plus vite. Vérifiez, au besoin demandez de l'aide, surtout avant d'entreprendre une action dont les conséquences pourraient être catastrophiques. Et si l'action que vous décidez présente un risque potentiel, pensez à la sauvegarde préalable.

HISTOIRE

Histoire de la barre d'outils invisible

Enhardie par ses précédents succès, Olga continue son exploration prudente des possibilités d'affichage de la fenêtre de son navigateur ***Internet Explorer***. Elle a déjà masqué puis réaffiché la barre d'état. De la même manière, elle réussit sans peine à faire disparaître la barre de menus.

HISTOIRE

C'est au moment d'utiliser le menu **Afficher** pour la faire réapparaître que l'angoisse la saisit : le bouton **Afficher** est précisément dans la barre de menus qu'elle vient de faire disparaître !
Olga, après un instant de panique, se ressaisit vite et commence par ne plus toucher à rien. Comme elle ne peut plus utiliser le bouton disparu, elle cherche un autre moyen de faire apparaître le menu qui contient les différents choix d'affichage. Elle se souvient alors que l'on peut toujours appeler Eugène au secours en faisant un clic droit pour afficher un menu contextuel. Elle essaye en vain à plusieurs endroits, autour de la zone où se trouvait la barre de menus.

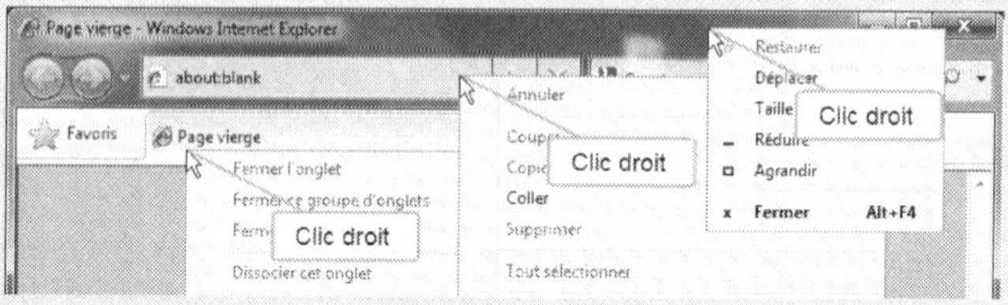

Enfin, après deux ou trois essais infructueux, elle voit, avec soulagement, apparaître la fenêtre contenant le bouton **Barre de menus**. Elle est sauvée !

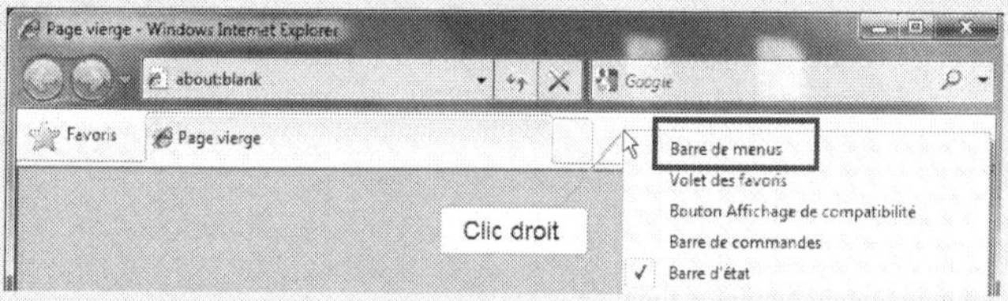

Olga qui est d'un esprit curieux prend la peine de consulter Internet (`affichage barre menu` par exemple). Elle y trouve des précisions complémentaires et apprend ainsi que la touche [F10] permet aussi de réafficher une barre de menus disparue.

Au contraire de Roberte qui a agi précipitamment, Olga a pris le temps de réfléchir et a utilisé ce qu'elle connaissait déjà pour se tirer d'affaire.

◆ Inventez des solutions à vos problèmes

Vous savez que dans le domaine informatique, il existe pratiquement toujours de multiples manières d'arriver à ses fins. Si vous butez sur une difficulté et ne savez pas comment procéder, ne cherchez pas comment on doit faire, mais imaginez une solution à partir de vos connaissances et de votre expérience : ce sera votre solution, même si elle n'est pas orthodoxe. Et vous pourrez toujours l'améliorer ultérieurement.

HISTOIRE

Histoire du dessin humoristique

Bouchard vient de trouver sur Internet un dessin humoristique qui lui a beaucoup plu. Il veut absolument l'envoyer à son ami le Professeur Sorbier avec qui il a eu la veille au soir une discussion animée à propos du télédiagnostic médical.

Bouchard est loin de maîtriser toutes les finesses de son ordinateur, mais, une fois déjà, il a réussi à enregistrer une image et il sait envoyer des pièces jointes avec ses e-mails. Il ne se rappelle plus très bien comment enregistrer une image, mais a retenu que l'affichage d'un menu contextuel pourrait lui rafraîchir la mémoire. Seulement voilà, cette fois ça ne marche pas : de tous les boutons qui lui sont proposés, aucun ne répond à ce qu'il veut, et pire, certains lui sont absolument incompréhensibles.

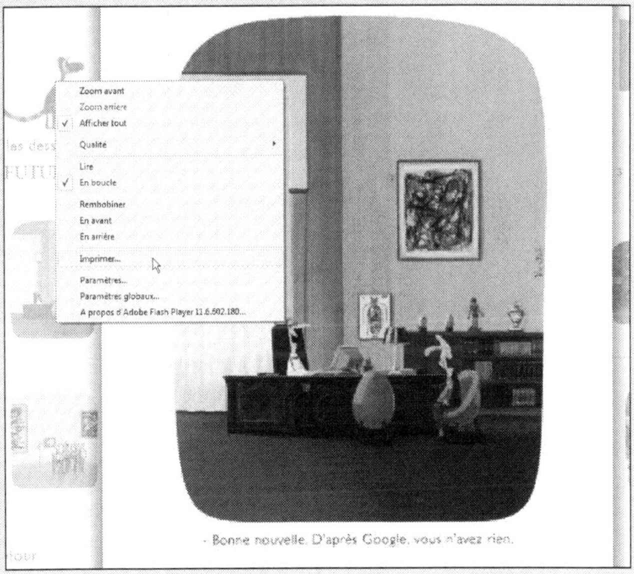

HISTOIRE

Mais Bouchard n'est jamais à court d'idées. Ce qu'il ne peut pas enregistrer, il va le photographier ! Et transférer des photos de son appareil à son ordinateur ne lui pose pas de problème : il l'a déjà fait plusieurs fois.
Bouchard imprime donc le dessin (le bouton **Imprimer** qu'il avait repéré dans le menu contextuel), prend une photo de la feuille imprimée, transfère la photo sur son ordinateur et, en fin de soirée, envoie le fichier correspondant en pièce jointe à son ami.

Plus tard dans la nuit, son téléphone portable sonne (Bouchard ne le débranche jamais). C'est son ami qui le remercie pour le dessin (la solution a été efficace), mais qui lui dit qu'il le connaissait déjà : il l'avait vu dans l'album que sa femme lui avait offert pour la réussite de sa millième appendicectomie.
Bouchard est fier de sa réussite, mais il aura à cœur d'améliorer sa solution : il pensera à photographier directement son écran ; il apprendra à faire une saisie d'écran ; il découvrira peut-être qu'il y avait un bouton **Enregistrer cette image** en

haut, à gauche du dessin ; et pourquoi ne penserait-il pas à envoyer directement dans son e-mail un lien vers le site Internet où il a trouvé le dessin ?

Arrêtez et recommencez

Vous avez longtemps travaillé, fait beaucoup de modifications, utilisé de nombreuses applications, et quelque chose se bloque ou se comporte soudain de façon erratique. C'est un peu comme si Eugène s'était un peu emmêlé dans tous ses livres d'instructions et confondait l'un avec l'autre. Dans de telles circonstances, le mieux est d'arrêter l'application fautive, voire votre système, et de recommencer. Eugène va tout ranger et recommencer proprement : dans la majorité des cas, tout se passe alors bien.

HISTOIRE

Histoire du clavier anglais

Vladimir, pianiste virtuose et débutant appliqué en informatique, s'entraîne à l'utilisation du clavier et de la souris. Il trouve d'un usage fort commode les raccourcis clavier et a fait plein d'essais intéressants. Il veut maintenant faire ses gammes avec les manipulations de texte en modifiant le petit poème qu'il a écrit. Il commence par en changer le titre en suivant rigoureusement les conseils de son livre et obtient un résultat surprenant.

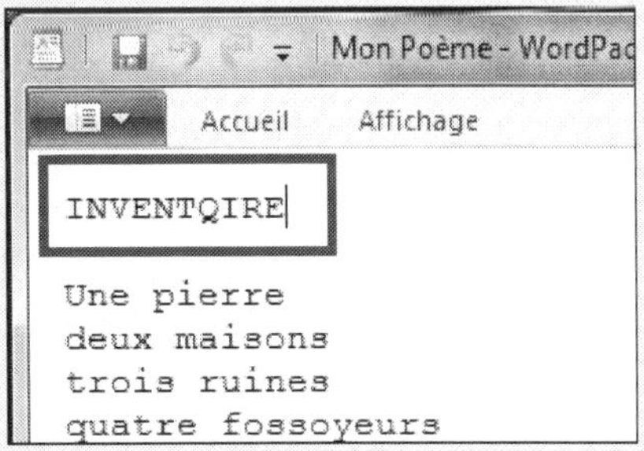

HISTOIRE

Il pense d'abord avoir fait une faute de frappe et efface donc les quatre dernières lettres pour retaper soigneusement `A`, `I`, `R` et `E`, mais cela ne change rien.
Vladimir se dit alors qu'il va tout annuler en utilisant le raccourci Ctrl+Z. Il essaie mais rien ne se passe. Dérouté, Vladimir se demande s'il n'y aurait pas quelque chose de détraqué dans son clavier. Prudemment, il va à la ligne en tapant Entrée (ça, ça marche encore !). Il tape ensuite sur les premières touches de son clavier : A, Z, E, R, T, Y. Le résultat ne lui laisse, hélas, plus aucun doute : il voit s'afficher les lettres : `Q`, `W`, `E`, `R`, `T`, `Y`.

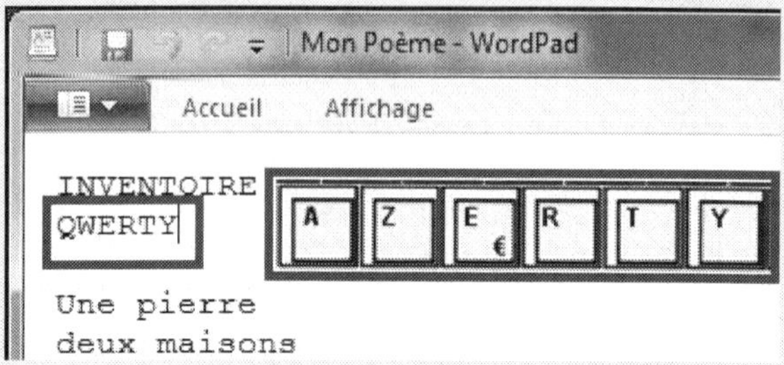

Vladimir, qui a donné de nombreux concerts dans les pays anglo-saxons, subodore que, par le sortilège de quelque combinaison de touches sur lesquelles il aura tapé dans ses essais, son clavier est devenu anglais. Il décide d'en rester là ! Ne sachant pas du tout comment revenir à la normale, Vladimir préfère sagement éviter d'utiliser davantage son clavier dans de telles conditions. Il se dit avec justesse qu'il risquerait de faire empirer la situation. Il décide donc d'arrêter complètement son ordinateur.
Il le redémarre aussitôt, et, comme il l'espérait, tout est redevenu normal : son clavier parle à nouveau français.

◆ Ne soyez pas surpris par le changement

Le monde informatique est en perpétuel mouvement. Les sites Internet évoluent, les systèmes évoluent, les applications évoluent. Ce que vous étiez habitué à faire d'une manière, vous devrez peut-être apprendre à le faire un peu différemment. Ne l'oubliez pas et adaptez-vous ! Là, vous n'avez pas le choix.

À titre anecdotique et en guise de conclusion, voici comment a évolué, en deux ou trois ans, la présentation des résultats de recherche de la recette de l'omelette norvégienne par Google.

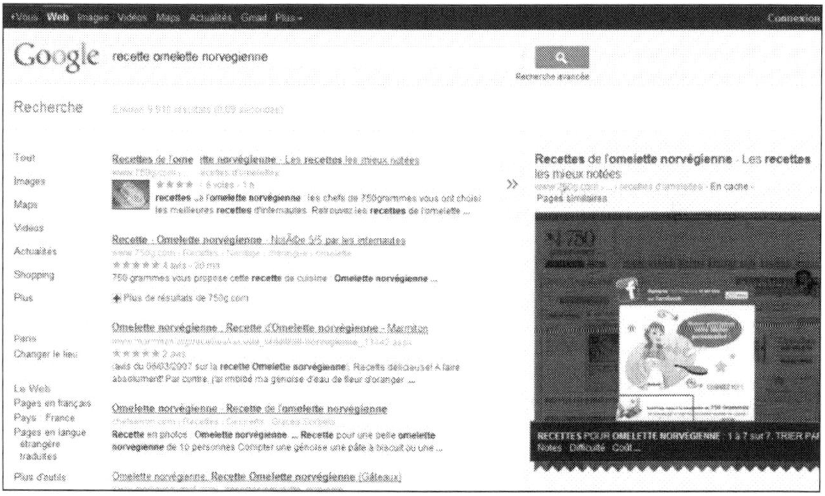

Et maintenant, pourquoi ne pas partager vos nouvelles compétences avec vos amis qui n'en savent pas encore autant que vous ?

Index

A

B

C

D

E

F

S

T

U

V

Z

Imprimé en France
FROC01n1022040913
12618FR00014B/339/P

9 782822 402170